실존주의와 함께 한

학교체육 제 모습 찾기

| 저자약력 |

김상헌金相憲

영남대학교 사범대학 체육교육과를 졸업하고 동대학원 체육학과에서 체육학석사와 이학박사 학위를 수여 받았다. 한국체육학회와 한국체육철학회 평생회원, 스포츠사회철학회 이사이다.
현재, 성명여자중학교 교사로서 영남대학교 체육학부 강사로 출강하고 있다.

김동규金東奎

영남대학교 문리과대학 체육학과를 졸업하고, 고려대학교 대학원 체육학과에서 체육학석사, 한국체육대학교 대학원 체육학과에서 이학박사 학위를 수여 받았다.
현재, 중국 상하이 同濟大學 고문교수, 한국체육철학회 명예회장이며, 동아시아운동 · 스포츠과학회(韓 · 中 · 日), 스포츠사회철학회, 대구 · 경북체육학회의 회장으로 있다.
영남대학교 생활과학대학 체육학부 교수로 재직하고 있다.

실존주의와 함께 한

학교체육 제 모습 찾기

김상헌 · 김동규 지음

영남대학교출판부

머 리 말

서구의 실증주의 철학에 사상적 기반을 둔 합리주의는 자본주의 경제체제의 완성과 함께 현대사회를 한 차원 높은 과학의 세계로 이끌었다. 그러나 이 과학은 물질적 풍요와 함께 '실증과 객관'이라는 이름하에 우리 인간계를 획일화로 이끌어 도덕적 비판능력을 상실하게 하였다. 게다가 신자유주의 시장경제 체제의 도래는 무한경쟁의 시대를 유도하여 모든 사람들이 경쟁우위를 점하기 위한 공동의 목표를 추구하게 함으로써 개인의 독특한 성향과 스스로의 존엄성을 잃어버리는 인간성 상실의 시대를 맞이하게 하였다.

이러한 문제점을 극복하기 위해서는 우선 인간 스스로 자신의 행동에 수정을 시도하는 적극적인 방법, 즉 교육에서 그 답을 찾아야 할 것이다. 그러나 우리의 교육은 그러한 근본문제에 대한 해결은 뒤로한 채 지식정보화 사회의 소명만 가속화시키고 있는 듯하다. 교과학습 및 생활교육의 총체가 바로 교육과정이라고 본다면 지금까지 7차례 개정된 교육과정도 큰 틀에서 기존의 교육을 반복하고 있다는 느낌이고, 새롭게 발표된 2007년 개정교육과정 역시 그 틀에서 크게 벗어나지 못하여 인간세상의 변화와 구상에 대한 구체적인 대안이 없다. 즉 교육은 없고, 지식만 있는 형국이다.

이러한 현실에서 교육의 한 영역인 체육은 과연 어떠한 역할을 했으며, 체육교육자는 교육현장에서의 문제점을 극복하기 위해 어떤 노력을 했는가에 대해 스스로 돌아보아야 할 것이다. 또 우리는 우리 과목의 정체성에 대한 인식이 어느 정도 수준이며, 우리 과목이 다른 과목과 다르다면 어떠한 점이 그러한가에 대한 관심도 중요한 과제가 아닐 수 없다. 따라서 이 저서는 그러한 문제점들을 논의하고자 하는 목적에서 시도되었다. 즉 체육교과의 정체성과 인간성 회복으로서의 체육, 그리고 체육교육자의 사명 등에 대한 해답을 실존주의 사상으로부터 찾아보려 하였다.

이 저서의 내용은 여섯 장으로 구성되어 있다. 제1장은 서론으로서 현대사회에서 교육과 학교체육의 역할에 대해 논의하였다. 가장 기본적인 학교체육의 기반을 서술한 것이다. 제2장은 학교체육의 근간인 몸에 대한 담론, 특히 인간의 가치를 재음미할 수 있는 인간 움직임과 그에 대한 실존적 해석을 시도하였다. 체육적 앎의 과정을 밝혀 자아의식의 발견과 자기표현 및 실현의 중요성을 부각시키는 논의를 하였다.

제3장은 실존주의 철학을 학교체육에 접목시키는 시도를 하였다. 그러한 과정에서 학교체육이 인간의 가치 재발견에 중요한 단서임을 발

견할 수 있었다. 제4장은 학교체육의 문제들을 본격적으로 다루었다. 즉 학교체육의 정체성 확보를 위한 실마리를 체육목표, 체육수업, 체육평가, 체육교사, 학교간 경기 등으로 분류하여 찾아보았다. 제5장은 체육수업의 이론적 모형으로서 창의성 중심의 학교체육, 홀리스틱 중심의 체육교육 등이 소개되었다. 이 저서의 가장 핵심적인 부분이라고 볼 수 있다. 제6장은 이 저서의 결론으로서 앞 장의 논의들을 종합하여 학교체육이 추구해야 할 참 가치의 방향을 제시하였다.

원고정리를 마감하면서 저자로서 바람이 있다면, 교육의 거대영역 속에서 체육이 단순히 '신체를 이용해서 이루어지는 교육' 이라는 미시적 접근보다는 '몸의 움직임을 통해 체득되어진 체육적 앎으로써 자기를 발견하고, 자기를 실현하는 인간다운 인간형성의 과정' 이라는 거시적 관점의 철학적 기반이 이 저서를 통해 찾아졌으면 하는 점이다. 그런 의미에서 이 저서의 내용들은 이미 학회에서 검증받고, 실제 수업에서도 적용된 내용들이지만 아직은 더욱 많은 보완을 필요로 한다고 보고 있다. 부족한 부분은 추후 보완할 것을 약속하며, 독자들의 아낌없는 충고를 기다린다. 마지막으로 이 저서가 출간되기까지 항상 다각도의 지원에 정성을 아끼지 않은 영남대학교 대학원 체육학과 독서토론회 회원들에게 사랑의 인사를 전하며, 출판을 허락해 준 영남대 출판부측에도 감사의 말씀을 드린다.

2008. 10.

학교체육의 건승과 부활을 기원하며…

저 자

차 례

chapter 01

서문 : 실존주의 사상과 몸 교육

인류는 교통 · 통신의 발달과 산업화로 인하여 다양한 정보가 홍수를 이루고, 제반 여건이 전산화로 연결되는 사회, 즉 후기 산업사회를 맞이하였다. 이는 서구의 합리주의와 실증주의 철학에 의해 사상적 기반을 다진 과학이 낳은 혜택으로서 자본주의 경제체제의 발전을 유도하게 되었고, 이로 인해 현대의 인류는 물질적 풍요를 누리게 되었음을 의미한다. 그러나 그 이면에 존재하는 과학에 대한 지나친 의존은 인간들을 감각과 쾌락, 물신화에 길들여 도덕적 비판능력을 상실하게 하였고, 획일화된 인간으로 전락시키는 우愚를 범하고 말았다. 이는 개개인의 독특한 특성을 잃어버리고 오직 객관화로 치닫게 만들어 인간 스스로 자신의 존엄성을 잃어버리는 인간성 상실, 인간소외의 문제들로 나타나게 되어 인간들은 절망과 허무, 소외를 경험하게 된다. 학원폭력과 집단 따돌림에 의해 총기로 집단살해를 하는가 하면 군대 내에서의 총기난사 등 우리 사회의 불안과 폭력이 위험수위에 올라있고, 우울증, 불안, 절망 등은 하층계급은 물론 사회지도층마저 삶의 포기로 내몰고 있음이 이를 증명하고 있다.

이러한 현상이 보이는 현대사회를 '불안의 시대, 자기상실의 시대, 소외의 시대, 혹은 비인간화 시대' 라고 부른다. 이러한 표현들에 함축되어 있는 의미는 '이 시대가 어느 시대와도 비견하기 어려울 정도로 인간성의 위기를 맞이하고 있다' 는 것이다. 그러므로 현대인에 있어 절박하고 중대한 사명은 비인간화의 요소를 제거하고, 소외현상으로부터 자아를 되찾는 일일 것이다(엄정식, 1995). 인간이 만물의 척도라는 기준에서 볼 때 이러한 사태는 다방면으로 관심을 가져야 할 과제로서 실존철학이 해결하고자 하는 궁극적인 문제이다. 그러한 면에서 보면, 자연과학과 자본주의적 생산만이 인류의 생존과 번영에 대한 최종의 해답은 아니라는 인식과 더불어 인간 자체를 만사의 중핵에 놓고 생각하려는 태도가 확실히 현대사상의 중심적인 위치를 차지하기에 이르렀다고 볼 수 있다(정범모, 1991).

이의 해결을 위해서는 과학문명 자체를 완전히 제거하여 문명 이전의 시원始原으로 돌아가는 방법이 있을 수 있다. 그러나 이 방법은 시대를 거꾸로 돌리는 비현실적인 방법이므로 차선의 방법, 즉 인간행동 자체에 조작을 가해 인간 스스로 자신을 돌아보며, 겸허히 반성하는 자정自淨을 도모함으로써 인간성을 회복하려는 적극적인 방법이 시도되어야 할 것이다. 바로 '교육' 을 통해서 가능한 것이 된다.

전통적으로 교육은 지 · 덕 · 체가 조화를 이룬 바람직한 인간의 육성을 지향하고 있는 바, 인간성을 회복시키려는 의지는 교육을 통해 실현 가능할 것이다. 오늘날 많은 미래학자들이 '교육에 미래가 있음' 을 주장하는 것도 이러한 맥락에서이다. 그러나 아쉽게도 현대사회에서 발현되는 경쟁적 입시위주의 교육은 학교교육, 특히 전인교육을 마비시켜 버렸고, 학생의 개성을 존중한다는 명분으로 교육현장에서는 극단적인 이기주의자의 양산이 이루어지고 있다(황용길, 1999). 특히 교육현장에 신자유주의 사상의 적용은 학생들의 능력을 우선한다는 명목 하에 인간이 주체가 되지 않고, 오로지 경쟁만을 유도하여 인간을 훈육하거나 행동을 교정시키는 교육적 가치의 실현이 사실상 불가능에 가깝게 되었다. 교육의 본질이 뿌리에서부터 흔들리는 조짐을 보이고 있는 것이다.

이러한 학교교육의 현실 속에서도 체육교육은 학생들의 건강과 체력증진이라는 외재적 가치뿐만 아니라 경험과 체험을 수단으로 한 체득體得, 즉 '체육적 앎' 의 과정을 통해 인간을 교육할 수 있다는 점에 있어 의미가 있다. 체육활동은 도덕적 성숙을 유도하고, 개인에게 잠재되어 있는 '나' 를 불러일으킴으로써 인간본성으로의 회귀가 가능하여 인성교육에 기여할 수 있는 잠재력이 강하다. 그런 의미에서 체육의 목적인 심신이 조화로운 인간의 육성, 즉 전인교육은 오늘날에 있어 더욱 절실할 수밖에 없고, 인간주의 교육의 대표적 모델이며, 교육의 마지막 보루堡壘 역할을 했다고 자부할 수 있다. 이는 체육교육의 존립근거이자 체육교육이 지향해야 할 영원한 과제이기도 하다.

그러나 아쉽게도 최근 체육[1]은 교육적 이원론을 근간으로 하는 서구의 합리주의적 교육관의 영향에 의해 주지주의적 성향을 띠게 되었으며(장용규, 1997), 그러한 결과 합리주의의 한계가 체육교과에서도 비춰지고 있다. 명제화될 수 있는 기법만이 유일한 지식이고 기법 이상의 것은 아무 것도 없다고 보는 서구의 합리주의적 사고방식에 따라 현 체육교과는 체육의 '실제적인 앎practical knowledge'이 모두 빠져나간 형식화된 기법만이 남게 되어 기능교육의 범주를 벗어나지 못하고 있다.

결국 체육교과는 비주지교과임에도 불구하고 체육학의 명제적 지식이나 운동종목과 관련된 기법적 지식을 주요 교육내용으로 간주하는 주지주의적 성향을 나타냄으로써 자기모순과 함께 교육적 본질을 의심받게 되었다(장용규, 1997). 더욱이 현재 시행되고 있는 제7차 교육과정과 개정되는 교육과정에서 체육교과는 '창의성 교육', '통합교육', '수요자 중심 교육'의 시대적 흐름 속에서 '교육의 새판 짜기'라는 이름으로 교육 수요자들의 입맛 맞추기에 대한 자체적인 노력을 강요받고 있다. 여기에 축소된 시수時數(교육부 고시 제1997-15호)는 교육적 이상실현을 더욱 어

1

체육(體育 : Physical Education)은 정규교과목으로서의 체육수업과 방과후 스포츠 등 일반학생들을 대상으로 하는 영역과 운동선수의 육성을 전담하는 엘리트 스포츠의 영역으로 구분된다. 그리하여 체육은 스포츠(sport)와 다른 의미를 가지고 있지만 사회통념상 같은 의미로 해석되는 경우가 많다. 그러나 이 저서에서는 체육을 '교육본연의 의미'로서의 개념만으로 사용하였다.

렵게 하고 있다. 또 최근에는 '사교육비의 주범' 이라는 멍에를 쓴 채 교육인적자원부의 '예체능과목의 실기시험 폐지' (김남중, 강홍준, 2003a), '내신에서 제외' (김남중 등, 2003b)가 발표되어 이제 체육은 그저 재미나 즐거움만을 추구하고, 시간이나 때우는 과목으로 매도되어 학교교육에서 차지하고 있던 교육적 가능성을 내어놓게 되었다.[2] 체육의 존립당위성과 자존심이 한꺼번에 무너진 것이다.

이러한 결과는 상급학교 진학의 평가대상에서 체육교육의 전문성과 상관없이 체육교과에서 추구하는 교육목표를 제외하겠다는 의도에서 비롯되었으며, 또 체육교과의 비학문적 요소를 강조함으로써 나타난 결과이다(조미혜, 오수학, 2004). 이미 현장에서 체육은 그 교육적 이상이 의심을 받게 되었고, 신체활동을 통한 교육적 가치의 실현은 더욱 어렵게 되었다. 체육이 무너짐으로써 학교교육은 '지식의 전달' 이라는 실증적이고 합리적인 면만 있을 뿐 '인간의 교육' 이라는 실존적 교육 실현이 더욱 힘들게 된 것이다. 문제는 여기에서 그치는 것이 아니라 이런 경향이 우리 교육계 전반의 흐름이라는 데 있다.

교육계가 처한 최근의 이러한 현실에 대한 우려의 목소리는 최근의 경향이 아니라 이미 오래 전부터 있어 왔다. 학생들의 지나친 개성 중시 교육을 비판하면서 "열린교육이 오늘날 교육을 무너뜨렸다" 고 주장한 황용길(1999, 2001)의 연구, "열린교육이 교사중심, 교과중심 교육을 개선하는 데는 도움을 주었지만 교육 선진국 교육정책의 무차별적인 도입으

2
최근 교육인적자원부가 발표한 교육과정 개정안에는 고교 2, 3학년들이 공부해야 할 필수과목으로 ① 국어 · 도덕 · 사회, ② 수학 · 과학 · 기술 · 가정, ③ 체육 · 음악 · 미술, ④ 외국어, ⑤ 교양 등의 5개 집단에서 체육과 음악 · 미술을 분리하여 6개 군으로 결정함으로써 체육은 이제 개정되는 교육과정에서는 고 3학생들까지 필수교과로 지정되게 되었다. 그러나 2009학년도부터 점차적으로 초 · 중 · 고교에서 예체능 교과 평가기록 방식을 석차 원점수 표기를 삭제하고 수 · 우 · 미 · 양 · 가 및 9등급 평가에서 3단계 절대평가 및 서술형 평가로 바꿀 것임을 발표하여 내신에서 완전히 제외시키려는 의도라는 비판을 받고 있다.

로 우리 교육 현실에 맞지 않음"을 지적한 이술이(1997)의 연구가 그것이다. 또한 "한국의 교육현실에 맞지 않는 새교육 운동의 도입(정재걸, 2001)"과 "무리하게 밀어붙인 교육개혁"에서 그 원인을 찾는 등(김호권, 이성진, 이상주, 2000) 대부분의 연구보고서와 많은 교원단체에서는 현재의 교육과정과 입시정책 등에 대해 논의와 비판을 끊임없이 진행해 왔었다. 이에 대한 개선점에 대한 연구가 있어야 함은 이러한 이유에서 비롯된다.

이러한 과정은 "교육 선진국의 실증주의적이고 합리주의적인 교육정책의 무차별적인 도입이 현실 적용에 쉽지 않음"을 보여주는 단적인 예이다(이술이, 1997). 그러나 교육 여건이 현실에 맞지 않는다고 해서 교육을 포기할 수는 없으며, 학생들의 미래를 담보로 할 수 없기에 여기에는 적극적인 문제의 해결이 뒤따라야 한다. "교육은 성숙자가 미성숙자로 하여금 도덕적 생활을 완성케 하기 위하여 일정 기간 동안 유의성안적有意成案的으로 보편적 도야를 행하는 작업"이고(정재걸, 2001), 미성숙한 학생들을 일정한 시기동안 교육을 통해 성숙자로 양성해 가는 과정이므로 이러한 난국일수록 예절교육과 도의교육을 병행하여 훈육함으로써 올바른 인격체를 지닌 인간을 육성하려는 '전인교육'과 인간의 존재가치를 높여주는 '실존적 교육이상의 실현'이 중요한 것이다. 이에 대한 교사들의 적극적인 자세가 무엇보다 중요하고, 어려운 교육현실이지만 희망을 전제로 미래를 약속할 수 있는 주체적인 사고가 무엇보다 중요한 시점이다. 현장 교사들의 실존적인 사고와 자세 함양이 요청되는 시점인 것이다.

주지주의 교육이 한국사회에서 '전인교육을 역행하는 주입식 · 암기식 교육이 만연하고, 비합리적인 현재의 입시위주 교육정책이 정착되는 주범' 이라는 비판을 받기도 하지만, '기초학력의 습득을 중시한 교육에 의해 1970년대 이후의 경제성장과 국가 경쟁력 강화가 가능했다' 는 점만은 부인할 수 없는 사실이다. 선진산업화와 공업화를 추진하는데 필요한 인재를 급하게 양성하려다보니 지나치게 주지주의교육에 치중할 수밖에 없었던 까닭이다. 그러하니 지 · 덕 · 체를 겸비한 '전인의 육성' 이란 교육본연의 임무에 소홀할 수밖에 없었음은 어쩌면 당연한 것이었을지도 모른다. 또한 배워야 깨닫고, 이해하며, 다시 깨닫는 과정을 거쳐 학습이 이루어진다고 본다면, "모든 배움은 이해에서 시작하는데 이는 바탕, 기초지식이 있어야 함" 을 의미하는 것이다(황용길, 1999). Harold William Stevenson(1994)이 동양권 학생들이 높은 학업 성취도를 보이는 이유를 '교사 중심의 교수활동' 에서 찾은 것도 바로 이러한 맥락에서 이해할 수 있다.

이 저서에서 의도하는 바가 주지주의의 교육적 성과를 인정하지 않으려는 것은 아니다. 하지만 주지주의 교육 자체가 비인간적인 교육으로 소외의 가능성을 내포하고 있음이 부인할 수 없는 사실이고(김두범 등, 1998), 당시 시대상황이 지금과 판이하듯이 현재의 교육적 패러다임이 시대상황과 사회적 요구에 적합하지 않음을 말하고자 하는 것이다. 21세기에 접어든 오늘날 교육의 동향은 열린 학습, 자기주도적 학습, 구성주의 학습 등이 대변해 주고 있다. 그리하여 '교사 중심의 학습관에서 학생 중심의 학습관으로' 그 방법적 측면에서의 교육적 패러다임이 달라지고 있다. 현재의 교육 환경에서 현재의 주지주의 교육은 시대적 정서와 요구에 역행하고 있는 것이다.[3]

3

열린교육을 계승한 제7차 교육과정은 국제통화기금(IMF)의 여파로 인해 교육여건을 제대로 조성하지 못하여 학습자 중심의 수준별 활동 교육과정이 학생들의 학력신장에 도움을 주지 못한 채 교육현장의 혼란과 갈등을 초래하였

이러한 주지주의적 교육환경을 개선하고, 체육이 갖는 한계를 극복하여 교육의 주도적 기반을 마련하기 위해서는 교육제도의 개정 이전에 체육의 현장에 만연되어 있는 교육적 가치의 외재적 정당화를 극복하고 지식의 추상화에 따라 상실한 삶의 기반과 인간의 주체성을 회복하려는 자세가 무엇보다 절실하다. 체육의 목표와 과제를 실현하기 위해서는 정규 체육교육을 통하여 삶의 참가치를 가지며, 삶에 적용되는 안목과 판단력을 주입시키는 교육관의 재정립이 요구되는 것이다(최의창, 2003; 김동규, 이정식, 1997). 이는 바로 교육의 실존주의적 가치회복을 의미하며, 이 시대 체육이 안고 있는 최대의 과제가 아닐 수 없다. 그리고 '체육적 앎'이 '인식된 몸'을 통해 가능하다고 본다면 해답은 바로 우리 '몸'에 대한 새로운 이해로 가능할 것이다.

따라서 현재 시행되고 있는 체육은 주지주의적 성향을 나타냄으로써 파생된 제 문제들과 교육 선진국의 실증적, 합리적인 교육정책의 무차별적인 도입으로 인한 후유증에서 벗어나야만 한다. 이를 위해서는 인간이 중심이 되는 실존주의 체육사상을 적용해 현재 과도기에서 벗어나지 못하고 있는 체육의 교육적 정체성을 진단하여 미래 사회를 대비할 수 있는 교육적 패러다임을 모색하는 작업이 반드시 선행되어야 할 과제이다.

따라서 현대사회가 안고 있는 소외, 인간성 상실에 대한 문제를 극복하기 위하여 실존적 입장에서 인간의 '몸'과 '움직임', 그리고 '체육

다. 더구나 지나친 평등지향 교육으로 인하여 학력의 양극화 현상과 학교 간 학력격차가 커지는 부작용도 심해지고 있다. 일부 교육청에서 학업성취도 평가나 학습부진아 지도를 강화하고 있는 것도 이러한 부작용을 줄이기 위한 것이다(남경희, 2005). 아이러니하게도 한국사회에서는 주지주의의 극복을 위해 시도된 최근의 교육개혁에서조차 이상의 논의처럼 주지주의의 폐단을 여전히 이어가도 있어 주지주의의 끝은 어디인가 의구심을 가지게 한다. 여기에 관한 저서로 홍은숙(1999)의 『지식과 교육』이 있는데 여기에서 저자는 "지식교육 자체가 나쁜 것이 아니라 잘못된 지식교육이 문제이며, 보다 나은 지식교육을 위해서는 궁극적으로 우리의 상처를 치유하고 생명을 주는 방식으로 지식을 가르쳐야 한다."고 주장하고 있다.

적 앎' 과의 연관을 통해 움직임에 대한 실존철학적 의미를 부여하는 작업은 의미 있는 시도가 아닐 수 없다. 그리고 여기에 실존주의적 관점에서 체육을 바라보아 현 교육적 상황에서 체육이 안고 있는 문제를 찾고, 이의 해결을 통해 체육이 바로 설 수 있는 대안을 모색하는 것은 중요한 작업이 될 것이다. 또한 이러한 작업은 체육이 교육의 주체로 다시 서게 되는 길을 개척하고, 타 교과와 구별하여 정체성과 교육적 주체성을 회복하는 길이 된다면 그 의의는 더욱 자명自明해진다. 나아가 이는 인간의 행동 자체에 자극을 가하여 인간 스스로 자정自淨의 방법을 취하고자 하는 노력의 일환으로서 적극적인 '교육' 이 될 것이다.

원래 교육이란 몸을 바꾸고 개선하는 일이다. 동양에서 말하는 수신修身이 바로 그것이다. "수신 이후에야 제가齊家하고, 치국治國한 후에야 천하가 태평하다平天下"는 대학大學 장구총설章句總說 8조목을 예로 들지 않더라도 수신, 즉 자기 자신의 수양과 반성이 모든 활동의 기본이 됨은 주지의 사실이다. 소학小學에는 이에 대해 "예술교육을 통해 수신하고, 마음을 다스리며治心, 그러기 위해 몸을 닦는 과정을 거쳐야 함"을 언급하고 있다(강유원, 김이수, 2006). 그리하여 교육이란 본래 몸을 교육하는 과정을 반드시 거쳐야만 하는 과정이다. 앎을 '이론적인 앎' 과 '실천적인 앎' 으로 구분할 때, 몸을 바꾸고 개선하는 과정이 제외되면 이론적인 앎만 추구하는 것이고, 실천적인 앎은 도외시 하는 것이 된다. 그러나 작금의 주지주의적 교육환경은 '이론적인 앎' 의 추구에 한정되어 있다.

따라서 교육은 '실천적인 앎', 즉 '몸의 교육'에서 실마리를 찾아야 할 것이다. 정신은 그 자체로 실체가 없고(Sartre, 1956), 몸 이외에 아무것도 아니며, 허무와 침묵에 불과하다(오정석, 1994). 그리하여 소외의 문제도 '몸과 몸의 부대낌', '몸과 몸의 어울림'을 통해 가능할 것이고, '몸'을 통해 시작된다고 볼 수 있다. 이러한 몸의 존재에 의미를 부여하는 것이 바로 인간 움직임이다. 그러므로 몸은 '내면으로부터 체험하는 신체'라는 점에서 '신체가 곧 주체'라는 입장, 즉 실존적 입장에서 해명되어야 한다. 소외의 문제는 주체적인 몸(신체)의 관계개선을 통해서 가능한 것이다. 그리고 이를 통해 실존적 입장에서 '몸의 움직임 활동 = 체육 · 스포츠', '몸의 교육 = 체육교육'이라는 방향과 진로가 탐색될 수 있다. 이러한 점을 고려할 때 '현재의 체육은 시대변화에 따른 과도기적 현상'임을 전제로 실존주의적 견지에서 체육의 교육적 정체성을 타진하고, 학교현장에 산재한 체육의 문제들을 탐색함으로써 '인간형성'이라는 교육의 본질적 목표에 합치될 수 있는 가능성을 찾아야 할 것이다.

---

chapter 02

몸과 움직임에 대한 새로운 이해

실존주의적 견지에서 오늘날의 교육현장을 살펴보고 체육의 교육적 정체성을 타진한 후, 학교현장에 산재한 체육의 문제들을 탐색하여 교육영역에서 바로 설 수 있는 길을 탐색하려는 시도는 '과연 체육이 인격형성이라는 본질적 목표에 합치될 수 있는가?' 라는 의문에서부터 시작된다. 이는 오늘날 체육의 목적이기도 하지만 체육이 체육일 수 있는 유일한 단서이기도 하기 때문이다. 체육이 교육의 한 영역이라면 이러한 의문의 해결을 위해서는 '체육교과의 정체성은 무엇이며, 교육적 가능성은 있는가?' 하는 문제를 우선 고심해야 한다. 이러한 점이 해결되지 않은 상태에서 '체육은 인간교육이 가능하다', '체육이 교육의 리더 역할을 하고 있다', '체육은 새로운 시대가 요구하는 인간상을 배출하는 교육이다' 라고 단정하는 것은 사상누각砂上樓閣이 아닐 수 없다. 체육의 교육적 정체성에 대한 확고한 신념이 전제되어야 하는 것은 이 때문이고, 따라서 체육의 핵심이자 수단이 되는 '움직임' 에 대한 고찰과 움직임이 이루어지는 '몸' 에 대한 고찰, 그리고 이를 실존주의적 시각에서 해석하려는 통합연구가 요구된다.

실존주의의 형성

실존주의existentialism 사상은 제1차 세계대전(1914~1918) 이후 독일을 중심으로 일어났던 철학사조이다. 전쟁을 겪은 직후 1920년대 유럽사회는 불안과 절망 그 자체였다. 날로 팽배해 가는 자본주의의 대량생산은 물질만능주의를 낳았으며, 거대하고 조직화되어 가는 사회 속에서 인간들은 평균화로 치닫게 되었다. 이러한 조직 속에서 인간의 역할은 한낱 기계의 부품으로만 간주되게 되었고, 인간의 고유한 능력보다는 대중 속에서 양적인 생산 능력만 인정받게 되었다. 이러한 상황 속에서 인간에 대한 새로운 성찰의 분위기가 대두되게 되었으며, 주체성을 가진 자아의 본래적인 모습으로의 회귀를 갈망하게 되었다.

이후 스페인 내전(1936~1939)과 또 한 차례의 세계대전은 이러한 물질문명, 거대화 · 조직화된 사회 간의 충돌이었다. 제2차 세계대전(1939~1945)은 국내 · 외 정치혼란 및 세계적 경제위기를 가져왔으며, 그동안 지켜오던 인간본성으로서의 선善이 무너지게 되었다. 무엇보다 중요한 것은 인간이 인간에게서 느끼게 된 잔혹성과 비인간성은 사람들을 극도의 불안 속에 빠뜨리게 되었다는 사실이다. 이는 인간 자체의 존엄성을 잃게 만들었으며, 결과적으로 인간성 상실, 인간소외의 문제로 나타나게 되어 인간들은 극도의 절망과 허무, 소외를 경험하게 되었다. 이 때문에 유럽의 지식인들 사이에는 기존 사회에 대한 허무감과 좌절감이 대두되었고, 인간의 이성적 사고와 역사발전에 대해 근본적인 회의懷疑가 생겨났다. 이와 함께 신의 권능에 대해서도 불신하게 되어 세계의 무의미성에 대한 절망감을 지성으로 극복하고 논리화하려는 과정에서 실존주의 철학이 대두되었다. 이념理念은 유럽 사람들을 전쟁의 재앙으로 몰아가면서도 '정의와 진보' 라는 장미빛 청사진을 제시했지만 결국 이념이 사람을 행복하게 해주는 것이 아니며, 진정 중요한 것은 '개개인의 삶과 자유' 임을 깨닫게 된 것이다. 따라서 이념에 대한 그릇된 확신을 거부하고, 개인의 체험과 자유를 강조하는 새로운 철학에 대한 필요성이 대두된 것이다. 그것이 바로 실존주의 철학이다.

실존주의는 전후戰後 바로 이러한 위기상황에서 서구인들이 느끼는 절망과 불안의 철학적인 표현이다(강대석, 1991). 이러한 상황에 대한 극복

하이네만(Fritz Heinemann)

헤겔(Georg Wilhelm Friedrich Hegel)

의지의 표현으로 생성되기 시작한 것이 바로 실존주의 사상이고, 이는 1928년 Fritz Heinemann(1889~1970)에 의해 만들어진 용어로 알려져 있다(이태기, 1966). 실존주의의 등장은 '올바른 인간의 이해가 합리적인 본성과 이성적인 생각만으로 설명될 수 없다'는 반합리주의 사상의 대두와 '삶의 철학'의 상대주의적인 경향에 한계를 느꼈기 때문이다(나재주, 1996). '삶의 철학'[4]의 낙천적인 교육관만으로 현대사회의 조화로운 인간 성장과 인간 속에 숨어 있는 소질들을 육성 · 계발하기에 어려움을 느낀 것도 실존주의 사상의 등장에 영향을 미쳤던 것이다. 실제로 합리주의를 표방한 Georg Wilhelm Friedrich Hegel(1770~1831)은 문자 그대로 인간을

4
'삶의 철학'은 논리적 · 수학적인 방법과 자연과학의 이용을 절대화한 학문, 즉 실증과학 발달에 영향 받은 실증주의와 과학비판철학의 성행에 대립하여 19세기 후반부터 20세기 초에 걸쳐 유럽에서 일어난 일련의 철학을 총칭한다. 선험철학의 인식주체로서의 이성의 위치를 삶으로 대신하게 하고, 모든 삶의 표현들을 생동적인 삶 전체 속에 체험으로서의 삶에서 출발하여 삶의 직접적인 파악을 꾀하는 철저한 현세 중심주의 입장을 취한다. 따라서 '생의 철학(生-哲學 ; philosophy of life)'이라고도 한다. Schopenhauer, Nietzsche, Dilthey, Simmel, Bergson

포함한 우주 만물의 현상이 합리적으로 설명될 수 있을 뿐만 아니라 그 모든 현상들이 빈틈없이 결정적으로 되었다고 주장하면서 마치 거울에 투명하게 비친 미래의 현상까지 관조적 입장에서 바라보기를 주장했다(박이문, 2006). 인간의 개별성과 주체성이 인정받는 현대사회에서 인간 저마다의 개성이 말살되고, 스스로의 노력보다 정해진 틀에 의해 살아야 하는 평균적인 인간은 논리적으로 설득력이 없을 수밖에 없다. 이러한 시기에 실존주의 사상이 태동한 것이다.

그러나 세계는 곧 질서를 잡아나갔으며, 극도의 절망과 불안이라는 위기상황의 극복은 실존철학의 종말을 고하는 듯 했다. 하지만 실존철학은 이미 삶의 철학이나 현상학, 또는 해석학 등의 철학사적 유산을 충분히 흡수하였기 때문에 오늘날에 와서 인접과학에 미치는 영향이 점점 더 광범위해지고 있다. 이러한 현대철학의 흐름을 강선보(2000)는 "주체적 존재로서의 실존의 본질과 구조를 밝히려는 실존주의는 19세기의 합리주의적 관념론 혹은 실증주의에 대한 비판과 도전으로 시작하여 분석철학과 함께 현대철학의 주류를 형성하였다"라고 보고하고 있다.

의 철학을 들 수 있다. 생의 철학이 지닌 의의는 근대에서 현대로 이어지는 서구문명 전반에 확대되는 합리화 경향에 빠지지 않고, 생의 모든 영역에서 그 근저에 있는 비합리적 기반으로 거슬러 올라가 그 존재를 부각시킨데 있다. 그러나 그러한 과정에서 '비합리적'인 '직관'의 작업으로 끝나버렸다는 아쉬움이 있다. 생의 영역에서 고유한 논리를 찾으려고 한 Dilthey의 역사적·해석학적 방법은 뒤에 Husserl의 현상학(現象學), Jaspers, Heidegger의 실존철학에 영향을 끼쳤고, 미국에서는 James나 실용주의(pragmatism)의 사상가에게서도 '생의 철학'의 영향을 엿볼 수 있다.

실존주의의 의미

실존주의는 보편적 실존과 개인적 실존이 논리적으로 필요한 개념적 도구의 범주 안에서 합리적으로 이해될 수 있다고 주장하는 합리주의 개념에 대한 지속적인 저항이다. 그렇기 때문에 실존주의는 Hegel의 합리주의 철학에 반대하여 비합리적 입장에 서 있는 학문으로 이성에 치중하던 전통적인 관념론을 거부하고, 추상적인 것보다는 구체적인 것을 더욱 존중하는 입장을 취하고 있다(정응근, 1984). 실존주의는 자연과학의 논리적 실증주의에 대한 비판과 도전으로 시작한 것이다. 그렇기 때문에 실존주의에서는 객관적인 실재보다 '그것이 나에게 관련을 맺었을 때의 의미' 에 더욱 중요한 가치를 두고 있다. 주어진 여러 가지 객관적인 규범보다는 자기 스스로의 책임 하에 상황에 맞는 규범을 스스로 선택하여 지키려는 인격적 결단을 내리는 것이 바로 실존주의의 입장인 것이다. 따라서 실존주의는 인간의 본질을 이성이나 정신 등의 보편적 원리로 규정하고자 하는 철학적 입장과는 반대로 지금 이곳에 있는 자기의 개별적이고 구체적인 현실존재를 대상으로 하는 입장이고, 그에 따른 문제들을 해결하고자 하는 사상인 것이다. 다시 말해 실존주의는 이성을 본질로 하는 보편적이고 사변적思辨的인 인간관을 거부하고, 구체적 현실에 존재하는(실존하는) 개인의 모습을 규명하고자 하는 철학사상으로서 현대철학의 주류를 형성하게 되었다.

이러한 배경에서 시작된 실존주의 사상의 핵심은 '실존' 이라고 할 수 있다. 실존은 '추상성' 이라는 말로 대변하기에 부족함이 있고, 군중 속에 매몰되어 버릴 수 없는 자기대로의 독특한 내면적 가치와 의의를 가진 하나하나의 구체적이고 개별적이며, 현실적인 주체적 존재를 의미한다(이태기, 1966). 즉 실존주의에서 말하는 실존의 개념은 인간의 자기존재에 대한 절대적인 체험의 철학적 표현이며, 이 절대적 체험은 곧 자기 자신과의 만남, 또는 자기 자신과의 정립을 포함하는 개념이다(Sartre, 1946/1993). 이는 한 사물이 있다는 그 사실, 그 사물이 우연하게 실제적으로 눈앞에 있음과 실제로 있음을 뜻하며, 이것은 자신의 가늠 기준이 된다(이기상, 1987). 그렇기 때문에 이러한 실존이라는 말은 오직 인간에게만 쓸 수 있으며, 인간이 실존을 갖고 있는 것이 아니라 실존으로 존재하고 있기에 실존은 인간 현존재의 존재 이행방식으로 이해된다(이기상, 1987). 다시 말해서 실존이라는 말은 인간의 진실존재, 현실존재를 의미하는 말이며, 그것은 인간의 주체적 진리를 자각시키는 시대적 요청이며, 인간에게 힘을 던져주는 것이라고 할 수 있다(백승균, 1987).

따라서 실존은 인간의 본성이나 인간적 가능성을 규정하는 고정된 인간본질에 대한 어떠한 고정관념도 배제하며, 근본적 우연성과 자유로서 표상表象될 수 있다. 그렇기에 일찍이 인간의 실존성을 부르짖은 Sören Aabye Kierkegaard(1813~1855)는 인간은 인관관계에 끼어서 작용하면서 항상 불안에 잠긴 가운데 자유로운 결단을 필요로 하는 존재자라는 의미로 실존이라는 용어를 '실존하는 개인existential individual' 의 줄임말이라고 생각하는 것이다.

이런 의미에서 본다면 실존은 실체가 아니고 사람의 현존이다. 즉 실존의 개념은 '인간 존재' 라는 독특하고 특수한 영역을 매개로 한 체험을 표현한 개념이기 때문에 실존주의의 주 연구대상은 '사람이 있음' 이 아니라 '사람이 있음에 대한 현실' 이 주 연구대상이 된다. 그러므로 실존주의적 시각에서는 Jean-Paul Sartre(1905~1980)의 주장처럼 "사물의 본질보다 실존이 우선이고, 비교 우위에 서게 되는 것" 이며, 그 중에서도

키에르케고르(Sören Aabye Kierkegaard)

인간의 실존이 중요시되는 것이다. 그런 의미에서 Kierkegaard는 "개별자 단독자의 '나' 라는 이 주체가 곧 실존"임을 주장하고 있다. 그렇기 때문에 사람은 그가 스스로를 생각하는 그대로일 뿐 아니라 그가 원하는 그대로이고, 사람은 스스로가 만들어 가는 것 이외엔 아무 것도 아닌 존재이다(방곤, 1983). 이것이 Sartre가 말하는 실존주의의 제1원칙, 즉 주체성主體性이라고 부르고, 이를 Kierkegaard는 '진리眞理' 라고 주장한다. 인간의 선택은 주관적인 것, 결국 비합리적인 것이며, 맹목적인 우리들의 태도에 의해 결정되는 것이고, 그것이 바로 '진리' 인 것이다.

이러한 사람의 실존은 체계가 합리적인 과학으로 설명할 수 없는 성질이 있으며, 이것은 개개인 저마다의 독특한 의식을 가지게 된다. 이 의식은 개인이 '되고 싶은 것' 을 향한 자유의지와 선택에 의해 이루어지기 때문에 사람은 주관적으로 자기의 삶을 이어나가는 지향적 존재이다. 이 지향 이전에는 아무 것도 있을 수 없고, '의지意志' 라고 부르는 자발적인 의식적 결정에 의해서 스스로를 만들어 나가게 된다. 객관적인 사물의 '의미' 가 나의 선택, 즉 자유에 의해서 결정되고, '나' 라는 인간이 어떤 사람이 되느냐, 어떤 행동을 하는가의 문제는 내 자신의 자유로운 선택에 의해서 결정되게 되는 것이다(박이문, 2006). '나' 라는 존재는 처음부터 어떤 인과관계에 의해서 결정된 존재가 아니라 오로지 '나' 자신의 주체적인 자유의지에 달려 있는 것이다.

그런 의미에서 실존이 본질에 앞서고, 사람의 실존에는 자유의지와 선택에 의해서 형성된다는 주체성이 있다면, 여기에는 분명한 책임이 뒤따른다. 따라서 실존주의의 첫 걸음은 모든 사람으로 하여금 그의 존재의 주인이 되게 하고, 그에게 그의 존재에 대한 전적인 책임을 돌리는 것이다(방곤, 1983). 스스로 자신의 태도와 목적과 가치와 생활방식을 선택할 수 있고, 그것을 진리로써 주장할 뿐만 아니라 누구나 이와 같은 진리에 의해서 행동하도록 설득하고자 하는 것이다(Stevenson, 1988/1996). 결국 실존주의는 개인의 자발적인 의식에 의한 선택을 전제로 하고, 그 선택에 의한 행동에 책임을 져야 함을 특징으로 한다. 이것이 Sartre가 말하는 실존주의의 제2원칙이다. 나의 운명은 나의 선택에 달려 있고, 나의 행복과 보람은 오직 나에 의해서 결정되어 지는 것이다. 간혹 이러한 선택의 자유와 책임이 인간의 불안dread과 고뇌anguish로 나타나기도 한다.

이상을 토대로 본다면, 실존주의는 인간에 대한 이론, 즉 인간 그 자체를 연구대상으로 삼는 철학이고, 실존주의의 제1, 제2원칙에서 '주체성'과 '책임성'에 대한 교육적 의의와 체육의 가치접목이 바로 실존주의 체육사상일 것이다. 따라서 실존주의 체육사상에 근거해 체육의 제 모습을 찾으려는 노력도 궁극적으로 체육교과가 타 교과와 뚜렷하게 구별될 수 있는 주체성과 교육적 책임성을 고려하지 않을 수 없는 것이다.

그런데 여기에서 실존이란 과학적이며, 객관적인 분석을 통해서 설명될 수 있는 대상으로서의 인간이 아니라 '구체적으로 체험하는 살아있는 인간'을 가리키는 용어이다. 실존은 과학적으로 객관적인 대상만으로 설명될 수 없고, 구체적인 역사적 · 사회적 시공 속에서 생각하고, 느끼고, 운동하고, 일하는 주체적인 인간의 체험을 경험했을 때만 이해할 수 있다(김호상, 1999). 그렇기에 실존주의에서 말하는 실존은 인간이 자기 존재를 찾을 수 있는 체험의 철학적 표현이다. 이 절대적 체험은 곧 자기 자신과의 만남, 또는 자기 자신과의 정립을 포함하며, 동시에 자기 자신 속으로만 폐쇄하는 내재적인 것이 아닌 자기 자신을 부단히 초월하는 타자와의 관계인 것이다(유성건, 2001). 그렇기 때문에 실존주의는 만남을 중요하게 여기지 않을 수 없다. 이 만남의 개념은 자기 자신 속에서만 내재하는 혼자만의 문제가 아니라 자기 자신을 초월하는 타자와의 관계를 말하는 것이다. 즉 인류는 Georg von Peuerbach(1423~1461)가 말하는 개별적인 '나'와 '너'로 형성되어 있는 것이다.

따라서 인간이 세계와 가질 수 있는 두 가지의 관계, 즉 '나-그것'의 관계로 표현되는 사물세계와 '나-너'의 관계로 표현되는 인격적 만남의 세계 중 어떤 관계를 형성하느냐에 따라 인간 삶의 양상도 달라진다[5] (Buber, 1991/1994). 그렇기 때문에 순간적으로 찾아오는 만남의 순간을 감동적으로 체험하기 위해 삶의 의미를 충분히 이해하는 전인격적 인격체가 바로 실존주의에서 말하는 실존인 것이다. 이러한 이유에서 실존주의 사상은 교육적 의미가 크다고 할 수 있을 것이고, 인간의 삶을 가능케 만드는 이론이며, 모든 진리와 모든 행위가 환경과 인간 주체성을 포함하고 있다는 사실을 주장하는 이론으로서(서배식, 1999) Sartre가 말하는 "실존주의는 휴머니즘"일 수 있는 것이다. 이는 실존주의 휴머니즘의 회복과 새로운 인간성의 갈구를 통해 인간성 회복과 새로운 인간문화를 일으키고자 하는 휴머니스트 Friedrich Wilhelm Nietzsche(1844~1900)의 주장

5
'나-그것'의 관계 속에서의 '나'는 개별적 존재(Individuality)로서 자기를 경험과 이용의 주체로서만 의식하는 반면에 '나-너'의 관계 속에서의 '나'는 종속적(dependent)인 성향을 가지지는 않지만 주체성을 가진 '나'와 '너'의 만남을 통해 고립된 실존 속에서 벗어남으로써 참다운 인간존재를 발견할 수 있다.

이 현실로 다가올 수 있는 것이다(정동호, 1983). 따라서 실존주의에서는 인간 개개인을 문제 삼고, 인간의 본질적인 문제를 다루는 지극히 주관적인 입장이며, 본래적 존재로서의 개인을 중요시 여기게 된다.

그러나 실존주의 사상에서 극복하고자 하는 소외도 결코 해소될 수 없는 분열과 타자의 완전한 가치 동일시라는 양극 사이에서 오락가락한다. 타인에 대한 우리의 이해에는 한계가 있기 때문이다(백승균, 1987). 인간의 체험이란 지극히 주관적일 수밖에 없고, 만남을 통해 이해하게 되는 타자의 내면세계란 지극히 협소할 수밖에 없다. 또한 자발적인 의식에 의한 선택과 책임도 주변정황에 따라서 언제나 변할 가능성이 있고, 오늘 최선의 선택이 내일은 가치가 없는 것이 될 수도 있다. 그렇기 때문에 인간의 소외는 완전히 제거될 수 있는 것이 아니라 오직 최소한으로 감소시키고, 극복할 수만 있을 뿐이다. 이런 의미에서 인간에 의한 완전한 소외의 해결은 사실상 불가능할지도 모른다. 실제로 이러한 소외의 불가능성에 대해 Sartre는 "내가 나의 주관으로 남을 바라봄(對自存在)과 동시에 남도 나를 자기의 주관으로 바라봄(卽自存在)"을 지적하면서 두 개의 대자 간에 발생되는 인간의 갈등불안 상황을 지적하고 있다. 인간 Kierkegaard가 현대적 의미의 '실존'을 처음 표현한 이후 큰 성과를 이루지 못한 것도 이와 같은 맥락으로 이해할 수 있다(백승균, 1987).

이러한 한계를 보이지만 한 가지 분명한 사실은 실존주의 사상은 인간이 타자 앞에 홀로 선 실존적 개인으로서 제각기 나름대로의 색깔과 의미와 목적을 지닌 존재이며, '자기이해와 자기실현의 주체자'로서의 개별적 존재임을 보여준다는 것이다. 또한 실존주의 사상이 이성이나 이념이라는 절대적 정신이 계획한 필연적인 존재로 살아야 하고, 주변 정황의 변화에 따라 수동적으로 발전의 방향이 결정되는 즉자존재卽自存在가 아니라 대자존재對自存在로서 시간과 공간 속에서 스스로 있어야 할 현실적이며, 우연적 존재임을 보여준다는 사실은 변할 수 없다. 따라서 실존주의 사상은 인간이 단순히 인과적 자연물이 아니라 자유로 행동하는 정신이며, 자기를 자유롭게 선택할 수 있는 인격의 주체임을 암시하는 것이고, 자유로운 정신은 고정된 본질에 사로잡혀 있는 것이 아니라 자기 초월을 통해 실존해 감으로써 숙명주의나 결정론의 정신적 절망을 넘어서려는 인간의 의지를 보여주는 것이기도 한 것이다.

인간 움직임에 대한 실존적 이해

사회의 밝고 아름다움 이면에 존재하는 절망과 허무, 상실의 시대적 상황에서 체육을 통한 희망과 가능성을 발견하고자 하는 이 시도는 실존주의에서 그 해답을 찾으려고 한다. 그리고 그 가운데서 체육의 교육적 가능성이 존재함을 증명하려고 한다. 실존주의에서 말하는 실존은 인간이 자기존재를 찾을 수 있는 체험의 철학적 표현이기 때문에 이러한 정신적 혼란의 극복은 실존적 존재인 인간본성과 인간관계의 회복을 통해 가능할 것이기 때문이다. 따라서 소외극복의 실마리는 인간의 관계성 회복, 즉 '타인과의 관계성 회복' 에서 찾기로 하고, 관계맺음의 출발점이자 귀착점이 되는 '몸' 과 움직임을 통해 인식된 몸이 체득하는 '체육적 앎' 에서 시작함이 옳을 듯하다. 이는 자기 자신 속에 은폐되어 있는 내재적인 자아를 찾아내고, 그 자아를 초월하려는 교육적 가능성이 체육적 앎에 존재하기 때문이다. 이런 의미에서 소외극복의 첫 시작은 사람들과의 관계맺음의 출발이자 인식된 몸의 존재를 가능하게 해 주는 '인간 움직임' 에 대한 고찰에서부터라고 볼 수 있다.

인간 움직임의 의의_

움직임은 인간에게 가장 기본적이고 중요한 의사소통 방법이다. 인류가 말과 글을 만들어내지 못했을 때, 의사소통은 움직임으로 이루어졌을 것이다. 움직임은 표현과 이해의 수단이며, 문제를 해결하기 위한 운동수행 능력이다. 이러한 움직임을 통한 사회지각, 협동심, 의사소통, 수행비교, 소집단 및 대집단 내 공동놀이는 다양한 상황을 제공함으로써 사회경험을 하도록 하여 사회에서의 삶을 터득하게 한다.

이런 의미에서 움직임은 가장 원초적인 언어라고 할 수 있다. 그러나 현대에 이르러 움직임은 우리에게 가장 먼 존재가 되었다. 우리는 문자나 음성 외에는 소통할 수 없다고 생각한다. 우리는 생활하면서 거의 움직이지 않으며, 보게 되는 움직임도 꾸며져 있는 정형화된 것들뿐이다. 의미 없는 인간들에게서 나오는 의미 없는 움직임들이 만연하고 있다. 이렇듯 인간 존재가치를 자연계에 속한 하나의 생물체로만 본다면 인간 움직임의 의미는 단순히 생명존속이나 유지를 위한 창조적 표현에서만 찾는 것이 당연하다. 그러나 오랜 기간을 거쳐 오면서 움직임의 기능적 진보를 통해 이룩해 놓은 인류의 문화들을 단순히 생존이나 부수적 창조성의 표현으로만 한정하는 것은 오류가 있다.

인간의 움직임을 단순히 의 · 식 · 주 해결이나 생존을 위한 움직임

차원에서만 논의한다면 인류가 끊임없이 산을 뚫고, 도로를 넓히며, 자동차를 만들고, 높은 고층건물을 쌓아 올리는 일들, 선박이나 비행기를 만들어 대양을 건너며, 달과 화성으로 탐사선을 보내는 일련의 노력들은 그저 불필요한 에너지의 낭비에 지나지 않을 것이다. 그러나 인간의 이러한 움직임에는 보다 고차원적인 존재로서의 목적 실현을 추구하는 생명의 충동과 의지가 담겨져 있다. 때문에 인간의 움직임은 보다 깊은 차원에서 논의되어야 하고, 총체적인 이해가 필요한 것이다. 단순한 비교만 하더라도 인간의 움직임은 동물의 움직임과는 다른 것이다.

그렇다면 구체적으로 인간의 움직임은 동물과 어떻게 다른 것인가? 그리고 어떻게 발달해 온 것인가? 고차원적인 인간의 생명적 움직임은 동물의 움직임과 비교해 봄으로써 그 의미를 보다 명확하게 탐색할 수 있다. 이에 대해 Elenor Metheny(1975)는 다음과 같이 밝히고 있다.

> 움직임은 모든 동물들의 생활에 필수적인 요소이다. 동물의 움직임이란 내적 또는 외적 환경의 자극을 감각적으로 지각하는 동물적 반응이라고 할 수 있다. 이것은 인간에게도 똑같이 적용된다. 그러나 동물의 움직임과 인간의 움직임에는 중요한 차이가 있다. 동물의 움직임은 외부와 내부로부터 오는 자극에 대한 반응이 즉각적이며 직

접적인 반면, 인간의 움직임은 그 대답이 유보적이라는 것이다 (Metheny, 1975 : 오정석, 1994 재인용).

파블로프(Ivan Petrovich Pavlov)

그렇다. 동물의 움직임은 Ivan Petrovich Pavlov(1849~1936)의 조건반사 실험[6] 결과처럼 주어진 자극에 대해 있는 그대로 받아들이고, 그 반응도 있는 그대로 나타나게 된다. 여기에는 자신의 반응에 대한 결과예측이나 창조적인 노력의 과정 없이 그저 주어진 환경에 대한 적응만이 있을 뿐이다. 간혹 잘 훈련된 동물들은 가해진 자극에 우리의 예측과 다르게 인간의 그것과 비슷한 반응을 보이는 경우도 있지만 이는 오랜 반복훈련(학습)의 결과일 뿐 인간의 움직임과는 별개이다. 반면에 인간의 움직임은 자극에 대해 인간 스스로의 가치와 사고에 의해 나타나는 움직임이다. 오직 인간만이 움직임에 대해 자신의 운동지각을 개념화할 수 있고, 운동학습을 통해 자신을 발전시킬 수 있으며, 자신의

6
Pavlov는 1909년 고전적 조건화 이론을 처음 소개하였다. 그는 본래 소화선에 대한 연구의 부분으로서 개의 타액분비를 측정하는데 관심을 두었는데, 개의 먹이가 실제로 개의 입안에 놓여 지기 전에도 타액이 분비되는 것을 보고 이를 구체적으로 연구하기 시작하였다. Pavlov는 실험장치를 개가 방음장치가 된 방안에 헐거운 입마개로 묶여져 있는 기본적인 실험을 설계하고, 타액이 수집되고 측정될 수 있도록 하기 위해서 미리 개의 이하선(耳下線)을 뺨의 밖으로 드러내었다. 이 실험장치는 원격조정 방법에 의해 고기분말을 개의 입으로 넣을 수 있도록 고안하여 실험한 결과 소리만 제시하고 어떠한 먹이의 제시가 없어도 개는 타액을 분비하는 것을 발견할 수 있었다. 이때 음식은 무조건 자극(unconditioned stimulus : UCS)이 되고, 이때의 타액반응은 무조건 반응(unconditioned response : UCR)이 된다. 음식과 타액의 자연적 결합에는 사전학습이 전혀 필요가 없다. 그리고 메트로노움 소리는 아무런 반응을 야기하지 못하므로 중립자극이 된다(NS : neutral stimulus). Pavlov의 실험은 종소리와 먹이 사이에 밀접한 심리적 상관관계를 만들었다는데 핵심이 있다.

인간적 의미와 가치구조의 맥락에서 움직임을 생각하고, 그 의미를 이해하려고 노력한다. 환경에의 수동적 적응이 아닌 능동적 공격 내지 개변이야말로 인간이라는 종의 진화를 설명하는 가장 핵심적인 사실이며, 그 능동성의 근본은 인간 몸의 기능과 관련되어 있는 것이다(Whitehead, 1971/1998). 따라서 움직임의 구조와 범위, 육체적 조건은 그저 형식적인 것일 뿐 인간 스스로에 의해 무한한 가능성이 열려있다.

이것은 학습능력의 차이에서 비롯된다. 인간은 동물에 비해 미완성의 상태로 태어나고 모든 발육 · 발달 상태도 더디게 진행되지만 동물과는 다르게 탁월한 학습능력을 가진다. 이러한 학습능력을 통해 인간은 타인을 모방하며, 자신의 움직임을 선택하여 능동적이고, 창조적인 재생산이 가능하게 된다. 반면 동물의 학습은 오로지 생존을 위한 훈련과 진화일 뿐 인간과 같은 창조적인 작업으로 보기 어렵고, 그것은 차라리 주어진 환경조건에서 사용하고 활동하면서 저절로 변하는 종속적인 변화[7]로 보는 것이 옳다.

반면에 지구상에 살고 있는 동물들이 제각기 적합한 자기의 세계에서 살아남기 위한 최선의 변화를 거듭하고 있듯이 인간도 고정화되지 않고 창의적인 진보 속에서 그들만의 문화를 창조해 나가며, 살아가기 위해 최선의 변화를 거듭하며 존재해 오고 있다. 이것은 바로 동물과 다른 인간의 움직임에 의해서 가능한 것이다. 그래서 인간에게 있어 움직임은 바로 '생명' 인 것이다. 이와 관련하여 권욱동(2004)은 주체적 신체

7
동물들의 진화나 몸의 변화는 변화하는 환경에 적응하기 위한 그들 스스로의 능동적이고 적극적인 변화라기보다는 살아남기 위해 애를 쓰다 보니 자신들도 모르는 사이에 저절로 변화하는, 즉 수동적이고 소극적인 변화라고 볼 수 있다. Sartre는 이를 '즉자존재(卽自存在)'라고 표현한다. 여기에는 인간과 같이 변화에 대한 희망이나 갈구함도 없고, 창조적이거나 자신의 노력으로 이루어진 변화에 대한 만족도 없으며, 자아실현이란 있을 수도 없다. 목이 길어진 기린이나 날지 못하는 타조, 보호색으로 자신을 위장하는 도마뱀처럼 말이다.

subjective-body 혹은 의식적 신체conscious-body라는 독특한 신체에 대한 해석을 내린 Merleau-Ponty의 주장을 인용하여 "내가 보고 듣고 만져볼 때 나의 눈이나 귀나 손은 바로 나의 눈이며, 나의 손이 되는 것으로 이는 즉 나의 신체요 나의 인식이며, 결국 나 자신인 것으로 인간에게 존재한다는 것은 행동하는 것이며, 행동하기를 중지함은 존재를 포기하는 것과 같음"을 주장함으로써 움직임을 통해 생명력을 발휘하는 인간의 특성을 지지하기도 한다.

그렇다면 움직임(신체활동)은 인류문화의 발달에 어떻게 공헌했을까? '움직임kinetic'이란 말은 그리스어 'kinesis'와 'kinettok'이란 단어에서 유래했는데 'kinesis'는 영어의 'movement'란 의미를 가지고, 'kinetok'은 'mobile'이라는 의미를 내포하고 있다(고근호, 1997). 움직임에는 시각적으로만 움직이는 옵아트op art나 지각적 추상perception abstract까지도 폭 넓게 포괄하는 보편적인 의미가 내포되어 있다(아트센터, 2006). 그렇기 때문에 움직임에는 단순한 육체적 이동이라는 물리적 의미와 함께 다양한 감각에 의해 이루어지는 감각적 움직임도 포함하는 개념으로 보는 것이 옳고,[8] 여기에 정신작용에 의해 이루어지는 지각적 움직임까지도 포함해야 한다. 인간의 움직임은 결코 객관적이고, 기계적인 특징만으로 인간의 움직임 경험을 완전하게 설명할 수 없다. 마음이나 의식이 신체와 함께 움직이는 '살아있는 신체lived body'와 함께 고려되어야 하는 것이다.

8
여기에 대해서는 Bruce Bennett(1971)도 그의 저서 『The history of physical education』에서 "모든 움직임은 시간, 공간, 힘 및 흐름이라는 양적 요소를 갖고 있다. 인간이 움직일 때는 신체뿐만 아니라 생각, 의지, 기분도 참여하기 때문에 질(質)이라는 다른 요소를 갖게 된다. 즉 움직임은 양(量)과 질(質)적인 요소를 함께 내포하고 있다"고 밝힌 것처럼 움직임은 행위와 그 결과로 나타나는 양적인 요소, 즉 물리적 의미와 함께 질(質)이라는 감각적 의미도 동시에 고려해야 하는 개념으로 보아야 할 것이다.

이렇듯 움직임은 물리적 움직임과 감각적 움직임, 지각적 움직임이 동시에 공존함으로써 이루어지는 것으로서 Wilhelm Reich(1799~1882)가 말하는 "신체는 개인의 가장 진실한 역사"인 것이다. 이러한 인간의 움직임은 인간의 문명사회를 이끌었다는 더 큰 의미로 해석될 수 있다. 아래는 그 과정을 Laban(1975)의 움직임 이론과 이규일(2004)의 주장을 근거로 유추해 본 것이다.

> 인간은 진화의 과정을 통해 네발 동물에서 두발 동물로 진화하게 된다. 걷는 일이 완성됨으로써 손이 해방되었다. 즉 효율적인 움직임을 학습함으로써 손이 다른 역할을 할 수 있게 된 것이다. 손의 해방은 다른 신체의 해방을 이끌게 되고 인간의 사고에까지 지대한 영향을 끼치게 된다. 어쩌면 인간의 두뇌는 효율적인 움직임을 고안하기 위해 생겨났을 수도 있다. 땅을 짚던 손이 인간의 직립으로 인해 자유로워짐으로써 일에서부터 해방되니 새로운 일거리를 창조할 수 있게 된다. 손은 그 동안의 부자유스러움에서 한 단계 발전해 정확하고 신속한 동작들을 가능하게 해 주었고, 그럼으로써 다른 신체기관들을 보조해줄 수 있게 되었다. 바로 육체적으로 손의 해방이라는 획기적인 계기가 있음으로 인해서 인간의 신체일부를 제어(움직임 효율성)할 수 있게 되었다고도 볼 수 있다. 즉 지금까지 할 수 없었던 인간능력의 한계에 도전함으로써 얻어낸 것이라고 할 수 있다. 여기에 신체라는 도구를 이용해 이루어지는 움직임은 자기 나름대로의 유연하고 자연스런 움직임으로 인해 효과적으로 인식을 발달시킨다.
> 이런 움직임에 대한 부단한 노력으로 말미암아 인간은 생물학적 발달과 함께 동물과 비교해 인식의 발달이 동반된 움직임을 거듭하게

된다. 이것은 사고의 과정을 통한 움직임을 효율적으로 발달시키는 과정이 동물과 비교되는 인간다움을 갖게 한 것을 말하는 것으로서 인간이 동물과 다른 근본적인 존재임을 증명하는 것이다. 결국 보다 효율적인 움직임을 추구함으로써 창의적 노력을 가져오게 되었고, 이러한 결과 인간의 움직임이 문화적 발달을 이끈 것이다.

위와 같은 견해는 "인간의 움직임을 기초로 한 놀이활동이 시작되었고, 이것이 하나의 문화창조의 기능을 하게 됨으로써 모든 사회기능을 이루게 하여 오늘날의 문명사회를 이끌었다"는 Johan Huizinga (1872~1945)의 견해(1950)와도 일치한다. 여기에 관해서 박만준(2000)은 "문화는 자연적인 것이 아니라 '인간적인 것' 이고, 문화의 기원을 찾는 것은 인간적인 것의 기원을 찾는 것이며, 문화의 기원을 찾는 첫 번째 출발은 '행위이론으로서 인류학적 탐구' 에서 시작해야 한다"고 밝히고 있어

라이히(Wilhelm Reich)

라반(Rudolf von Laban)

호이징가(Johan Huizinga)

인간의 움직임에서 문명의 발전을 유추한 연구자의 주장과도 일치한다고 볼 수 있다. 이러한 여타의 주장들은 인간 움직임이 문화적 발달을 이끌고, 오늘날의 문명사회를 이룩하는데 결정적인 역할을 했다는데 동의하고 있다. 어쩌면 환경의 능동적 개변이라고 하는 과제상황이 끊임없이 생명에게 주어졌기 때문에 인간이라는 유기체에까지 진화가 진행되었을지도 모르는 것이다(Whitehead, 1971/1998).

따라서 인간은 직립보행으로 손의 해방이라는 적극적이고 창조적인 변화가 시작됨으로써 그 효율성 확대 차원에서 움직임의 발전을 이루게 되었고, 그로 인해 무한한 문화적 진보를 맛보았다는 주장이 설득력을 얻는다. 또한 이러한 '움직임에 대한 변화의 노력과 창조적 재생산으로 문화 간의 순환적 관계를 통해 개인은 주체적으로 환경을 만들 수 있게 되었다' 는 주장이 인정받을 수 있다.[9] 인류문명의 탄생과 발전, 그리고 변화, 이 모든 것은 바로 인간의 행동양식, 즉 움직임의 변화에서부터 기인한 것으로 볼 수 있다.

인간 움직임의 의미를 해석하고 가치를 부여하는 것이 바로 '체육적 앎' 의 기본이 된다. 그리고 이러한 움직임은 우리 인간이 움직임으로

9
인간은 자신의 삶의 과정에서 눈에 보이는 객관적 세계와 자기 삶을 서로 관련시킴으로써 주체적으로 이해하고 주체적으로 환경을 만들게 된다. 그로 인해 모든 변화의 중심은 '인간' 이 되고, '인간만이 세상의 변화를 가능하게 함' 을 인식하게 되며, 나아가서 그 변화의 중심에는 '내' 가 있다는 실존적 삶을 가능하게 한다.

써 갖는 체험을 통해 스스로를 깨닫고, 인식하게 함으로써 그 자체가 하나의 자아표현이 된다. 나아가서 움직임의 모습으로 자아를 드러내는 자아실현적 가능성이 되기도 한다. 그렇기 때문에 김성배(1994)는 "움직임은 필수적인 자아를 포함한 표현의 형식이고, 의사전달의 형식이며, 움직이는 주체가 움직임을 통해 느끼는 질적 경험은 수행자의 내적 자아 inner-self"라고 주장하게 된 것이다.

그러한 의미에서 "인간의 움직임을 매개로 이루어지는 문화현상으로서의 스포츠는 인간의 몸에 대한 가치를 인식시키는 매개물이며, 삶의 의미를 깨닫게 하는 과정임과 동시에 인간존재의 실체가 스포츠를 통해 존재의미를 인식하게 하는 것"이라고 볼 수 있다(김영갑, 2005). 따라서 움직임을 매개로 이루어지는 스포츠 행위는 단순한 움직임의 범주를 넘어 행위자의 '내적 자아의 발견을 통해 존재의미를 더욱 빛나게 함으로써 실존을 찾아주는 매개물'로써의 역할을 하는 것이다. 이때의 몸은 추상적인 몸이 아니라 감각적 경험을 통한 인간의 존재를 대변하는 실존적 매체이면서 현실의 자기존재(실존)로 존재하는 것이다. 그리고 이때 몸을 체험하는 감각적 지각은 의사소통의 수단이 된다.

따라서 동물의 움직임은 생존과 학습의 결과로 나타나는 종속적인 움직임인데 반해 인간의 움직임은 무한한 가치창조의 학습능력을 보유한 가능성의 움직임으로 보는 것이 옳다. 그래서 동물의 움직임은 진화의 과정이고, 인간의 움직임은 생명 그 자체인 것이다.

〈그림 II-1〉은 이러한 근거에서 동물과 다른 인간의 움직임을 비교한 것이다. 주어진 자극에 반응이 있음은 인간과 동물에서 차이를 발견할 수 없지만 동물의 반응은 학습에 의해 예상된 그대로 나타나는 반면, 인간의 반응은 예측한 그대로가 아닌 경우가 많아 이를 창조적 과정으로 볼 수 있는 것이다.

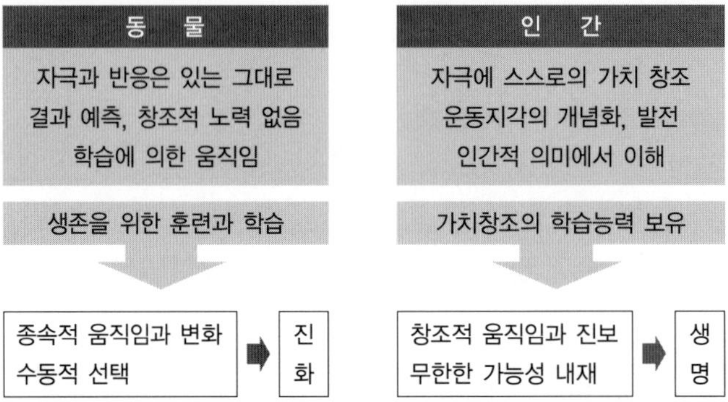

그림 II-1. 동물과 인간의 움직임의 의미 비교

인간 움직임과 체육적 앎[10]

인간 움직임의 근간에 이어 '체육적 앎' 의 성찰도 여기에서 중요한 담론이 된다. 그렇다면 과연 '체육적 앎' 이란 무엇일까? 인간의 움직임이 '체육적 앎' 과 어떤 관련이 있을까? 이러한 의문은 실존적 견지에서 체육적 앎의 본질을 밝혀 인간의 존재가치를 높이고, 나아가 체육을 바

10 '체육적 앎' 은 오정석(1994)의 박사학위논문 『'체육적 앎' 에 관한 연구』에서 찾을 수 있는데 체육활동을 통해서만 알 수 있는 그 무엇, 체육활동을 체험하면서 느낄 수 있는 느낌, 체육만의 독특한 배움의 내용 등으로 이해할 수 있다.

로 세우기 위해 우선적으로 해결하지 않을 수 없는 문제인 것이다.

인간은 동물과는 다르게 자신의 주변에서 발생하는 현상에 대한 변화원인을 탐구하고자 하는 욕망을 갖고 있다. 이러한 욕망은 인간이 삶의 과정에서 환경에 적응해 오면서 생겨난 것일 수도 있고, 인간으로서 타고난 호기심의 발현인지도 모른다. 그리고 어떤 모르는 현상의 배후원인에 대해 완전한 앎에는 이르지 못하지만 어느 정도 찾아낼 수 있는 것도 인간만이 갖고 있는 앎의 능력이다(소흥렬, 1983). 이러한 인간의 능력은 인간 삶의 역사와 흐름을 같이해 앎의 능력은 삶의 과정이라고 할 수 있을 것이다. 따라서 체육적 앎도 바로 이러한 앎의 능력과 삶의 과정에 주목해 우리의 일상생활과 동떨어지지 않아야 할 것이다.

그렇다면 앎이란 무엇일까? 앎에는 크게 두 가지가 있다. '~임을 안다' 라는 이론적인 앎과 '~를 할 줄 안다' 라는 실천적인 앎이 바로 그것이다.[11] 이론적인 앎은 정신적인 지성에 그치지만 실천적인 앎은 몸 전체로 구현해야 하는 앎이다. 예를 들어 수영이나 테니스를 배우려고 할 때 가장 먼저 두 운동의 역사와 역학적 · 생리학적 원리 등의 이론과 '어떻게 하면 잘 할 수 있을까?' 하는 문제를 논리적으로 학습한다. 이 처럼 두 운동의 핵심적인 기술을 이론적으로 학습하면 두 운동은 잘 할 수 있게 되는 것인가? 그러나 몸의 움직임을 통해 수영과 테니스를 직접 체험하는 과정을 거치지 않고서는 실천적인 앎은 맛볼 수 없게 된다. 따라서 "어떤 상황에서 우리가 진리라고 여기는 것은 그 상황에 대한 우리의 신

11
이론적인 앎과 실천적인 앎은 각각 '아는 지식(knowing that-명제적 지식)' 과 '하는 지식(knowing how-방법적 지식)' 으로 명명할 수 있다. 이는 Gilbert Ryle(1949)이 그의 저서 『The Concept of Mind』에서 처음 사용한 개념으로 이미 일반적인 가능성은 인정받고 있지만 아직 체육학 분야에서 일반화하기에 확고한 지지를 얻지 못하고 있는 실정이다. 실제적 지식에 대한 연구는 이후 Platon, Aristoteles, James, Dewey, Heidegger 등에 의해 꾸준하게 그 존재가 증명되었지만 반드시 언어적으로 표현이 되어야 한다는 인식론과 그 증거가 있어야 한다는 객관주의에 사로잡혀 아직도 그 정체성과 지지기반의 확보는 미미한 실정이다.

체화된 이해에 의존할 수밖에 없다(Lakoff, Johnson, 1999/2002)". 결국 이론적인 앎도 실천적인 앎이 배제되고는 존재할 수 없는 것이다.

두 운동의 이론적 지식만을 통한 앎은 마치 장님이 멋진 풍경에 대한 설명을 들음으로써 멋진 경치를 보았다고 주장하는 것과 같은 완성도가 불완전한 상태가 아닐 수 없다. '어떻게 하면 직접적인 체험을 통해 체육에 대한 느낌을 전해줄 수 있는가'가 중요하고, 그것은 오늘날 교육의 최대 관건이기도 하다. 바로 체육적 앎이 담당하고 있는 영역을 의미하는 것이다.[12] 〈그림 II-2〉는 이론적인 앎과 실천적인 앎의 과정을 통해 체육적 앎의 본질을 탐색해본 과정이다.

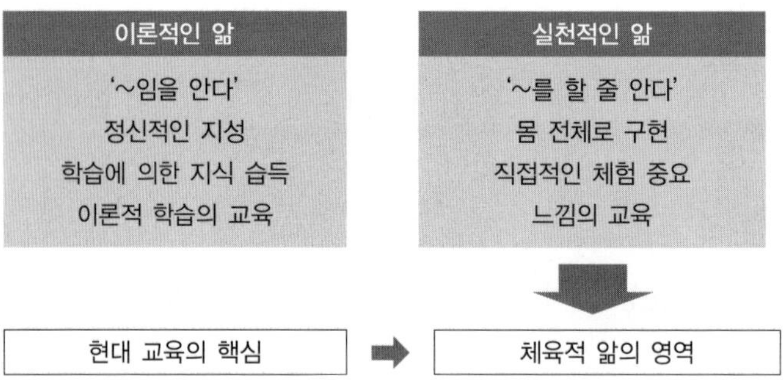

그림 II-2. 체육적 앎의 영역

체육적 앎은 바로 '~를 할 줄 안다'라는 실천적인 앎의 영역이다.

12
여기에 대한 연구로 김홍식(2000)의 박사학위논문 「체육의 내재적 가치에 관한 선험적 정당화론 비판」이 있다. 연구자는 이 연구에서 체육이 언어로 명료하게 드러나지 않는다면 그것은 '말할 수 없는 것'의 영역이 있고, 움직임, 실기(實技)라는 말로 표현되듯이 '실천의 영역(實踐의 領域)'을 담고 있다고 본다. 결국 체육은 그것에 관하여 말하는 것, 이론화(추상화)하는 데에는 한계가 있음을 의미하게 되고, 그 영역은 실천(實踐)이라는 실기를 통해서 '드러나는' 그런 세계가 될 것이라고 밝힌 바 있다.

이는 인간이 '몸' 이라는 수단으로 움직임을 통해 몸 전체로 구현하는 체험적인 앎이다. 앞에서 살펴보았듯이 인간의 움직임은 변화하는 세상 속에서 고정화되지 않고 창의적인 노력의 결과로 나타나는 행위로서 인간의 생명 그 자체이다. 그리고 그 움직임에는 물리적 움직임의 의미와 함께 다양한 인간의 감각에 의해 이루어지는 감각적 움직임도 포함하는 개념으로 보는 것이 옳다. 여기에 정신작용에 의해 이루어지는 지각적 움직임까지도 포함해야 한다. 이렇듯 움직임kinetic은 물리적 움직임movement과 감각 · 지각적 움직임mobile이 상호 유기적인 관련을 맺으면서 발현되는 것이기에 인간의 움직임은 이론적인 앎과 실천적인 앎이 공존하는 영역의 행위인 것이다. 이런 이유에서 움직이는 신체에서 지각되는 것은 상징적 형태로서 육화된 인간감정과 의식의 형태이고, 움직임의 특성들은 움직임 속에서, 움직임을 통해서 내재적으로 서로 묶여 있는 것이다(황미숙, 2002).

이는 직접적인 체험을 통해 얻는 앎을 바탕으로 정신적인 지성을 포함하는 이론적인 앎을 포함하고 있는 앎[13], 즉 체육적 앎의 기저基底가 된다. 다시 말해서 체육적 앎은 인간의 신체 움직임이 수단이 되어 스스로 움직이는 인간의 활동을 통해 얻게 되는 앎을 말하는 것이며, 인간의 다양한 지적 활동과 함께 정서적인 영역까지 포함하고 있는 앎이다. "지각은 가장 원초적이며, 직접적 인식으로서 인식주체 차원에서의 느낌을

13
이와 관련하여 Dewey는 사고의 두 유형을 '질성적 사고'와 '이성적 사고'로 구분하고 있다. 경험의 상황 전체를 하나의 상황으로 묶어주는 하나의 질적 특성을 파악하는 사고의 작용을 '질성적 사고'라고 하는데 경험 전체의 경험상황을 대면하는 것인 만큼 모든 사고의 시작이요 기초가 되고, 그 이후의 본격적인 사고를 '이성적(반성적) 사고'라고 구분하고 있다. Dewey는 이 두 사고 유형의 과정에 대한 통합성 여부를 분명하게 언급하고 있지는 않지만 박철홍(1994)은 이의 통합적 작용에 무게를 두고 있고, 이돈희(1993)는 '이론적 사고의 질성적 사고로의 통합'을 주장하고 있다. 따라서 체육적 앎이 '체험을 통해 얻는 앎을 바탕으로 정신적인 지성을 포함하는 이론적인 앎을 포함하고 있는 앎'임을 밝히는 이 저서의 시도도 그러한 맥락에서 힘을 얻을 수 있다.

수반하는데 만약 추상적 사고나 개념이 이와 같은 지각을 수반하지 않을 경우 감정이 분리되어 참된 지적 이해로 성립할 수 없다"고 말하는 한명희(1981)의 논리도 그러한 근거에서 가능할 것이다.

이와 같이 지각에 뿌리를 박고 있을 수밖에 없는 모든 앎은 결코 절대적일 수 없고, 언제나 상대적인 것으로 남아 있게 마련이다. 다시 말하면 우리는 어떤 사물이나 현상을 결코 있는 그대로 알 수 없다는 것이다. 왜냐하면 사물이나 현상은 가장 원초적인 앎의 형태인 지각에서 주체를 떠나 객관적으로 존재하는 그대로 나타나지 않고, 지각의 주체적인 신체에 의해서 이미 해석되고 있기 때문이다(김홍식, 1994). 신체는 이미 우리 인식의 주체이고, 모든 행동을 주관하고 있으며, 우리의 의식을 지배하고 있는 것이다.

인식주체로서 신체가 존재한다는 것은 우리 몸이 움직임을 통해 앎의 세계를 넓히고, 움직임을 통해 내 스스로 나를 통제할 수 있기에 Sartre가 말하는 '즉자존재卽自存在'로서 인간이 존재하게 되며, 움직임을 통해 실천적 지식으로의 통합이 적용 가능하게 한다. 이것은 바로 체육적 앎의 가능성에 결정적인 근거가 된다. 이러한 근거로 체육적 앎은 내가 누구인가를 되돌아볼 수 있음으로 실존적 의미에서 개인에게 새로운 의미를 발견할 수 있는 기회가 될 수 있는 것이다. 물론 인간의 움직임을 통해서 가능한 것이다. 바로 이런 점에서 볼 때 "자아인식은 자아의 실존과의 접촉이며, 동시에 존재파악을 위한 시추점으로 작용하고, 원초적 사실 속에서 이루어지는 '형이상학적 경험'은 분명 순수하게 현상적인 것을 넘어서는 실재를 겨냥하고 있는데 이것으로 인해 우리는 존재규정들을 발견할 수 있다"는 차건희(2000)의 주장에 힘을 실어줄 수 있는 것이다.

이상의 연구를 토대로 본다면, 사람들은 자기 자신이 표현할 수 있는 것보다 더 많은 것을 알고 있으며, 평상시에 사용하고 있는 용어로 환원시킬 수 없는 많은 내용을 알고 있다(오정석, 1994)고 볼 수 있다. 그러므로 운동수행을 하는 사람들은 그들 자신이 이해하고 있는 앎의 실제적 형태를 지성적이라거나 굳이 납득할만한 것으로 생각될 만한 용어로 바꿀 필요가 없다. 이러한 사고의 입장에서 볼 때 "체육의 고유한 앎의 특징에 이를 수 있으며, 운동수행은 그 앎의 세계를 체험적으로 이해하게 되는 과정이자 결과"라고 하겠다(김성배, 2002). 또한 이런 경험을 통해 자기 자신에 관한 무엇인가를 경험하게 되고, 동시에 자신의 능력이나 현재 이룬 바를 실제적으로 판단할 수 있을 뿐만 아니라 자신이 어떤 인간인가를 알게 해주는 척도를 얻게 되는 것이다(Grupe, 1987/2004).

따라서 인간의 움직임을 수단으로 체육적 앎의 과정을 따름으로써 교육적 결과를 극대화시키려는 체육은 몸의 움직임을 파악하고, 체득함으로써 운동의 세계와 그에 따른 앎의 세계를 통해 다양한 만남을 이루려는 교육적 행위이다. 또한 이러한 만남을 통해 '나'라는 실존의 발견을 통해 '나'를 찾고, 되돌아볼 수 있는 기회가 된다. 이러한 이유에서 자기 체험과 이해에 관련된 체육적 앎의 과정을 통해 체육적 지식을 추구하는 체육의 교육적 가치는 겉으로 드러나는 가치 이상의 중요한 의의를 가진다고 할 수 있다.

움직임의 주체로서 몸에 대한 각성

Merleau-Ponty의 현상학적 언어를 빌리자면 살아가는 몸은 대상들 속의 한 가지 대상이거나 타성적인 것이 아니라 느끼는 주체이므로 우리

데카르트(Rene Descartes)

는 몸이고 몸으로 실존하게 된다. 또한 몸은 사회적인 것으로 연결시키는 탯줄이다. 사회적이라 함은 몸으로 부대낌을 의미한다. 몸이 있기에 우리는 타인에게 보일 수 있고, 다른 몸들, 다른 정신들과 교류할 수 있다. 몸은 세계 속에서의 사회적 처소이다. 감각들의 상호작용을 통해 몸은 우리를 세계에 조율시킨다. 지각의 생생한 장소인 몸이라는 매체를 통해 우리는 자신을 세계와 연결시키기 때문에 세계는 몸이라는 원소로 구성되어 있다. 몸은 사회적인 것을 감싸고 있는 환경적 매체인 것이다(정화열, 1996). 그럼에도 불구하고 객체적이면서도 주체적인 몸은 '아는 것은 보는 것임' 을 확신한 Descartes 이후로부터 정신과의 이분법적인 사고와 자연과학을 근거로 한 Hegel의 합리주의 이성 우위 철학적 사조에 의해 그 중요성을 인정받지 못하였다.

그러나 최근 이성적 자연이 한계에 직면하면서 타 학문분야와 함께 체육학에서도 심 · 신의 관계를 밝혀 신체에 대한 새로운 해석을 통해 인간의 본질을 규명하려는 연구가 진행되고 있다.[14] 이는 그동안 상대적으로 정신세계에 억눌려 있던 신체에 새로운 의미를 부여하려는 시도이기

14
강유원, 김이수(2006)의 「小學에 나타난 몸에 대한 의미와 체육교육」, 김윤희(2004)의 「신체체험의 Somatic 차원 : 현상학적 연구의 비판」, 주동진, 김동규, 김영갑(2004)의 「'몸'에 대한 사회철학적 담론」, 남중웅(2003)의 「스포츠현상에서 테크놀로지적 몸에 관한 담론」, 송형석(2003)의 「왜 몸인가?」, 권욱동(2002)의 「스포츠를 통한 몸의 주체성 회복」, 조쟁규(2001)의 「바울의 몸 사상이 체육에 주는 의미」, 권욱동(2001)의 「스포츠, 몸, 그리고 커뮤니케이션」, 함정혜, 김영선(2000)의 「운동하는 몸의 반성적 고찰」 등 우리의 신체와 관련하여 다양한 연구가 진행되고 있다.

도 하고, 이를 통해 체육학의 독자적인 영역을 확보하려는 움직임이기도 하다. 이처럼 체육적 앎의 수단이 되는 인간의 신체와 움직임에 대한 논의가 활발히 진행되고 있으며, 이 연구 또한 그러한 연구의 연장선에서 시작되었다. 이와 관련하여 실존주의 철학의 관점에서 정신과 관련하여 우리의 몸에 '움직임의 주체' 라는 단서를 붙여 몸의 중요성을 강조한 대표적인 연구로 오정석(1994)과 김동규 · 김상헌(2006)의 연구가 있는데, 이 연구들의 주된 내용은 Polanyi와 Merleau-Ponty, Sartre, Nietzsche 등의 철학을 통해 우리 몸의 객관적 지위와 가능성을 탐색한 것이다. 우선 이들 연구를 통해 알려진 인간 움직임의 주체로서 몸과 그 중요성에 대해 살펴보기로 하자.

몸에 대한 실존적 담론_

■ 신체경험을 통한 암묵적 지식

Michael Polanyi(1891~1976)의 '암묵적 지식tacit knowing' 은 '체육적 지식이 무엇인가?' 를 이해하는데 매우 중요한 개념이다. 최근 체육은 서구의 합리주의적 교육관의 영향에 의해 주지주의적 성향을 띠게 되었으며(장용규, 1997), 기능중심교과라는 인식으로 인해 교육적 위상의 위축과 함께 '사교육비의 주범' 이라는 멍에를 쓴 채 '예체능과목의 점수 · 석차폐지' 와 함께 '내신에서 제외' 시켜야 한다는 논의(김남중, 강홍준, 2003b)와 2009년

폴라니(Michael Polanyi)

부터 고교입시에 적용하겠다는 발표(양근만, 2007)에까지 이르게 되었다. 그러나 여기에 대한 논리적 대처가 미흡한 것이 사실이고, 정작 교육계는 물론 체육학계에서 조차 '신체경험을 통한 전인의 육성이 다른 과목과 어떻게 다른가?' 에 대해 설득력 있는 답변을 주지 못하고 있는 실정이다. 배우는 과정이 다르고, 신체라는 활동성이 있으며, 활동영역이 다르다는 것만으로는 체육의 독자성을 설명할 수 없고, 체육의 가치를 설득력 있게 제시할 수 없는 것이다. 여기에 해답을 제시해 주는 것이 바로 Polanyi의 암묵적 지식이다.

그렇다면 암묵적 지식이란 무엇인가? "우리는 우리가 말할 수 있는 것 이상을 알고 있다." 이 말은 Polanyi의 지식론에 있어서 가장 선언적인 명제라 할 수 있다(오정석, 1994). 기계체조나 리듬체조의 멋있고 아름다운 동작을 보고 해설자가 말로 설명을 한다. 당시의 상황이나 동작의 구성, 난이도 등 물리적인 상황의 설명은 가능할지 모른다. 하지만 그 상황을 직접 본 사람이라면 그것보다 더한 무엇인가를 느꼈을 것이다. 말로 전부를 설명할 수 없는 부분이 있다는 이야기다. 그리고 동작에서 느끼는 감정 또한 모든 사람들에게 동일하게 일어나지 않을 것이다. 과연 관람자들은 수치(점수)로 나타나는 객관적인 지식(눈에 보이는 체조동작의 아름다움) 외에 아무 것도 인식한 게 없을까? 이는 암묵적 지식의 차원에서 이해되어야 할 문제이다. 그리고 이러한 상황은 감각을 통해 본 지식과 암묵적 지식의 상호작용을 통해서 이해가 가능하다.

Polanyi는 이것에 주목해 지식이 가지고 있는 특성을 논증했다. 그것은 '의식은 세부요소를 맞히는 것과 전체로 통합하는 것으로 구성되며, 두 의식의 상호작용을 통해 하나의 의식이 된다' 는 사실이다. 이 의식은 동일한 종류의 것이 아니라, '종속적 인식' 과 '초점적 인식' 이라는 각기 다른 성격을 띠고 있고, 이 두 가지 인식이 동시에 주어질 때 지식이 통합된다고 봤다. Polanyi는 지식의 본질에 대한 이해를 돕기 위해 다음의 예를 들어 설명한다.

> 장님이 길을 갈 때는 지팡이로 땅을 더듬어 지면의 높낮이와 전방에 장애물이 있는지를 확인해야 한다. 그가 의존해야 하는 것은 손바닥에 느껴지는 지팡이가 주는 가벼운 충격들뿐이다. 그 충격의 위치나 강도를 물체의 위와 정체로 대응시킴으로써 그는 사물을 파악한다. 이 두 가지의 대응은 마치 포도주 감별사와 같이 수 없는 수행에 의한 감식을 통해 가능한 것으로서 낱낱이 말할 수 있는 성질의 것은 아니다. 장님은 이 두 가지를 대응시킴과 동시에 사물을 파악한다. 이러한 면에서 '-라는 것을 안다', '-할 줄 안다' 는 구분될 수 있는 것이 아니라, '-할 줄 안다' 는 지식의 형태로 통합된다(Polany, 1964 ; 오정석, 1994 재인용).

이러한 맥락에서 인간의 주관적인 지식(감각지각)도 새롭게 봐야한다. 객관적인 지식은 일부분에 지나지 않으며, 암묵적인 지식과 통합됨으로써 의미를 가지게 되는 것이다. 그러므로 모든 지식은 바로 이러한 실천에 의존할 수밖에 없다.[15] 이러한 지식의 통합에 인간의 움직임이 중요한 역할을 하게 된다. '~할 줄 안다' 는 것은 바로 움직임을 통해 실현

가능한 것이고, 인간은 움직임을 통해 무언가를 할 수 있고, 무엇인가를 알 수 있기 때문이다.

이러한 관점에서 인간의 움직임은 지향적이고, 의식과 행동이 육화된 전체적 양태이다. 그런 의미에서 신체 움직임의 발현을 통해 이루어지는 스포츠 및 무용은 실제적 현상이며, 그 자체에 의식을 부여할 수 있고, 인간의 가장 원초적이고 직접적인 체험의 신비를 담고 있는 총체적 현상인 것이다(김윤희a, 2004). 바로 움직임을 통해 실천이 가능하고, 이것이 체육적 앎을 실현시키는 과정인 것이다. 이러한 사실은 체육만의 독특한 앎의 영역을 찾는데 중요한 인식론적 기반을 제공한다. 몸을 통해서만 움직임을 발현시킬 수 있고, 몸을 통해서만 실천이 가능하며, 오직 몸을 통해서만 체육적 앎을 실현시킬 수 있는 것이다.

■ 인식주체로서 신체와 신체영상

Polanyi의 '암묵적 지식tacit knowing'은 체육적 지식이 무엇인가를 보여주는 개념이라고 본다면, Merleau-Ponty(1908~1961)의 인식주체로서의 신체the body-subject와 신체영상body image or body schema 개념은 몸을 중심으로 체육적 앎을 규명한 연구이다.

우리가 무엇인가(대상)를 인식할 때 주체가 되는 것은 과연 무엇일까? Merleau-Ponty에 의하면 신체에 의해 정신은 대상의 판단을 다르게 한다. 예를 들어 우리가 바닥에 누워있을 때 위는 천정이 되지만 바닥에

15
Aristoteles 윤리학의 핵심은 기술(techne), 학적인식(episteme), 실천지(phronesis), 지혜(sopia), 직관지(nous) 등의 다섯 가지 윤리학이다. 그 중 무엇이 중용인지를 심사숙고하여 결정하고 행동하는 과정을 실천지(實踐知)의 적용과정이라고 할 수 있다. 실천지의 첫째 적용과정은 숙고를 한 후 선택을 하는 것인데 선택이란 인식과 욕구의 결합이 구체화되는 단계로서 실천의 시작 혹은 출발점을 이루는 것이다. 실천지의 마지막 적용단계는 실천이다. Aristoteles 윤리학에서 가장 중요한 것도 활동, 즉 실천이다.

모로 눕게 되면 몸에 대한 위라는 방향은 벽의 측면으로 바뀌므로 결국 공간방향을 결정하는 기준은 우리 몸이 된다(오정석, 1995). 이러한 예에서 알 수 있는 것처럼 외부자극(공간)에 의해 몸이 영향을 받는 것이 아니라, 몸의 방향(보는 시각)이 변하기 때문에 공간의 위치(천정 → 위 → 측면)와 인식(천정의 위치)이 변하게 되는 것이다. 이렇듯 '~의 앞', '~의 뒤'와 같이 신체적 투사는 분명히 우리 인식의 기준이 됨을 알 수 있고, 이는 우리 몸이 개념구조를 형성하는 방식의 좋은 예가 될 수 있다.

사실 앞front과 뒤back, 옆side의 개념은 우리 몸에 근거하고 있다. 벽은 스스로 앞이나 뒤, 옆의 개념이 없이 우리 몸을 중심으로 인식되어진 방향성에 의해 얻어진 체험적 인식이고, 한정된 공간에서 앞-뒤, 위-아래 등과 같이 상호 대칭적인 방위들로 나타나기도 한다. 그런 의미에서 우리의 몸은 우리 자신에게 방향성을 부과할 때뿐만 아니라 어떤 대상이 다른 대상에 대해 갖는 관계를 지각하는데 사용하는 일련의 근본적인 공간방위들을 정의하기도 한다(Lakoff, Johnson, 1999/2002). 따라서 인식하기 위해 먼저 전제되어야 할 것은 신체일 수밖에 없다.

따라서 신체와 정신은 위계를 갖고 있는 것이 아니라 동등한 위상을 갖고 있는 것이다. 이를 바탕으로 신체는 자아와 세계, 그리고 자아주체와 타자들을 관계 짓는 구체적인 성격과 모습을 결정하는 중요한 역할을 하는 것이다(정웅근, 1990). 이렇게 본다면 몸과 정신은 불가분의 관계이지, 따로따로 분리해서 볼 수 없는 대상이 된다. 몸을 초월한 보편정신은

메를로-퐁티(Merleau-Ponty)

진정한 의미의 인격일 수도, 죽음과 고통을 느끼는 실존적 존재일 수도, 사회 공동체의 구성원일 수도 없는 것이다(김선희, 2004).

Merleau-Ponty는 우리가 몸을 '인식 주체자' 로 봐야 하는 이유를 신체영상의 개념을 이용해 설명한다. 특히 여기에는 인간 움직임이 중요한 역할을 하게 된다.

하나의 동작은 몸이 그것을 이해하였을 때 학습된다. 즉 하나의 동작이 그 세계 속에서 체득되었을 때를 말한다. 인간의 몸을 움직이는 것은 그것을 통해서 어떤 일을 함을 목적으로 한다. 이것은 어떤 요구에 응하도록 스스로를 허락하는 것으로써 독립적으로 어떤 표현을 만들어 낸다. 이때 운동성은 의식의 하인이 아니라 이미 우리가 나타내려고 했던 공간의 지점에서 주인으로서 우리의 몸을 옮기는 것이다. 우리는 나의 행동대상으로 향하는 우리 몸을 움직이기 위해서 그 대상이 우리 몸의 움직임을 위해 먼저 존재하지 않으면 안 된다(Merleau-Ponty, 1978 ; 오정석, 2004 재인용).

Merleau-Ponty는 인식주체로서 신체가 존재함의 단서로 우리 몸의 '움직임을 통한 앎' 을 활용한다. Merleau-Ponty가 말하는 인식주체로서의 몸은 한 인간의 움직임을 통해 이루어지는 것이고, 인간의 의사결정과 몸 사이의 관계에 있어서 움직임은 마술적인 것이다.[16] 그것이 바로 우리가 우리의 몸을 '살아있는 몸lived body' 이라고 부르는 이유이다. 체육활동이 우리 몸의 모든 지각을 포함하고 있다고 본다면, 이러한 움직임을 통해 우리 몸의 개인적 의미를 확보하고 자신의 세계에 참여하는 것이 가능하게 된다. 바로 움직임을 통해 체육적 앎을 실현시키는 것이다. 그리고 그 중심에 '인간의 몸' 이 있다.

■ **대자존재對自存在로서 인간의 몸**

Merleau-Ponty의 신체영상 개념이 몸을 중심으로 체육적 앎을 규명한 연구라고 본다면, Sartre(1905~1980)의 대자존재로서 인간의 몸에 대한 연구 역시 몸을 중심으로 체육적 앎을 규명한 연구이다. Sartre는 우리의 몸을 매우 독특한 시각으로 바라본다. 그는 즉자卽自와 대자對自적 존재로서의 몸에 근거하여 우리 몸의 삼차원적 존재방식을 제시한다.[17]

Sartre(1955)에 의하면 실존은 주체적 개인을 뜻하는데 이 주체가 우주적 본질, 즉 신에도 앞선다. 신을 부정하고 나면 다음은 당연히 인간은 스스로 운명을 개척해 나가지 않으면 안 되는 것이다. 인간은 자유를 선

16
우리가 밥을 먹을 때 숟가락이 정확하게 입으로 들어가는 것은 팔의 힘이나 각도를 특별히 계산해서 이루어지는 물리적 과정이 아니라 무의식 중에 저절로 이루어지는 과정이다. 물론 여기에는 특별한 훈련이나 연습도 필요하지 않다. 우리 몸의 감각에 의해서 저절로 이루어지는 과정인 것이다. 이렇듯 나는 어떤 방법으로든 의식하지 않으면서도 나의 몸과 나의 손이 어디 있는지 알고 있다. 그것은 우리가 이성적으로 내 몸과 손이 있는 곳을 알 필요가 없다는 뜻이다. 이것이 Merleau-Ponty가 말하는 신체영상이고, 의식하지 않아도 저절로 찾을 수 있으니 이는 마술과도 같은 것이다.

사르트르(Jean Paul Sartre)

사받았지만 동시에 이 자유는 개인적 책임이 뒤따름으로 인해 인간에게는 지옥으로 작용한다. 내 운명을 개척해야 한다는 것은 모든 운명을 책임져야 한다는 것이므로 이는 얼마나 큰 형벌이겠는가?

바로 이것이 인간과 동물의 차이이다. 이렇듯 인간은 동물과 같은 즉자성〈즉자존재卽自存在〉도 내재하고는 있지만, 동시에 대자성〈대자존재對自存在〉을 가지고 있는 자유인인 것이다. 바로 대자성이야말로 자신을 상대화 객관화시킬 수 있는 능력이고, 이것은 이성이 되며, 선의식先意識이 될 수 있는 것이다. 이것이 Sartre 철학의 핵심이며, 실존철학의 몸에 대한 주된 관점이다.

만약 몸이 없다고 생각해 보자. 몸이 없는데, 의식이 존재할 수 있는가? 물론 없다. 따라서 Sartre가 보는 견해에 의하면, 의식 그 자체로는 실체가 없을 수밖에 없다. 다만 몸과의 관계로만 존재하고, 몸이 없는 자아 그 자체로는 의미가 없는 것이 된다. 따라서 자아 그 자체는 무無[18]일 수 밖에 없다. 무의 존재인 정신이 구체적, 개체적, 시간적으로 존재하기 위해서는 몸에 의존할 수밖에 없는 것이다. 즉 몸은 정신에 의해 존재하

17
Satre 철학의 근본문제는 인간존재의 해명이며, 그는 인간의 근원적인 존재양식을 의식의 구조분석을 통해서 해명하였다. 인간의 의식을 넘어서 그 자체로 존재하는 것, 즉 자체 동일성으로 존재하는 존재를 Sartre는 '즉자존재'라고 표현하였다. 반면에 대자존재는 자체로서 완결된 존재가 아니라, 존재와의 관계를 통해서 자신의 존재방식을 부단히 선택하는 존재의 성격을 말한다.

는 것이 아니라 그냥 몸 자체로 존재하는 것이고, 몸은 객체가 아니라 주체가 되는 것이다. '나는 나의 신체로 존재I am my body' 하는 것이다(신오현, 1985).

이러한 정신과 몸의 관계를 Sartre는 실존적 관계라고 부른다. 이러한 방법으로 Sartre는 인간신체에 존재하는 세 가지 차원의 성격을 제시하는데, 오정석(1994)은 이를 다음과 같이 정리하고 있다.

> 첫째, 그 자체로서 존재하는 신체(the body as being for itself)
> 둘째, 타인을 위하여 존재하는 신체(the body as being for the other)
> 셋째, 타인에 의해서 알려진 신체로서 나의 신체(my body as being own by the other)

첫째 차원의 신체는 움직임 자체에 완전히 몰두해서 움직이고 있는 나만이 느끼고 인식할 수 있는 신체이다. 둘째 차원의 신체는 동료의 시선에 관찰되고 비춰진 신체이고, 운동경기 중 이루어지는 율동이나 멋있는 동작처럼 타인의 관찰대상으로 이용되는 차원으로 과학적 연구의 대상이 될 수 있다. 셋째 차원의 신체는 타인에 의해서 자신의 신체가 관찰대상으로 간주되고 있음을 인식한 채 이루어지는 움직임이다. 타인의 이해와 동정, 우정, 그리고 관람의 시선 속에서 타인이 내 편에 존재하고, 나의 움직임을 방해하는 존재가 아니라 오히려 이해와 확신 속에서 나를

18
Satre에게 있어 '무'는 특별한 의미를 가지는데 Satre는 여기에서 '자유'를 이끌어 낸다. 이 저서에서 사용한 '무'는 Satre가 말하는 '무'의 개념이 아니라 한자 그대로 아무 것도 없다는 뜻의 '무'이다. Satre가 사용한 '무'와는 다른 개념이다.

돕는 관심으로 인식하게 된다. 따라서 '나'는 셋째 차원의 신체인식을 통해 실존을 회복함으로써 스스로의 삶을 개척하고, 책임지려는 의지를 갖게 되는 '대자존재'인 것이다.

Sartre는 인간이 대자존재로서 기능하기 위한 단서로 우리 몸을 활용한다. Sartre가 말하는 대자존재, 즉 '자신을 상대화 · 객관화시킴으로써 모든 활동에 대한 자유와 책임을 지는 존재'는 살아 있는 지식으로서 체육 고유의 탐구영역이 될 수 있는 체육적 앎의 가능성을 뒷받침해 줄 수 있다. 여기에 인간의 움직임이 중요한 작용을 하게 된다. 움직임 자체에 몰두해 움직임의 내재적 가치에 머무는 신체, 아름답고 멋있는 동작으로 타인에게 기쁨과 감동을 주는 차원의 신체, 타인의 시선을 극복하여 자신의 움직임을 통해 '세계-내-존재'함을 인식하게 하는 신체 등 신체의 존재 전 차원에는 움직임이라는 결정적 단서가 존재하고 있기 때문이다.

이러한 움직임을 통해 대자존재로서 인간이 존재하고, 그것은 바로 체육적 앎을 실현시키는 것이다. 물론 인간의 몸이 움직임을 일으키는 매개체가 되고, 인식된 몸이 있음으로 인해 대자존재로서 인간이 존재하게 된다. 이러한 대자존재인 인간에 있어서도 선택의 자유와 그에 따른 책임에 대해 불안을 경험하게 되고, 도피하고자 하는 유혹에서 벗어날 수 없지만, 결국 또 다른 대자와 대자, 대자와 타자와의 연관에서 최선의 선택을 하게 됨으로써 살아있는 체험을 하게 된다. 이러한 과정을 거침으로써 인간은 실존적 존재가 되는 것이다.

■ 큰 이성으로서 인간의 몸

Merleau-Ponty, Sartre와 함께 Nietzsche(1844~1900) 역시 몸을 중심으로 체육적 앎을 규명하였다. 특히 사유, 느낌, 욕구의 역동적 복합적 수행을 통해 우리에게 실천적 삶을 가능케 하는 몸의 의미해명으로써 체육적 앎을 실현시켰다고 볼 수 있다.

Nietzsche는 현대의 위기를 지성주의와 합리주의의 허구, 즉 종래의 철학, 종래의 도덕, 종교로부터 기인한다고 판단하였다(강대석, 1993). 당시 서양문화의 기본적인 두 정신, 즉 완전성과 절대성은 그리스의 합리주의적 완전성과 아울러 기독교의 종교적 절대성에 뿌리를 두고 있었다(이정학, 2005). 이러한 까닭에 당시 유럽 사람들에게 완전성이나 절대성은 최고의 가치가 될 수밖에 없었고, "기독교의 극단적인 내세주의는 이러한 인간세계의 현실을 인간 스스로 존중할 수 없게 만들어버렸으며, 이것으로 인해 현대의 위기가 초래되었다"는 판단을 내리게 된 것이다. 그리하여 Nietzsche는 『차라투스트라는 이렇게 말했다』에서 그리스도교의 대중도덕을 스스로 파괴시키고, 자기의 고유한 가치를 창조할 때 비로소 인간은 이상적인 인간형超人[19]을 완성할 수 있다고 보게 된 것이다. 이러한 주장은 인간 자체에 대한 물음과 인간의 잠재적 능력에 대한 신념을 지향하게 된 것이고, 인간은 신에 대한 신앙에서 해방될 때 비로소

19
초인(超人)은 인류의 존재에 정당성을 부여하는 뛰어난 인간을 말한다. '초인'이란 말은 Johann Wolfgang von Goethe를 비롯한 여러 사람들이 사용했지만 Nietzsche가 특별히 그의 저작 「차라투스트라는 이렇게 말했다」에서 사용한 용어이다. Nietzsche에 의하면 이 뛰어난 인간은 오랜 진화의 산물이라고 보기는 어렵고, 오히려 우수한 잠재력을 지닌 어떤 사람이 완전히 자기 자신을 지배하고 인습적인 그리스도교의 '대중도덕'을 말소하고, 자기의 고유한 가치를 창조할 때 나타나게 된다.

본래적 자기가 되는 것임을 의미한다. 이러한 문제에 대한 해결책으로 그는 '초인사상' 과 '힘에의 의지', 특히 역동적인 복합성으로 정의되는 '몸' 에서 찾으려고 했다.[20]

이러한 이유에서 Nietzsche는 몸과 삶에로 되돌아가고자 하였다. 왜냐하면 이것들이 대지 —현실적 삶의 세계— 에 인간의 의미를 부여하기 때문이다(김정현, 1995). '삶의 가치' 의 근거는 어디에 있는가? 그것은 피안彼岸에도, 절대자에게도 세계나 역사의 정체에도 없다. 다만 개개 신체(=몸)의 '성욕', '생명감정', '지배욕', '황홀' 속에만 있다(윤성진, 2001). 그것을 시인함으로써 현실적 삶의 세계에 당면하고자 하는 것이야말로 '삶' 에 있어서 좋은 결과를 낳는다.

따라서 몸은 단순한 생리학적 의미로 파악되어서는 안 되며, 생리학적, 심리학적 현상일 뿐만 아니라 사유, 느낌, 욕구의 역동적 복합성이다. 이는 곧 우리 몸의 통일적 역동성을 가능하게 하며, 존재론적 의미에서 삶의 기반이 되는 것이다. 그리고 우리에게 삶을 설명해주는 입문적 비문이요, 삶을 가능케 하는 기능적 해독체계이며, 삶의 수행에서 생기는 실천적 자명성이다(김정현, 1995). 그런 의미에서 Nietzsche는 신체와 본능이 의식보다 더 근원적이고, 창조적 힘의 토대가 됨을 강조하여 몸을 '큰 이성' 으로 부

니체(Friedrich Wilhelm Nietzsche)

20
Nietzsche는 직접적으로 체육에 대한 언급이 거의 없는 까닭에 그의 대표적 사상인 '초인사상' 과 '힘에의 의지' 를 통해 간접적으로 체육에 대한 그의 사상을 찾았다.

르며, 이성을 '작은 이성'으로 부르게 된다.

그의 이러한 사상을 고병권(2003)은 아래와 같이 표현한다.

> 행동을 그 배후에 있는 누군가(주체, 자아)의 의도로 파악하는 것은 한 예술가를 그의 작품으로 평가하지 않고 의도로 평가하는 것과 같다. 의도로만 따진다면 세상에서 가장 위대한 작품을 만들고 싶지 않은 사람이 누가 있을까? 하지만 피카소는 작품으로 위대해진 인물이지 의도로 위대해진 인물이 아니다(고병권, 2003).

신체에는 사유하는 정신이 있고, 느끼는 감각이 있으며, 그런 것들을 추동趨動하는 여러 힘들, 정서들이 있다. 신체는 생물학적인 것 못지않게 심리학적이고, 동시에 생리학적이며, 이들 간의 움직임이 중요한 것이다. 그런 점에서 신체는 "하나의 의미를 지닌 다양성이고, 전쟁이자 평화"라고 할 수 있다(고병권, 1993). 의식은 몸을 매개로하는 힘들의 산출물에 불과하며, 의식은 '몸'이라는 큰 이성에 대한 단순한 부차적인 것에 불과하다. 우리가 진리라고 여기는 것은 그 상황에 대한 우리의 신체화된 이해에 의존할 수밖에 없는 것이다(Lakoff, Johnson, 1999/2002).

그러므로 생명의 근원인 '몸'은 의식에 의해 부정될 수 있는 것이 아니라 모든 힘들의 투쟁과 조화를 일구어내는 통합의 장이자 창조의 의미로서 의식을 도구로 하여 자신을 더욱 확대해 나가는 인간의 다양한 창조의 주체이고, 우리는 이러한 몸을 통하여 우리 삶의 중심을 이룬다. 이러한 의미에서 Nietzsche에게 있어 몸의 거부, 즉 감각, 신체, 욕망, 본능 등 신체의 거부는 삶의 거부이며, 사람의 창조성을 거부하는 것이다. 그런 이유에서 Nietzsche는 건전한 생명의 발랄한 표현으로서 육체적 건강, 환락, 순진난만성 등이야말로 '좋은' 것, 즉 '선' 한 것이며, 창백한 교활성, 측은함이야말로 반생명적인 것으로서 '나쁜' 것, 즉 '악' 한 것(박이문, 2006)이라고 이해하게 된다.

명백한 사실은 Nietzsche에 있어 정신은 몸을 매개로 표현된다는 사실이다. Nietzsche는 1885년 유고 단편에서 "몸에 대한 믿음은 정신에 대한 믿음보다 더 잘 확립되었다"(김정현, 1995)라고 기록하고 있다. 이는 곧 우리의 삶이 몸을 실마리로 하여 다양한 충동들의 상호놀이, 즉 다양한 힘들(적극적인 힘과 반동적인 힘)의 상호작용을 통해 표현된다는 사실을 의미한다(이정학, 2005). 그러므로 인간의 자아는 오직 몸의 의미와 행위의 의미를 통해서만 그 의의를 갖게 되는 것이고, 비로소 몸은 인간 삶의 가장 기본적인 토대가 되는 것이다. 물리적 공간에 위치하는 개별자의 몸이야말로 책임주체의 신분확인의 기준이 되며, 개별자에게 행위 주체성을 부여하는 실존적 근거가 되는 것이다(김선희, 2004).

이러한 맥락에서 내 몸은 나의 전부이고, 그 이외의 아무 것도 아니며, 영혼이란 몸의 어떤 면을 말해주는 것에 불과하다(Nietzsche, 1959). 몸은 우리 삶을 위한 기본적인 조건이 되며, 자아표현, 예술활동과 같은 내면적 의지를 외형적으로 보여주는 수단으로 존재하게 된다. 그리고 그것은 내 의식 속에 존재하는 나만의 의지에 대한 표현이고, 체험을 통해 직접 체득할 수 있게 된다. 그래서 Nietzsche는 몸을 '큰 이성' 이라고 표현하게 된 것이다. 이러한 사실은 신체 혹은 신체활동이 없다면 불가능한 일이기에 '큰 이성으로서의 몸' 이 되기 위한 1차적 조건은 인간의 움직임이 된다. 바로 움직임을 통해 큰 이성으로서 인간의 몸이 존재하게 되는 것이고, 그것은 사유, 느낌, 욕구 등의 역동적 복합적 수행을 통해 우리에게 실천적 삶을 가능케 해준다는 의미에서 체육적 앎을 실현시키는 것이기도 하다. 그리고 그것은 건강하고 자유롭고 창조적인 인간, 즉 Nietzsche가 생각하는 이상적인 인간인 '초인超人'에 보다 근접하게 되는 것이기도 하다.

위에서 살펴보았듯이 신체화된, 그리고 상상적 존재로서 우리의 몸과 마음은 처음부터 결코 실체에서 분리되거나 이탈되지 않았다(Lakoff, Johnson, 1999/2002). 오히려 고전적인 탈신체화된 과학적 실재론에 의해 경험하는 유기체의 의식(정신, 마음)과 유기체가 만나는 안정된 실재(몸, 신체)의 두 차원으로 나뉘어져 주체와 대상이라는 별개의 존재로 지금까지 존재해온 것이다.

이러한 의미에서 체육적 앎은 '~를 할 줄 안다'라는 실천적인 앎으로, 몸 전체로 구현하는 체험적인 앎, 즉 의식적인 앎과 실재적인 앎이 동시에 만남으로써 이루어지는 앎인 것이다. 체육적 앎은 몸의 직접적인 체험을 통해 얻는 실재적인 앎뿐만 아니라 대뇌활동을 통해 이루어지는 정신적인 지성을 포함하는 의식적이고 이론적인 앎이 공존하고 있는 것이고, 이들 간의 유기적인 통합으로 나타나는 새로운 앎의 영역인 것이다. 또한 체육적 앎은 인간의 신체 움직임이 수단이 되어 스스로 움직이는 인간의 활동을 말하는 것이며, 인간의 다양한 지적활동과 함께 정서적인 영역까지 포함하고 있는 앎인 것이다.

그렇다면 당당히 인식주체로서 존재하는 우리 몸은 움직임을 통해 앎의 세계를 넓히고, 움직임을 통해 즉자존재로서 인간이 존재하게 되며, 움직임을 통해 실천적 지식으로의 통합이 적용 가능한 것이 된다. 그리고 이것은 체육적 앎의 근거가 된다. 그리하여 체육적 앎은 '내가 누구인가를 되돌아볼 수 있음' 으로 인해 실존적 의미에서 개인에게 새로운 의미를 발견할 수 있는 기회가 될 수 있을 것이고, 이는 실존주의적 견지에서 실존에 근접해가는 과정이 될 수 있는 것이다. 그리고 그 중심에 실존의 이름으로 우리의 '몸' 이 존재하고 있다.

몸의 움직임에 대한 새로운 이해_

운동수행은 운동을 하는 사람에게 지적으로든 정서적으로든 그 자신의 행동에 관한 앎을 제공해 준다. 즉 '자기이해' 에 도달하게 하는 것이다. 이러한 '체육적 앎' 과 '실존' 은 어떤 관련이 있을까? 이에 대한 의문을 해결하기 전 우선 실존주의에서 말하는 실존의 의미에 대한 논의가 있어야 한다.

실존주의는 Hegel의 이성적 합리주의 철학에 반대하여 이성을 넘어서는 실존의 관점에서 인간 삶과 앎에 대한 새로운 이해를 추구하는 철학사조이다. 그러므로 실존주의는 이성에 치중하던 전통적인 관념론에 반대하고, 추상적인 것보다 구체적인 것을 존중하는 입장을 취하게 된다(정웅근, 1984). 그런 의미에서 실존주의는 객관적인 실재보다 그것이 나에게 관련을 맺었을 때의 의미가 더욱 중요한 것이다.

그런 의미에서 실존주의에서 말하는 실존의 개념은 인간이 자기존재에 대해 유의미한 절대적인 체험의 철학적 표현이다. 이 절대적 체험은 곧 자기 자신과의 만남, 또는 자기 자신과의 정립을 포함(Sartre, 1993)하는 개념이고, 이는 한 사물이 있다는 사실, 그 사물이 우연하게 실제적으로 눈앞에 있음과 실제로 있음을 뜻하며, 이것은 자신의 가늠기준이 된다. 따라서 실존이라는 말은 오직 인간에게만 쓸 수 있으며, 인간이 실존을 갖고 있는 것이 아니라 실존으로 존재하고 있기에 실존은 인간 현존재의 존재 이행방식으로 이해된다(이기상, 1987). 실존이라는 말은 인간의 진실존재, 현실존재를 의미하는 말이고, 이것은 인간의 주체적 진리를 자각시키는 시대적 요청이며, 인간에게 힘을 던져주는 것이라고 개념화할 수 있다(백승균, 1987).

이러한 관점에서 볼 때 실존은 실체가 아니라 사람의 '현존現存' 이라고 할 수 있다. 즉 실존의 개념은 '인간존재' 라는 독특하고 특수한 영역을 매개로 한 체험을 표현한 개념이기 때문에 '사람이 있음에 대한 현실' 이 중요하게 거론될 수밖에 없는 것이다. 따라서 실존주의적 시각에서는 Sartre의 주장처럼 사물의 본질보다 실존이 우선이고, 비교 우위에 서게 되는 것이며, 그 중에서도 인간의 실존이 중요시되는 것이다. 특히 "인간의 실체인 몸, 즉 '체體' 는 신체 · 사지 · 형 · 모습 등을 나타내는 문자인 동시에 사물의 이치 · 본질 · 도리 등의 정신적 의미를 포함하고 있다" (박현우, 2004)는 사실과 "인간의 실체는 영혼과 육체의 종합으로서의 정신이 아니라 실존의 모습으로 나타난다" (이기상, 1988)는 사실에 주목한다면 체육활동을 통해 이루어지는 움직임은 이러한 존재(실존)가 가지는 내재적 · 외재적 양상들이 통합적으로 작용되는 체험적 현상experiential phenomenon이라고 할 수 있을 것이다.

그렇다면 이상을 토대로 체육적 앎과 실존은 어떤 관련성을 맺고 있는가? 실존주의적 시각에서 체육적 앎을 어떻게 해석해야 할 것인가? 그리고 체육적 앎을 가능하게 해 주는 수단으로 작용하는 인간 움직임은 어떻게 해석되어야 하는가? 이에 대한 해답으로서 '몸과 움직임에 대한 새로운 이해' 를 다룬 이 장으로 마무리하려고 한다.

나의 운명은 나의 손에 달려 있음을 우리는 안다. 나의 행복과 나의 인생은 오로지 나의 선택과 결정, 그리고 그 결정에 의한 나의 경험에 달려 있음을 우리는 안다. 이러한 인간 움직임을 통한 신체경험은 누구의 간섭도 받지 않은 스스로의 경험이다. 이러한 경험은 누가 대신해 줄 수 없는 것이며, 다른 사람의 경험을 내가 대신 할 수도 없다. 오직 나만이 나의 움직임을 실행할 수 있으며, 나만이 나의 신체경험을 할 수 있다.[21] 이렇듯 인간 스스로의 경험은 스스로의 자각과 자유의지에 의한 경험의 선택, 그리고 경험을 인식하고 이해할 수 있는 물리적인 지식과 체육적 앎에 기반을 둔다. 그래서 신체와 신체를 통한 움직임, 그리고 그것을 토대로 학습하게 되는 체육적 앎은 내가 누구인가를 의미 있게 만드는 것으로 이해된다.

우리는 우리의 범주들에 대해 매우 풍부한 개념구조들을 형성하며, 우리의 일상적 기능에 대한 중대한 많은 방식으로 개념구조들에 관해 사유한다. 이것은 모든 정신적 구조들이 신경에 의해 구현된다는 사소한 의미에서 개념구조들을 신체화된 것으로 만들어 준다. 그러므로 '개념구조가 신체화되었다' 는 것은 실제로 우리 두뇌의 감각운동계의 일부이거나 그 운동계를 이용하는 신경구조이다. 그러므로 개념적 추론의 많은 부분은 감각운동 추론에서 파생된다(Lakoff, Johnson, 1999/2002). 바로 경험

21
움직임의 주체는 정신이 아니라 인식된 신체이다. 이러한 사실은 안대열(1994)의 주장으로 자명해진다. 그는 이러한 사실을 다음과 같이 주장하고 있다. "일상생활에서 신체와 움직이는 신체에 대한 '전반성적 의식(pre-reflective consciousness)' 이 있다. 예를 들어 사람들이 기쁨을 느끼고, 볼 때 은연 중에 자기의 기쁨을 의식하고 있다는 사실은 현상학적으로 자명해진다. 기쁘다고 생각한 뒤에 좋아하며, 만나서 반갑다고 생각한 다음에 팔을 벌리지는 않는다. 자신이 움직이는 중에 자신을 은연 중에 의식하게 되는 것이다. 그러므로 의식-신체는 별개의 것으로 분리되어 있지 않고, 하나의 총체로 존재하는 것이다."

의 중요성에 관한 것이고, 경험이 바로 인간의 개념구조 형성에 기여하는 가치는 다대하다 할 수 있다. 이렇다고 본다면 움직임을 통한 체험이야말로 내가 경험하고 있는 세계 안에서 삶의 방식에 대한 애착심을 갖게 하는 수단인 것이고, 신체가 Merleau-Ponty가 말하는 심신이분心身二分 이전의 전 의식적 수준에서 존재하는 근원적인 현실성으로 파악될 수 있게 해 주며, 객체가 아니라 전 의식적 지각능력을 가지는 주체성으로 존재하게 하는 중요한 역할을 하는 것이다. 그러기에 실존은 Nietzsche가 말하는 '끔찍한 짐' 일 수밖에 없듯이 움직임과 신체경험도 실존의 또 다른 모습으로 이해될 수 있을 것이다.

이러한 체육적 앎[22]은 인간의 모든 움직임을 토대로 하는 살아있는 신체에 의해 이루어지기 때문에 스포츠 활동의 주체인 인간에 대하여 신체와 정신을 분리하는 이원론을 극복하고, '살아있는 신체lived body'를 탐구함으로써 실존적 존재인 '세계-내-존재' 로서 스포츠를 경험하게 하는데 의의가 있다. 때문에 움직임은 필수적인 자아를 포함한 표현의 형식이고, 의사전달의 형식이며, 움직이는 주체가 움직임을 통해 느끼는 질적 경험은 수행자의 내적 자아라고 할 수 있는 것이다(김성배, 1994). 사실 스포츠 현상에 있어 인간 움직임에 대한 주관적 내적 차원의 의미를 심도 있게 파악하지 못한 채 단지 신체활동의 표현성에만 주목한다면 외재적 관점의 시각적 판단에 근거한 스포츠 현상의 외형적 형태에만 매달리게 된다(김청훈, 윤여탁, 1999). 다시 말해서 인간 움직임은 개개인의

22
'체육적 앎' 은 오정석(1994)의 논문 「'체육적 앎' 에 관한 연구」에서 찾을 수 있는데 '체육적 앎' 에 이르는 길이란 '인간의 움직임 그 자체의 실천' 이며, 그 움직임이 이루고자 하는 궁극적인 목적과 목표가 바로 '체육적 앎' 이다. 이러한 '체육적 앎' 에 이르는 길을 연구자는 인식주체로서의 신체와 대자존재로서의 인간의 몸, 암묵적 지식에서 찾았다.

주관적 체험과 내적 자아가 전제되지 않으면 그 행위 자체의 의미를 파악하기 어렵고, 그러한 움직임은 기계의 물리적인 움직임이나 동물의 훈련된 움직임과 같은, 즉 인간도 즉자성卽自性의 존재와 다를 바가 없는 것이 된다.

따라서 살아있는 신체의 체험을 가능하게 하는 것은 '살아있는 세계lived world' 와의 관계에서 생성된 구체적 체험이며, 그 체험의 의미화가 가능하다. 신체활동에 주체성을 가지고 참여함으로써 인식주체적 신체는 내적 체험을 탐구할 수 있는 근거를 마련해 준다는 Merleau-Ponty의 신체관도 바로 이러한 근거에서 가능한 것이고, 이는 경험과 체험을 통해 새로운 개념체계를 만드는 것이며, 새로운 가치관을 정립하는 것이다. 그리고 그것은 체험주체가 갖는 체험의 교육적 가치기반을 제공할 수 있는 것이며, 바로 몸을 통해서만 가능한 것이다.

이런 까닭에 스포츠 하는 몸은 세계와의 대화이고, 그 대화의 주체는 바로 몸이며, 몸을 통한 의사소통의 장이라고 할 수 있다(권욱동, 2002). 스포츠 참여 속에서 참여자는 자아발견에 있어 지각적, 근운동 감각적, 그리고 심미적 느낌을 제공하고 참여자는 이런 감각과 관계함으로써 인간은 자기 자신의 정체성을 발달시키고 체험하게 된다(최충환, 1993). 그런 의미에서 실존적인 신체는 내가 갖고 있는 그 무엇이 아니고 오히려 나의 생생한 주체성에서의 '나 자체' 이며, 개인적인 존재방식인 것이다. 그리하여 체육적 삶은 인간의 신체 움직임이 수단이 되는 주체성을 가진 인간의 활동을 말하는 것이고, 여기에는 지각과 판단, 기억과 연상능력 등 인간의 다양한 지적활동을 포함하고 있으며, 감정을 포함하는 정서적인 영역까지 포함하고 있다. 따라서 몸은 개인이 직면한 위기 · 곤경 · 위험 · 모순들을 은유하고 직유하며, 개념화하는 방식들의 심오하고 풍성한 원천이 되는 것이다(박현우, 2004).

이러한 결과를 토대로 본다면 체육적 앎은 실존적 신체인식의 중요한 단서가 되는 것이고, Slusher의 주장처럼 개인적 의미와 독특한 실존적 의미를 발견할 수 있는 기회가 되는 가장 강력한 힘이 된다(김홍식, 1994). 삶의 경험을 통해서 배운다는 관점에서 학습은 '경험을 창조적으로 재연하기' 라고 규정한다면(박철홍, 2003), 체육활동은 '신체경험을 통한 창조적 재연' 으로써의 학습이 가능한 것이 된다. 때문에 실존주의적 시각에서의 체육적 앎은 오로지 체육활동에 대한 경험 그 자체에서 찾아야 한다. Hans Lenk(1979)도 이러한 이유에서 "신체, 삶, 행위, 스포츠 등은 실증적인 방법으로 충분하게 객관화시킬 수 없고, 그 전체적인 이해와 가치는 개인적으로 체험되고 실감될 뿐임"을 규정하고 있다. 또한 Allen & Thomas(1981)가 "인간을 있는 그대로 탐구하려면 기술적이고 양적인 지식의 축적보다 인간특성에 관계된 새로운 지식체계를 만들어야 함"을 주장(김호상, 1999)하는 것도 이러한 맥락에서 이해될 수 있다.

이상의 연구를 토대로 본다면 체육적 앎은 체육교육에 중요한 시사점을 던져 주고 있다. 위에서 말하는 신체활동과 움직임 개념이 체육의 교육적 활동영역을 암시하고 있기 때문이다. 즉 인식주체적 신체는 인간 그 자체를 의미하는 것이기 때문에 체육교육을 통해 전인적인 인간형성을 성취할 수 있다는 교육적 근거를 제공하고 있고, 이는 곧 인간 움직임 자체에 대한 교육을 말하기 때문이다. '체육' 이라는 이름으로 제공된 다양한 실기와 이론을 배움으로써 '체육적 지식을 알고 체득했다' 는 말은 체육교과를 통한 체육적 지식을 전제로 여러 운동종목과 이론을 학습했다는 뜻으로서 바로 '우리 자신의 움직임을 운동상황에서 이해하고 실천하는 자' 가 되었다는 것을 뜻한다(김성배, 2002). 다시 말해 '체육' 이라는 이름으로 제공되는 이론과 실기의 체험을 통해 '~을 아는 지식(이론적 앎)' 과 함께 '~을 하는 지식(실천적 앎)' 까지 알게 되었음을 뜻하는 것이다. 이러한 과정은 Metheny(1975)의 표현을 빌리면 "신체적으로 교육을 받은 인간은 자신을 표현하고, 탐구하고, 이해하는 잠재적 가능성의 활용능력을 발달시킨 사람이고, 자유로운 선택을 통해 이루어지는 체육은 인간 움직임과 관련된 교육적 상황이며, 이는 곧 창조적 교육으로 신체활동이 이루어짐을 말하는 것" 이 된다.

결국 체육도 움직임을 통해 시작되며, 완성됨을 볼 때 Nietzsche가 주장하듯 몸은 오직 실천이라는 행위 속에서 의미를 가지며, 그러한 가운데 몸의 질이 향상되는 것이라는 그의 몸 사상의 긍정적 가치를 발견할 수 있다(이정학, 2005). 그리하여 실존주의자들에 있어 체육활동은 독립된 개개인의 '주체성을 가진 신체' 를 경험할 수 있는 기회가 되고, 인간답게 살기 위한 수단으로 작용하게 된다. 따라서 체육은 Sartre가 말하는 '자기 자신의 신체 움직임의 주체적 인식을 통해 자아의식의 발견이나 자기표현 및 실현에 중요성을 부여하고 있다는 점을 부각시키는 활동' 이 되며(김영환 등, 2002), Nietzsche가 말하는 큰 이성이 되는 것이고, 오직 몸의 의미와 행위의 의미를 통해서만 자아가 의의를 갖게 되는 것이다(이정학, 2005). 또한 이러한 결과는 "운동이라는 움직임을 가능하게 하는 신체는 결코 고립된 개인적 신체-주관의 명확한 개념으로 환원할 수 없으며, 스포츠 경험은 운동하는 몸 그 자신, 타자의 몸, 그리고 스포츠 세계와의 관계 속에서 몸을 경험하고 지각하게 되는 것" 이라는 Merleau-Ponty의 신체관(김윤희b, 2004)에 힘을 실어주고 있다.

이러한 점에서 체육은 바로 인간 몸의 움직임이라는 앎을 축으로 하여 그 실천적 가능성을 확장함으로써 인간 움직임의 새로운 길을 개척하고 있는 것이고, 우리가 진정으로 추구해야 할 것은 우리 몸의 움직임의 가능성을 확대 · 심화시킬 수 있는 체육적 앎이다(오정석, 1994). 이러한 작업을 통해 이루어지는 체육적 앎과 신체, 움직임 개념, 그리고 실존과의 관계성 이해는 방향을 상실한 채 표류하고 있는 체육학과 체육교육 전 분야에 시사하는 바가 크다고 하겠다. 그리고 그러한 작업은 근본적으로 우리가 우리의 몸을 소중하게 여기고, 사랑하는 길이 될 것이다. 그리고 그것은 주체로서의 몸, 당당한 몸, 인식된 몸으로 우리의 몸을 새롭게 세우는 것이 된다.

그러한 몸은 나의 주체로서 너무나 당당하기에 눈빛이나 표정, 말투, 몸짓에 이르기까지 전혀 수치스럽거나 열등감을 느끼지 않으면서도 겸손할 줄 아는 인식된 몸으로 서게 된다. 그리고 인간이 인간임을 알게 해 주고, 가장 존귀한 대상임을 체육적 앎에서 찾았고, 그 단서가 바로 인간의 움직임이었으니 교육은 반대로 앎의 가장 기본이 되는 인간 움직임에서부터 출발해야 한다. 눈빛과 표정, 말투, 몸짓까지도 새롭게 세워야 하는 것이다. '몸 가는 데 마음이 가는 것' 임을 잊지 말아야 한다. 체육은 우리의 몸을 세우고, 우리를 세우며, 우리를 찾는 분야임을 잊어서는 안 될 것이다. 유한한 인간성이 유한한 몸을 초월하여 무한한 힘을 얻게 됨으로써 유한한 육체를 인간의 조건으로 받아들이고, 그로 인하여 자신의 유한성을 절감하고, 자각하며, 통찰하면서 자신을 고양시켜 나가는 실존적 인간이 우리의 희망이다(김선희, 2004). Marcel(1952)은 이를 "몸은 실존의 중심문제이며, 다른 모든 문제는 몸의 문제해결에 달려있는 것"으로 표현하고 있다(권욱동, 2004). 그리고 그것은 몸과 신체 움직임을 매개로 이루어지는 체육을 통해서 가능한 것이다.

결국 체육을 알게 되고, 이를 학습한다는 것은 '체육적 지식을 통해 자연스러운 움직임을 체득하게 되어 움직임 자체를 소중히 여기는 자가 된다' 는 것이다. 그리고 그것은 움직임이 이루어지는 몸을 통해 실존에 보다 더 가까이 접근하게 되는 것이기도 하다. 몸은 결코 실체에서 분리되거나 이탈되지 않았고, 오히려 처음부터 함께 존재해왔으며, 과학을 가능하게 하는 것은 신체감각을 초월한 이성적 사고만의 결과가 아니라, 신체화를 통해 가능한 것이기에 체육은 '우리 몸' 이라는 신체와 정신 및 영혼의 존재론적 '실체' 를 통해 보다 '실존적인 삶' 에 근접하게 되는 교과인 것이다.

• 위 내용은 김동규, 김상헌의 논문 "체육적 앎에 대한 실존적 고찰"(움직임의 철학 : 한국체육철학회지, 2006년 제14권 1호)에 게재된 내용을 수정 보완한 것임.

chapter 03

실존주의와 체육의 새로운 가능성

실존주의 교육사상

실존주의에서 체육적 앎의 성격

체육의 새로운 가능성

앞 장에서는 실존주의 사상에 대해 탐색한 후 실존주의적 시각에서의 움직임과 몸의 의미를 살펴보았다. 그리고 체육은 몸의 움직임이라는 앎을 축으로 하여 그 실천적 가능성을 확장함으로써 인간 움직임의 새로운 길을 개척하고, 우리가 진정으로 추구해야 할 것은 우리 몸의 움직임의 가능성을 확대 · 심화시킬 수 있는 체육적 앎을 찾는 일이었음을 논지하였다. 그렇다면 '몸의 움직임을 통해 실존에 보다 가까이 접근할 수 있을까?', 그리고 '체육이 과연 실존주의 교육의 대안이 될 수 있을까?' 하는 의문이 남는다. 이렇듯 실존주의적 견지에서 체육의 교육적 가능성을 모색하기 위해서는 실존주의 교육관에 대한 탐색이 선행되어야 한다. 이를 토대로 실존주의 체육교육의 가능성이 모색될 수 있기 때문이다.

실존주의 교육사상

기존 교육의 한계_

실존철학의 출발점은 소외라는 사실과 그에 대한 문제이고, 그 목표는 소외로부터의 해방이다(Heinemann, 1980/1989). 실존주의는 원래 인간의 존재에 대한 성찰을 통해 주어진 현실에서 겪는 불안을 넘어 자신의 주체성을 실현시키는데 관심을 가지는 철학사조이다. 이를 위해서 인간의 절망적 한계, 즉 상대성, 유한성, 우연성의 노출과 이로 인해 발생되는 절망과 불안 및 존재의 허무성을 여과 없이 그대로 드러낸다. 이러한 과정에서 '소외'라는 세속적인 유혹으로부터 인간을 일깨워 본래적 존재로 다시 돌아오게 하는 것, 즉 불안과 절망에서 벗어나 실존적 존재인 인간 본래의 자기를 깨닫는 것에 관심을 두는 철학사조가 실존주의이다. 그런데 아이러니하게도 실존주의에서 극복하려고 하는 '절망적 한계' 는 실존주의가 교육과는 불가분의 관계에 있을 수밖에 없는 명제로 작용한다. 이러한 불안과 절망, 위기 등의 한계상황을 초월하여 새로운 자기의 가치창조는 실존주의 인간형의 전형적인 모습이기 때문이고, 이는 오늘날 인간교육의 중요한 목표이기도 하다. 실존주의와 교육은 이러한 의미에서 밀접한 관련성을 갖고 있다고 볼 수 있다.

그러나 외면적으로 실존주의는 교육을 논하지 않는 것처럼 보인다. 그러기에 그들에게 교육이론체계를 구하기는 매우 어렵다(김정환, 1987). 그것은 '교육' 이라는 동일 주제에 대해서 실존주의와 교육학에서 바라보는 관점이 너무나 다르기 때문이다. 게다가 실존주의 철학은 전통적인 교육학의 근본사상을 부정하기까지 하다. 왜냐하면 교육과정에서 가장 중요하게 생각하고 있는 인간발전의 근간으로써의 개량改良과 지속성持續性이 실존철학의 단속성(斷續性, discontinuity)과 첨예하게 대립되기 때문이며, 오늘날까지 실존철학과 교육학이 서로 생산적인 대화를 나누지 못한 것도 바로 이러한 근본적인 출발점의 차이 때문이다(정웅근, 1994). 즉 실존철학은 다양하게 변화되는 환경 속에서 순간순간의 각성을 통해 이루어지는 단속적 교육을 전제로 하고 있는 것이고, 이는 교육철학자 Otto Friedrich Bollnow(1877~1959)의 입장과도 상통한다.

Bollnow(1977)는 그의 저서 『Existenzphilosophie und Pädagogik』에서 비교적 체계적으로 교육을 논하고 있다. 당시 1920년대까지 교육은 인간에게 부여되어 있는 창조적 능력에 대한 확신과 자연주의 사상에 의한 사고방식으로 인해 교육에 대해 낙천적인 기대를 가지고 있었다. 지속적인 발전과 성장을 통한 점진적인 개량에 의해 인간의 교육이 가능하

볼로우(Otto Friedrich Bollnow)

부버(Martin Buber)

다고 보고 있었던 것이다. 그러나 이 같은 낙천적인 교육관은 교육학자들의 이상에 그치고 만다. 교육에 대한 낙천주의자들이 주장하는 종래의 교육관은 기계적 교육관과 유기적 교육관으로 대별된다.[1] 전자는 미리 짜놓은 계획에 따라 적당한 연장을 이용하여 주어진 소재로 물건을 만들어 내는 식의 교육이고, 후자는 인간이 원래 지니고 있는 성장법칙에 따라 성장한다는 생각으로부터 출발한다. 이는 마치 교육적 활동은 적당한 재료를 적절히 사용해서 원하는 물건을 만들어 내는 공장의 역할을 하거나, 아니면 적절한 온도를 맞추어 물을 주면 식물이 정해진 법칙대로 커

1
Bollnow는 전통적 교육관을 크게 계몽주의로부터 나온 '기계적 교육관'과 낭만주의로부터 나온 '유기적 교육관'으로 구분하였다. 기계적 교육관은 목수가 의도한 작업에 대한 물건과 같이 교육을 일종의 '만드는 작용'이라고 본 반면, 유기적 교육관은 식물을 재배하는 것과 같이 교육을 일종의 '기르는 작용'으로 보는 것을 말한다. 즉 기계적 교육관은 교육을 적극적 형성작용으로 보며, 유기적 교육관은 교육을 자연적 성장과정의 소극적 보호작용으로 본다. 지속적인 발전 · 성장, 지속적인 구성, 점진적인 개량이라는 입장에서 인간의 교육이 가능하다고 보는 것이 양자의 공통된 입장이다.

나간다는 식의 온실 물주기 작업을 진행하는 것과 같은 것으로 보는 입장이다. 즉 전자는 교육을 적극적 형성작용으로 보았고, 후자는 교육을 자연적 성장과정의 소극적 보호작용으로 보는 것이다(나재주, 1996).

하지만 인간은 이미 제1차 세계대전 직후 인간 내면에 감추어져 있던 현실적인 한계, 즉 상대성, 유한성, 우연성 등의 취약성과 포악성을 보게 되었고, 기술문명과 노동조건의 급격한 발전으로 인간존재 자체에 대한 회의 등 불안과 공포의 경험이라는 문화적 상황과 인간관의 변화라는 거대한 벽에 교육적 한계를 느끼게 된다. 전통적인 낙천적 교육관은 바로 이러한 변화의 시기에 적절하게 대처하지 못했고, 최근까지 교육계는 교육관과 현대상황 간 모순되는 낙천적 교육관만을 고집하고 있었던 것이다. 따라서 '문화의 변화', '인간관의 변화'라는 대전제를 바탕으로 인간관의 변화를 좇아 새로운 실존의 탄생에 적합한 새로운 교육관의 필요성이 대두된 것이다.

이러한 시기에 실존주의자들의 교육에 대한 관심은 Bollnow와 Buber(1878~1965)에 의해 구체화되었다. 그리고 Morris, Kneller 등은 실존주의가 교육학에 반영된 모습을 체계적으로 정리하였다(강유원, 2002). 그러나 실존주의 교육학자들이 해결하려고 했던 소외와 소외로부터의 해방에 대한 문제들은 그들의 이상과 교육적 목표, 그에 따른 노력에도 불구하고 아직도 미해결로 남아있어 그 교육적 가능성에 회의를 품게 하고 있는 것이 사실이다. 하지만 그러한 시대일수록 실존주의 교육의 필요성은 더욱 강조되고 있고, 교육적 가능성의 모색은 반복을 거듭하고 있다. 특히 과학기술이 '진보' 라는 이름으로 지향하는 모든 것이 인간적 가치를 부인할 만큼 절대적인 것이 아니라는 인식이 대두되고, 인간이 과학기술의 노예가 되기보다는 과학기술을 절제적으로 이용함으로써 인간 스스로 나아갈 미래의 방향을 함께 선택해야 하는 것이 필요한 사회(김선희, 2004)임을 감안한다면 실존주의 교육은 오늘날 더욱 절실한 것이다.

실존주의 교육의 의의_

■ 실존주의 교육의 의미

실존주의와 교육과의 관련을 논한 Bollnow는 전통적 교육관, 즉 낙천적 교육관에 회의를 느껴 '비연속적 형식의 교육 가능성' 을 모색하게 된다. Bollnow가 제시한 이 형식들은 위기, 각성, 충고, 상담, 해후, 모험, 좌절 등이다. 이것들이 왜 비연속적 형식의 교육인지 김미옥(2005)은 '해후邂逅' 의 예를 들어 다음과 같이 설명하고 있다.

> 해후, 즉 만남이란 오늘날 아주 넓은 개념으로 쓰이고 있다. 새 것을 대했을 때도, 결정적인 것에 마주쳤을 때도, 늘 마음속에 도사리고 있을 때도 우리는 만났다고 한다. 그러나 실존적 개념의 만남은 예측도 못했고 예견도 못했던 일이 운명적으로 일어나 그 사람을 사로잡아 삶에 새로운 방향을 취할 수밖에 없게 하는 사건의 돌발을 의미한다. 이런 뜻으로서의 만남은 전통적인 교육의 개념과는 대립되는 측면이 많다.
>
> 첫째는 도야재설과의 대립이다. 종래의 교육은 인간에 내재적인 가

능성을 도야하기 위해 도야재로 그것을 자극, 계발시키려고 했다. 따라서 도야재는 수단적으로 머물며, 도야된 힘 속에 소멸되어 버린다. 그러나 만남은 어느 날 갑자기 나타나 영혼을 흔들고, 그 한 번의 결과는 영원히 지속되며, 만남을 당한 사람을 자신으로 존립시킨다.
둘째는 계획, 조정설과의 대립이다. 종래의 교육은 학생의 개성과 특성에 알맞은 자료를 학생에게 계획적으로 짜주면서 그들의 성장을 일정한 방향으로 조정하려고 한 것이다. 그러나 만남은 학생에게 아주 낯선 방법으로 그를 심하게 강요하는 충동적인 힘의 발로發露이고, 따라서 개성과 차이성을 고려하지 않는다. 만남은 이렇게 학생이 이질적인 것을 우발적으로 수용하여 자기를 형성하는 일이고, 점진적인 계획에 의한 변화가 아니라 급격하고 우발적인 윤리적 비약을 결과적으로 가져온다.
셋째는 다변적 교육설과의 대립이다. 종래의 교육은 인간을 전면적으로 발전시키고자 교육내용을 가능한 한 다방면에 걸치게 했다. 그러나 만남은 운명적, 순차적으로 사람을 사로잡는 일이기에 이 같은 다방면적 접촉방식과 모순된다. 왜냐하면 하나의 만남은 언제나 다른 만남을 배제하며, 사실 만남은 하나의 만남, 한 순간의 만남으로 끝내주기 때문이다. 예를 든다면 진정한 이성적 사랑은 다른 이성과의 만남을 거부하며, 또 그것은 한 이성과의 만남으로 족하다는 이치와 같다.

위와 같은 특성에 의해 만남은 전통적인 교육의 개념과 대립된다. 그러기에 만남은 종전의 교육방법을 거부하고, 우연히 찾아오게 되는 기회를 준비한다. 순간적으로 찾아왔다가 순간적으로 사라지는 교육의 기회, 즉 삶의 전 과정에서 계획되지 않은 어느 순간 갑자기 나타났다가 사라지는 그 기회를 실존주의 교육에서는 중요하게 다루고 있는 것이다. 전체적인 교육과정은 미리 계획될 수 있지만 저마다 다른 개성을 가진 개개인이 모든 순간 똑같은 생각을 가질 수 없으며, 도움을 필요로 하는 내용과 시기도 제각각일 수밖에 없기 때문이다. 이런 이유로 실존주의에서는 체계적인 교육이론체계를 수립하고, 계획에 의해 투입하는 정형화된 교육이 사실상 어려울 수밖에 없다. 따라서 우연한 기회에 찾아오는 기회를 항상 준비된 상태로 기다려야 하고, 그 기회를 놓칠 수 없는 것이기에 실존주의는 우연한 만남, 즉 비연속적 형식의 교육을 지지하는 것이다.

실존주의자들은 다른 철학파에 비해 체계적으로 교육을 논하지 않아 교육이론체계를 구하기 어려운 또 다른 이유는 실존주의 철학자들의 책임회피에 기인한다. 실존주의자들은 '실존철학의 이론 중에서 교육과 관련된 문제를 선택하여 분석 · 비판하고 교육정책을 위한 원리를 모색 · 제시하는 임무가 전적으로 교육학자들의 몫으로 생각한 것' 도 영향을 미쳤으며(나재주, 1996), '상대적으로 학문적인 역사가 짧은 탓에 교육과 관련된 이론들을 발전시키지 못함' 도 중요한 원인이 되어(김동구, 1988) 교육문제에 관하여 소홀하게 대처한 것이다.

그럼에도 불구하고 실존주의는 오늘날 교육문제를 논할 때 빠질 수 없는 철학사조이다. 비록 체계적인 교육이론을 정립하지는 못했지만 그 사상적 내면에 이미 교육적 이상을 내포하고 있기 때문이다. 그것은 바로 우연한 기회에 찾아오는 교육의 기회를 미리 준비하고 있다가 적절한 시기에 실존을 일깨움으로써 과학적이고 합리적인 인간상에서 벗어나 인간 본연의 자세로 돌아가고자 하는 회귀성, 즉 정의적인 태도를 중요시하고 있기 때문이다. 또한 주지주의적인 교과교육보다는 인간의 다양한 지각능력을 인정하고, 특히 개개인의 주관적 경험을 중요시한다는 점에 있어서 실존주의는 이미 오늘날 교육이 안고 있는 문제들의 해결과 대안으로 제시되고 있는 '감성의 교육' 을 내포하고 있음도 간과할 수 없는 사실이다. 여기에 실존주의 사상에서 주체성을 회복한 자아의 최종 종착지로 실존이 회복된 '자아의 발견을 통한 자아실현' 임을 감안한다면, 실존주의는 오늘날 교육에서 말하는 '자아실현을 통한 전인의 교육' 이라는 교육목적과도 상통하는 것으로 상호 불가분의 관련을 맺고 있다고 볼 수 있다. 이렇듯 실존주의가 비록 체계적인 교육이론을 정립시키지는 못했지만 교육과는 상당한 접근성을 가지고 있어 그 교육적인 가치를 논하기에 충분한 철학사조가 아니라고 할 수 없을 것이다.

따라서 전통적 교육관과 실존적 교육관은 상호 이질적이고 배타적인 관계가 아니라 상호 관련을 맺어 서로에게 영향을 주는 조절의 관계라고 할 수 있다(나재주, 1996). 특히 주체로서의 개인을 인정하고, 개인의 자유의지를 허용하며, 이를 통해 전인교육을 유도하여 변화하는 제각각의 상황을 적절히 대처하는 '생활의 교육' 에 치중하고 있는 점은 교육분야에 시사하는 바가 크다 하겠다. 특히 이론적 교육에 그쳐 교육의 실천성을 잃음으로써 점점 인간교육적 가능성마저 상실되어 그 역할조차 흔들리고 있는 교육분야에 직접적으로 시사하는 바가 크다 하겠다.

이러한 실존주의가 그 교육적 이상을 펴기 위해서는 반드시 개인의 자유가 전제되어야 한다. 실존주의자들은 기존의 학교교육이 학생의 개성을 말살시키고 있다고 생각하여 보편화된 교육과 집단적인 획일화 교육을 비판한다. 학교는 단순히 개인을 사회화시키는 장소로써의 기능만을 하기 때문에 학생을 집단의 훌륭한 일원이나 시민으로 형성시킬 수 있을지는 모르지만 훌륭한 개인으로 형성시키기는 어렵다고 보는 것이다(유성건, 2001). 이는 바로 자유에 대한 철저한 허용을 말하는 것이다. 실존주의 교육은 본래적인 존재양식, 즉 자유존재로서 매순간 자유로운 선택행위를 통해 자신을 생성시킬 수 있는 자기구성적인 힘을 개발하는 것을 지향하고 있다(정금선, 1995). 실존주의는 근본적으로 객관화되고, 조직화되는 인간상에 대한 비판을 전제로 하고 있기 때문에 개인의 자유가 전제되지 않은 통합화, 획일화는 실존주의 교육에서 금기시하는 것이다. 그런데 자유는 인간에게 환희의 원천인 동시에 불안의 근원이 되고, 자유는 책임의 부과와 함께 각 개인이 결정하는 행위의 결과에 따라 박수와 함께 처벌을 가져오게 마련이다(박이문, 2006). 그렇기 때문에 실존주의에서는 객관화에 의한 주지적인 교과보다는 개인의 다양성과 자발성을 인정하며, 개인의 자유의지에 의한 선택을 강조하게 된다. 때문에 실존주의에서 주체성을 회복한 자아인식을 통해 자아실현, 즉 '실존' 의 회복이 가능한 것일지도 모른다.

이와 관련해서 실존주의 교육에서는 인간을 선택하는 행위자, 자유로운 행위자, 그리고 책임을 지는 행위자로 규정하고 인간으로 하여금 이러한 의식을 가질 수 있도록 일깨워 줄 것을 강조한다(유성건, 2001). 이는 실존주의자들에게 있어서 교육의 전반적 과제가 개인으로서의 책임감을 인식하도록 하는 것이고, 그들 스스로 그 책임감을 수행하도록 준비시키는 것이기 때문이다(나재주, 1996). 그러므로 실존주의 교육에서는 책임을 규정지어 주는 교육이 필수적이라고 할 수 있다. 왜냐하면 '인간' 이라는 대자존재對自存在는 스스로의 자유로부터 해방되어 즉자존재卽自存在로서 존재하려는 유혹을 떼어버리기 어렵고(박이문, 2006), 평생을 고민과 갈등 속에서 최선의 선택을 강요받게 되기 때문이다. 때문에 인간은 '자유선택과 책임' 의 책임감에서 절대 벗어날 수 없는 존재일 수밖에 없고, 교육의 과제는 인간책임을 규정지어 주는 것이 중요할 수밖에 없다. 이러한 인간의 태도를 Sartre는 자기기만Self-deception이라고 부른다.

그런 의미에서 실존주의 교육에서는 개인을 '선택하는 행위자, 자유로운 행위자, 그리고 책임을 지는 행위자' 로 규정하면서 개인으로 하여금 이러한 의식을 갖도록 일깨운다. 즉 실존주의는 완전한 자유 속에서 스스로의 결단에 의한 선택을 하되, 자신의 선택에 대해 철저한 책임을 지도록 규정하고, 선택한 결정에 대한 책임과 깊은 개인적 반성을 강조한다. 따라서 실존주의 교육에 있어서 가장 중요한 지식이란 인간의 조건들과 각 개인이 행해야만 하는 선택에 관한 것이며, 교육이란 선택의 자유, 선택의 의미와 함께 선택에 대한 책임에 관해 의식을 일깨워주는 과정인 것이다. 이처럼 실존주의 교육에서는 학생으로 하여금 그에게 주어진 수많은 유용한 선택으로부터 그 자신의 길을 선택하도록 하게 한다. 따라서 학교는 선택적 분위기를 조성해야 하되, 학생이 하지 않으면 안 될 선택의 종류를 타율에 의한 일방적 선택의 강요나 전체를 위한 획일적 선택으로 규정해서는 안 되는 것이다.

이상과 같이 실존주의 사상은 체계적으로 교육을 논하지는 않았고, 교육에 대해 실존주의적 시각에서 바라보는 관점이 비록 전통적인 교육학과는 대립되지만 그 근본에는 자아실현을 통한 전인의 교육을 추구하는 바, 교육과는 상당한 접근성을 가지고 있어 서로에게 영향을 주는 조절의 관계를 맺고 있다고 볼 수 있다. 따라서 실존주의 사상은 교육적인 가치를 논하기에 충분한 철학사조라고 보는 것은 당연한 결과이다.

이상과 같은 실존주의 사상이 교육에 전달하는 메시지를 아래와 같이 정리할 수 있다.

첫째, 교육에 있어서 가장 중요시해야 할 것은 주체적 존재로서의 개인임을 강조하는 것이다.

실존은 실체가 아니고 사람의 현존이고, 인간존재의 체험을 표현한 개념이기 때문에 실존이 모든 사물의 본질보다 우선적인 고려대상이 된다. 그런 의미에서 인간의 실존이 최고의 가치를 가지는 것이며, 이러한 실존을 회복하고 유지하는 것이 최고의 가치가 된다. 따라서 실존주의적 학교교육은 자유롭고 창의적이며, 주체적인 인간의 성장을 도모하는 과정이어야 하며, 주체성을 회복한 개개인의 자아실현을 돕는 역할을 해야 한다. 따라서 교육에서 가장 중요시해야 할 존재는 바로 실존적 주체로서의 학습자 개개인인 것이다.

둘째, 교육은 개인의 자유의지를 계발시키고, 저마다의 개성을 바탕으로 한 개인의 발전을 강조해야 한다.

실존주의는 보편화된 교육과 집단적인 획일화에 반대하여 인간이 자유존재로서 매순간 자유로운 선택행위를 통해 자신을 생성시킬 수 있는 자기구성적인 힘을 계발하는 것을 지향하고 있다. 그렇기 때문에 개인의 자유가 전제되지 않은 통합화, 획일화는 실존주의 교육에서 금기시하고 있고, 이것으로 인하여 자아실현이 가능한 것일지도 모른다. 따라서 실존주의적 학교교육은 학생들을 기성 사회에 수동적으로 적응시키려는 전통적인 교육에서 탈피하여 학생이 주체적으로 선택하고 책임지는 '실존적인 삶' 그 자체를 중요시하고, 이를 통해 개인의 발전을 유도하는 과정이 중요한 것이다.

셋째, 개인의 다양한 경험을 통한 지적 생활과 정서적 생활을 아우르는 전인

교육이 중요하다.

실존주의 사상의 출발은 과학적이고 합리적인 인간상에서 벗어나 인간본연의 자세로 돌아가고자 하는 회귀에서 시작된 바, 이는 바로 정의적인 태도를 중요시하고 있음에서 시작한다. 그렇기 때문에 다양한 인간의 지각능력을 인정하고, 개인의 주관적 경험을 중요시 한다는 점에 있어서 실존주의는 오늘날 교육현장에 시사하는 바가 크다고 할 수 있다. 지식은 그 자체가 목적이 아니라 인간의 자아실현을 위한 수단에 불과한 것이고, 진정한 교육은 지식과 감성, 감정, 의지, 체험 등이 결합된 전인교육일 것이다. 따라서 실존주의적 학교교육은 주지적 교육보다 정의적情意的인 교육을 우선시해야 하고, 이를 통해 지적, 정서적으로 온전한 인간을 육성할 수 있는 전인교육을 최종 목적지로 삼아야 한다.

넷째, 도덕적 삶을 강조하는 인격교육이 중요하다.

실존주의는 개인의 실존을 중요시여기는 사상이고, 자유에 대한 무한한 허용을 말하는 것이다. 자유존재인 인간은 자유로운 선택행위를 통해 실존을 유지하고, 회복하려고 한다. 그런데 진정한 도덕적 가치는 바로 이러한 개개인의 자유에서부터 기인한다. 그런데 보편화되고 통일화, 획일화된 제도에 의해 기성사회에 적응시키려는 기존의 교육은 학생들을 훌륭한 사회인으로 양성할 수 있을지는 모르지만 타의에 의한 사회화는 개인적으로 학생들이 주체성을 잃어버림으로써 실존을 망각하게 되는 불행을 자초하게 될 가능성도 동시에 존재하게 된다. 그렇기 때문에 개인의 자유에 입각하여 선택한 행동, 그리고 그에 대한 완전한 책임이야말로 진정한 의미에서 도덕적인 삶일 것이다. 따라서 실존주의적 학교교육은 학생 개개인의 개성과 특성을 고려하여 매순간 자유로운 선택과 책임짐에 의한 실존의 회복을 유도하여 진정한 의미의 도덕적인 삶을 유도하는 인격교육이 중요한 것이다.

다섯째, 순간적으로 찾아오는 만남의 기회를 대비할 수 있는 교육이 필요하다.

Bollnow에 의하면 인간의 실존은 순간적으로 실현되었다가 순간적으로 소멸하는 성격의 것으로 모든 적극적인 형성을 거부해 평범한 비본래성으로 떨어졌다가 다시 그 같은 비약을 통해 본래성에로 상승이 끊임없이 반복된다(나재주, 1996). 그렇기 때문에 실존주의는 사전에 다양한 프로그램을 준비해 학생들을 끼워 맞추는 식의 준비된 교육을 거부한다. 물론 다양한 교육프로그램을 마련하여 자유의지에 의한 자발적인 교육참여와 학생들의 동기를 유도하는 과정은 필수적인 것이지만, 여기에서 그치지 않고 교육활동 중에 만나게 되는 여러 가지 상황과의 만남(Martin Buber가 말하는 '나-그것', '나-너' 의 만남)을 통해 배우게 되는 것을 더 중요하게 여긴다. 만남은 미리 계획된 연속적 행위가 아니라 어느 순간에 불시에 다가오고, 이 만남을 통해 학생들은 하나의 인격체로 성장하게 되는 것이다.

따라서 실존주의적 학교교육은 이러한 다양한 만남의 장소가 되어야 하고, 교사는 불시에 다가오는 만남을 통해 학생에게 인격적 감화와 감동을 줄 수 있어야 한다. 이러한 입장에서 본다면 실존주의적 입장에서의 바람직한 교사는 많은 지식을 가진 사람이 아니라 풍부한 체험을 통해 삶의 의미를 충분히 이해하는 전인적 인격체여야 하고, 주어진 지식을 일방적으로 가르치는 사람이 아니라 학생 각자의 특수성에 맞는 적절한 만남을 예비하는 사람이 되어야 한다.

이상의 연구를 토대로 본다면 실존주의 교육은 위기, 각성, 충고, 상담, 해후, 모험과 좌절 등의 '비연속적 형식의 교육 가능성' 을 인정하여 전통적인 교육방법을 거부하고, 우연히 찾아오게 되는 기회를 준비하는 단속적 특성을 가지고 있다. 그러나 실존주의 교육은 개인의 주체성의 강조를 통해 사람이 모든 사물의 근본임을 알려주고, 개인의 자유의지 계발을 통해 개인의 발전을 도모하며, 이를 통해 개인의 전인적 성장을 도모하려는 교육적 의지가 큰 특성을 가지고 있다. 또한 가치와 규범의 혼란으로 계량화되어 가는 사회에 도덕적 선택에 의한 인격적 교육을 도모하고, '만남' 이라는 다양한 교육적 상황을 예견하고 준비함으로써 자발적인 교육참여를 유도하는 것은 오늘날 학교교육에 시사하는 바가 크다 할 수 있을 것이다.

■ 실존주의와 학교교육

실존주의자들에게는 교육의 전반적 과제가 개인의 책임감을 인식하도록 하는 것이고, 그들 스스로 그 책임감을 수행하도록 준비시키는 것이며, 개인에 대한 책임감의 원리는 교사들에게 학생의 자율성이나 성실성을 존중하도록 하는 의무를 부여한다(나재주, 1996). 그리하여 실존주의 학교교육은 개인의 자발적인 선택과 책임을 전제로 사람이 모든 사물의 근본임을 인식하고, '나' 뿐만 아니라 '또 다른 나' 가 존재하며, 서로 주체성을 가진 '대자존재' 임을 인식함으로써 '나' 의 존재에 대한 책임감을 인식시키려는 것이다.

따라서 실존주의자들은 개인의 전인적 성장을 도모하려는 교육적 의지달성을 위해 교과목 자체에 대한 교육보다 교과목을 다루는 방법에 대한 교육을 더욱 중시한다. 이는 교육과정 내에서 교과목 선택이라는 실존적 자유의 행사가 교육과정 내용보다 더 중시됨을 의미한다. 그러므로 학교는 학생들의 자유를 신장하고 창조적인 자유를 갖도록 격려해야 하며, 적응 또는 관습에 순응하도록 압력을 가해서는 안 된다. 또한 학생들에게는 주변 환경에 의해 형성되는 존재로부터 그 자신을 형성해 나가는 존재로서의 역할이 강조된다. 물론 학교현장에서의 방법적 적용과 '입시' 라고 하는 현실성이 커다란 과제로 존재하지만, 오늘날 학교교육의 화두話頭가 '창의성 교육', '통합교육' 임을 감안한다면 학생들의 자율과 책임을 통해 개성을 신장하고, 타인과의 관계성 회복을 통한 자기 계발을 목표로 하는 실존주의 교육은 매력적인 교육방법 임에 틀림없다.

그런데 실존주의자들은 학교교육이라는 형태를 어떤 면에서는 부정적으로 보는 경향도 있다. 그들은 학교조직이 오히려 인간의 개성과 창의성을 말살시킨다고 주장하여 현대의 공교육 제도(보편화된 교육, 집단적인 획일화 교육)를 비난하기도 한다. 즉 학교 자체가 이미 개인이 사회화되는 장소로 변해버렸기 때문에 학생들을 집단의 훌륭한 일원, 훌륭한 시민으로 살아가도록 교육할 수는 있지만 훌륭한 개인으로 성장시키는 것은 어렵다고 보기 때문이다. Nietzsche가 공교육을 비난한 것도 공립학교가 국가의 이익이라는 공공의 목적을 위해 개인의 자유와 책임에 대한 선택의 기회를 빼앗아 버리고, 학생들을 단순화, 획일화시켜 무능한 다수로 전락시키려는 경향이 있다고 보았기 때문이다. 그러한 면에서 보면, 실존주의자들에게 있어 학교교육의 영역 중 인문학과 예술활동은 대단히 중요한 것일 수밖에 없다. 다양한 문화 속에서 존재하는 개인, 스스로 결정해야 하는 실존적 선택, 그리고 그에 따른 책임과 반성, 이것은 매우 개인적이고 주관적이기 때문에 정서적이고 심미적이며, 개인의 내면적 성숙을 유도하는 실존주의 교육이 절실한 것이다.

실존주의 교육에서 중요시하는 또 다른 측면은 삶의 부조리나 모순, 실존적 긴장, 즉 불안이다. '나'의 존재에 대한 책임을 인식시키려는 교육을 하기 위해서는 반드시 '나'의 진정한 모습, 즉 완벽한 최고의 모습뿐만 아니라 절망적 한계로 인한 인간적 고뇌와 불안 및 존재의 허무성을 여과 없이 그대로 드러낼 수밖에 없다. 이러한 과정을 통해 '소외'라는 세속적인 유혹으로부터 인간을 일깨워 본래적 존재로 다시 돌아오게 하고, 불안과 절망에서 벗어나 실존적 존재인 인간 본래의 자기를 깨닫게 되는 것이기 때문이다. 따라서 실존주의 교육자들에게 있어 진정한 인간교육은 계획에 의한 삶의 밝은 면만 보는 것이 아니라, 삶의 불합리한 측면, 예고되지 않았던 우연한 현상까지도 포함한 전체로써의 인간교육으로 파악되어야 한다. 실재로 현대교육은 인간세상의 어두운 면을 감추고 밝은 측면만 보려는 경향이 있음은 사실이다. 그러나 실존주의자들은 진정한 교육이란 '삶의 과정 중에 있는 그대로를 보여주는 교육'이라고 믿는다.

이와 같은 의미에서 실존주의 학교교육은 인간의 자연스러운 모습에 초점을 맞추어 교육을 진행하기 때문에 학생들로 하여금 좋은 것이나 나쁜 것, 합리적인 것이나 비합리적인 것 등 삶의 모든 측면들에 대한 경험을 중요시한다. 학생들에게 감추려고 했던 긴장, 모순, 불안 등은 당장은 두려움으로 다가오지만, 오히려 이러한 불안과 두려움을 극복해 냄으로써 향후의 더 큰 불안을 예방할 수 있고, 그러한 순간을 슬기롭게 대처할 수 있게 된다. 그러기에 실존주의자들은 죽음, 좌절, 갈등, 고통, 불안 등 사회의 어두운 측면들에 대한 것까지 있는 그대로 교육내용으로 채택하려 하고, 그 선택을 학생들의 주체적 선택에 맡기려고 한다. 사실 실제 상황을 알지 못하게 되면 더 큰 불안을 야기하게 되므로 죽음, 좌절, 고통, 갈등, 공포 등과 같은 어두운 면들을 감추거나 거짓교육으로 대응하기보다 진솔한 교육내용으로 채택하려는 것이다. 물론 선택은 학생들에게 맡겨두면서 말이다. 주용중(2006)이 밝힌 바대로, 일본, 독일, 미국 등 많은 교육 선진국들이 '왜 사는가' 에 대한 자각을 목적으로 '죽음준비교육' 을 실시하고 있고, 일부에서는 이를 필수과목으로 도입하고 있는 것도 이러한 맥락에서 일 것이다.

이상과 같은 맥락에서 실존주의자들이 추구하는 교육의 목적은 인간 자체의 탐구이며, 이에 따라 삶에 대한 모든 형태의 광범위하고도 종합적인 경험을 제공하는 것이다(김정환, 강선보, 2003). 그러기에 실존주의 교사는 학생들이 삶과 죽음, 그리고 인간실존의 부조리에 관한 궁극적 의문들을 바탕으로 스스로 인간실존을 탐구하도록 조성해야 하며, 또한 그러한 문제들을 다양한 관점으로 탐구할 수 있도록 도와야 한다. 교육학에 있어서 비연속성을 가능케 하는 것으로 교사와 학생과의 만남, 학생과 작품 속의 인물 또는 역사적 위인과의 만남, 훈계나 조언 등을 들 수 있지만(박의수 등, 1994), 전환이나 비약을 가능케 하는 가장 핵심적인 요소는 역시 '만남' 일 수밖에 없다.

그러므로 실존주의에서 교사와 학생간의 관계도 일방적이고 권위적인 전통적 관계를 벗어나 인격을 지닌 상호주체적 관계로 파악된다. 또한 만남은 반드시 오랜 교육만이 인간을 변화시키는 것이 아니며, 만남에 의해서 얻어지는 감정과 인간과 사물의 세계에 대한 근원적인 이해를 가능하게 하기 때문에 교사는 교육을 통해 학생에게 만남이 일어날 수 있는 준비를 시켜야 한다. 따라서 실존주의 시각에서 보는 훌륭한 교사는 주어진 지식을 일방적으로 가르치는 사람이 아니라 학생 각자의 특수성에 맞는 적절한 만남을 예비하는 사람인 것이다.

앞에서 밝혔듯이 실존주의 교육은 다른 철학사상에 비해 체계적인 교육이론을 구할 수는 없지만, 인간발전의 근본형식으로서의 단속성斷續性을 특징으로 다양하게 변화되는 환경 속에서 순간의 각성을 통해 이루어지는 단속적 교육을 중요시하는 교육사조이다. 특히 실존주의 교육은 불안의 시대, 상실의 시대, 소외의 시대, 비인간화의 시대라고 하는 현대사회의 시대적 상황에서 인간성 회복이라는 문제를 해결할 수 있는 대안이 된다는 점에서 의미가 있다. '인간교육' 이 영원한 교육의 목표라고 볼 때 새로운 시대의 삶과 인간을 전체적으로 조명할 수 있는 새로운 교육이념의 가능성이 실존적 교육에서 찾아질 수 있는 것이다. 또한 실존주의 교육은 학생 개개인의 선택과 책임감을 강조하여 자기를 알고, 자기를 극복하여 자기발전을 모색할 수 있는 새로운 교육적 자극이 될 것이다.

실존주의 교육이 주는 시사점은 아래와 같이 정리될 수 있다.

첫째, 교육마당에서 비연속적 형성 가능성의 일면을 주목하게 했다.

둘째, 보편화, 집단화, 획일화하는 현대교육의 경향을 인간의 개성과 주체성을 최대한 존중하는 교육으로 전향시키도록 촉구했다.

셋째, 학생 개개인의 개성을 존중하여 다양한 커리큘럼을 제공함으로써 전인교육이 이루어질 수 있도록 했다.

넷째, 학생의 자율성이 강조됨과 함께 이러한 실존적 아이디어들이 교육마당에 적용되기 위해서는 인간의 실존 내지는 인간교육에 대한 교사의 관심과 역할이 매우 중요하기 때문에 새로운 차원의 교사론 및 교사교육이 요청된다.

다섯째, 삶의 밝은 측면뿐만 아니라 어두운 측면까지 교육의 영역으로 끌어들임으로써 보다 진솔한 교육이 이루어질 것을 촉구했다.

실존주의의 본질상 교육방법 면에서, 교육현장의 적용면에서 취약성을 보이는 것이 사실이다. 그리고 여기에 대한 상당한 비판이 있어 온 것 또한 사실이다. 그럼에도 불구하고 실존적 아이디어들을 교육이론이나 교육활동의 전개에 도입, 적용하려는 노력이 1940년 대 이후 계속 있어 왔다.[2] 결국 실존주의자들이 추구하는 교육의 목적은 인간 자체의 탐구이고, 사람의 인간화이며(佐藤臣彦, 1993/2005), 이에 따라 삶에 대한 모든 형태의 광범위하고 종합적인 경험을 제공하는 것이다. 이처럼 실존주의자가 교육을 통해 달성하고자 하는 인간은 단편적인 인간이 아니라 전인적 인간이다. 그러기에 실존주의 교육은 인간의 영혼과 영혼이 맞부딪치며, 개성적인 삶으로 서로에게 영향을 줄 때 결과적으로 나오는 인간의 영적 도약과 변화를 말하는 것임을 잊지 말아야 한다. 현대의 위기상황 속에서 잃어버린 인간의 본래적 모습을 인간과 인간 간의 참된 관계형성을 통해 회복하는 것은 사람됨의 문제이고, 이는 바로 교육의 문제이기 때문에 현대의 비인간화된 교육적 현실에서 삶과 인간을 전체적으로 조명하는 '실존주의 사상에 의한 교육'은 중요하지 않을 수 없다. 실존주의 사상에 의한 교육과 인간화 교육은 현대교육이 짊어져야 할 중요한 과제가 아닐 수 없는 것이다.

실존주의 교육의 한계_

제1차 세계대전 직후 인간존재 내면에 감추어져 있던 취약성을 발

2
실존주의 철학을 교육에 적용하기 시작한 것은 1940년대 Maritain부터이고, 이후 Kneller, Morris, Bollnow 등은 교육철학에, Rogers, Maslow, Frankl, May 등은 교육심리 및 상담심리에, Sherrill 및 Johnson 등은 종교교육에, 그리고 Gordon 등은 평화교육에 원용하였다.

견하게 되고, 기술문명과 노동조건의 급격한 발전으로 인한 인간소외, 인간존재 자체에 대한 회의 등은 불안과 공포에 사로잡혀있던 사람들에게 종래의 전통적 교육은 한계에 부딪치게 되었다. 이러한 현대의 사상적 위기상황에서 잃어버린 인간의 본래적 모습을 회복해 인간 대 인간의 참된 관계형성에 관심을 가지게 된 계기가 바로 실존주의의 대두이고, 이러한 과도기적 변화의 시기에 적절하게 대처한 교육관이 실존주의적 교육관이다. 그러나 체계적인 교육이론의 수립이 힘들고, 정형화된 교육에 길들여져 있던 당시의 상황에서 실존주의 교육은 실현 가능성에 있어 한계를 나타내어 이상적인 교육에만 머물러 왔다.

종래의 교육은 미리 짜놓은 계획에 따라 '수업' 이라는 검증된 도구를 통해 학생들을 정해진 틀에 맞추어 가르쳐 온 게 사실이었다. 학생 개개인의 인격이나 개별성은 수업계획 단계에 포함시킬 수 없었고, 사회성 발달의 이면에 가려진 학생들의 개성신장은 어쩌면 처음부터 불가능한 일이었는지 모른다. 따라서 실존주의 교육은 '문화의 변화', '인간관의 변화' 라는 대전제를 바탕으로 인간 자체에 대한 문제를 소중히 다루고, 인간 주체성의 존중 차원에서 큰 의의를 가지게 되며, 교육학에 있어서의 '인간의 복권' 이라는 커다란 주제를 우리에게 던져주었다는데 그 의의가 있다.

실존주의 교육관의 또 다른 의의는 '우리가 지향하는 민주주의는 개성과 주체성을 지닌 사람들에 의해서만 이룩될 수 있고, 그렇지 못할 경우 민주주의는 중우정치衆愚政治로 타락할 것' 임을 감안한다면, "대중적인 사람을 기르지 말고 주체적인 사람을 기르자" 고 외침으로써 오늘날 교육 분야의 주 관심사를 사회에서 인간으로 되돌렸다는 데 있다. 교육학은 원래 인간학으로부터 시작된 것임에도 불구하고, 지나친 과학화를 표방하여 자연과학을 모델로 발전하게 되면서 인간의 자유, 결단성 등 인간의 특성을 경시한 채 인간부재의 학으로 변질되어 갔음은 주지의 사실이다. 이러한 상황에 직면해 교육학을 인간의 학으로 다시 돌아가도록, 즉 '교육학을 인간성 지향의 학學으로 발전하도록 촉구한 것' 이 바로 실존주의 철학인 것이다. 우리가 한 인간으로서 직면하게 되는 삶의 곤란함, 심각성, 절박함 등과 같은 문제들에 대해서도 깊이 있게 통찰할 수 있는 철학적 근거의 마련과 동시에 이의 해결을 위한 교육 분야의 노력을 촉구하게 된 계기를 마련한 것이다.

또한 실존주의 교육사상은 기존의 낙천적 교육관이 소홀하게 다루어 온 교육의 또 다른 형식들, 즉 교육의 단속적 성격을 강조하여 비연속적인 교육의 가능성을 제시한 점, 만남의 교육적 가치를 발굴해낸 점, 그리고 학생 개별자의 자유와 책임을 소중히 여겨 인간의 존엄성을 다시 한 번 부각시킨 점 등이 높이 평가되어야 한다. 그리고 실존주의 교육사상이 '인간이라는 존재 자체에 대한 연구' 와 '인간에 대한 이해가 교육의 기초가 되어야 한다' 고 주장한 점도 높이 평가되어야 할 부분이다.

그럼에도 불구하고 실존주의 교육사상은 다음과 같은 점에서 나름대로의 한계와 약점을 가지고 있음을 부인할 수 없다.

첫째, 인간 현존재의 기저를 사회과학적 시각에서 파악하고자 하는 노력이 미흡하다.

실존주의 교육에서는 실존회복을 위해서 철저한 개인의 자유와 책임을 전제로 한다. 기존의 학교교육이 학생의 개성을 말살시키고 있다고 보고 있으며, 보편화된 교육과 집단적인 획일화 교육을 비판한다. 그러나 인간의 자유만 강조했지, 그 자유를 어떻게 쟁취해야 할 것인가에 대한 구체적인 방안제시가 미흡한 편이다. 즉 실존주의 교육사상의 이상은 분명하지만 그 실천에는 한계가 있다는 말이다. 특히 오늘날 인간의 삶이 사회현상과의 유기적인 관계를 유지한 채 진행되고 있다고 본다면, 이러한 취약점을 그냥 한계라고만 하기에는 분명 치명적인 약점이 될 수밖에 없다. 현실화되지 않는 철학은 그냥 허공을 맴돌 뿐이다.

둘째, 비연속적 형식의 교육이 갖는 한계이다. 방법화의 어려움, 이것을 어떻게 극복할 수 있는가의 문제해결에 소극적이다.

실존주의 교육에서는 만남이 중요한 단서가 되는 것은 분명한데 이것을 어떻게 예비하고 준비해야 하는가에 대한 명확한 방법적 논의가 없다. 물론 만남은 인격에서 우러나오는 것이고, 그러기에 교사라는 보다 완성된 인격을 통해 올바른 '삶' 으로의 도움을 받을 수 있는 것이다. 그러나 만남은 어떤 순간에 특히 많이 나타나는가를 과학적으로 안다면 사전에 교사가 보다 철저한 준비를 할 수 있을 것이고, 보다 많은 학생들이 만남의 혜택을 누려 교육적 효과를 극대화시킬 수 있을 것이다. 이러한 상황에서 그저 방법화할 수 없다고만 하는 것은 현실적으로 설득력이 약하다. 우연히 찾아온 만남의 기회에 교사가 적절히 대처하라고만 하기에는 너무 무책임한 요구이고, 교사도 인간이기에 분명 그 한계가 존재할 수밖에 없기 때문이다. 이것을 취약점으로 알고 그 방법화에 힘쓰는 노력이 필요한 것도 바로 이 때문이다.

셋째, 실존주의 교육사상은 학생을 하나의 대상 혹은 객체客體로 보려는 교육과학을 부정한다.

실존주의 교육에서는 인간을 모든 만물에 선행되는 실존적 존재, 즉 과학적으로 탐구할 수 없는 신비하고 존엄한 존재라고 생각한다. 과학의 눈으로 인간을 보는 순간 이미 인간은 사물화되고, 대상화되며, 객체화된다는 것이다. 그리고 이러한 과학에 의해 인간은 수단화되어 인간성을 잃게 되며, 나아가 인간 스스로 자신을 소외시킨다는 일관된 주장을 하고 있다. 하지만 여기서 분명히 해야 할 것은 과학 자체가 비인간적인 것도 아니고, 정신 병리적인 대상도 아니라는 점이다. 문제는 과학이 접근하는 방법에 문제가 있는 것이지 과학 자체가 인간을 비도덕적으로 다루거나 소외시키는 것이 아니라는 점이다. 과학이 접근방법에 따라서, 혹은 어떤 도구로 사용되느냐에 따라서 실존주의가 최종적으로 이르고자 하는 '인간의 존엄성 회복' 에 결정적 단서를 제공할 수도 있다는 점을 인정해야 한다. 따라서 향후에는 실존주의와 과학과의 만남도 예비할 수 있는 여지가 마련되어야 할 것이다. 이것이 진정한 실존주의의 자세이고, 역할일 것이다.

넷째, 실존주의 교육은 학생 개별자 내면세계의 변화에만 초점을 맞춘 나머지 개별자가 처한 사회적 측면에 대한 관심과 변화에는 소홀하다.

실존주의 교육은 개별자의 내면적인 각성, 깨달음, 자각을 중시한다. 하지만 부조리한 사회조직 속에서 인간 스스로의 깨우침과 자각이라는 것이 과연 무슨 의미를 가지는 것인가? 전통적인 교육들의 주된 관심은 예외 없이 개별자의 마음을 계발하는 일, 혹은 마음을 깨닫게 하는 일이었다. 실존주의 교육철학이 전통적인 낭만주의 교육의 획일성, 일방성, 형식성, 추상성, 권위주의를 비판하고 있지만, 교육의 사회적 차원을 소홀히 했다는 점은 전통적인 교육과 다를 바 없다. 사회의 개혁과 변화 없이 개인의 실존회복은 의미가 없고, 그러한 사회조직 속에서 언제까지 나만의 주체성을 주장할 수 없을 것이며, 나만 잘하면 잘 될 것이라는 믿음의 벽이 더욱 굳건해 진다고 한들 분명 여기에는 한계가 존재할 수밖에 없다. 이미 인간은 사회 속에서 다양한 인간관계, 사회 · 문화적 현상들과 공존하고 있기 때문이다. 실존주의 교육사상은 부조리한 사회를 어떻게 개혁할 것이냐 하는 문제에 대해서도 관심을 가질 필요가 있는 것도 바로 이 때문이다.

다섯째, 실존주의 교육철학자들이 비형식적이고 비연속적인 교육방법으로 제시한 위기, 모험 등은 위험한 교육적 수단이 될 수도 있다.

실존주의자들이 추구하는 교육의 목적은 인간 자체의 탐구이며, 이에 따라 삶에 대한 모든 형태의 광범위하고도 종합적인 경험을 제공하는 것이다. 그러기에 실존주의 교사는 학생들이 불안, 삶과 죽음 등 인간이 처할 수 있는 극한상황에 대한 경험을 강조한다. 그러나 이러한 위기와 모험이 이론적으로는 좋은 교육적 결과를 도출할 수 있을지라도 개개인에 따라 적절하게 제시되지 않으면 무서운 결과를 가져올 수 있는 위험요소를 가지고 있는 것 또한 사실이다. 즉 위기상황의 경험을 통해 자신을 극복하고, 자신의 발전적인 모습을 기대한다는 본래의 의도와는 달리 학생에게 좌절감, 상실감을 안길 수 있고, 이들을 더한 극한 상황으로 몰고 감으로써 삶을 구속하여 죽음에 이르게 할 수도 있다.[3] 따라서 실존주의 교육자들은 이러한 것들을 어떤 상황에서 누구에게 어떻게 적용할 것이냐에 대한 객관적이고도 현실적인 답을 마련해야 할 것이다.

이러한 문제[4]에도 불구하고 실존주의 교육사상은 '소외의 극복' 이라는 현실의 문제를 포함하고 있기에 전통적인 교육방식보다 여전히 가능성이 높은 교육관임에 틀림없다. 교육이 체계적인 교육과정 속에 이루어지고 있기는 하지만, 계획되지 않은 상황(우연한 만남)이 존재하기 때문에 이러한 부분까지 염두에 두고 교육이 이루어져야 하며, 다변화되어 가는 현대사회를 이끌어갈 창의적인 학생은 개개인의 자유와 책임교육에 의해 가능하기 때문이다. 무엇보다 '인간의 존귀함을 부각 시킨다' 는 점에서는 다른 어떤 이유를 들더라도 실존주의 교육은 높이 평가되어야 할 것이고, 특히 과학기술이 발달한 정보화 사회에서 그 가능성과 가치는 더욱 인정받을 수밖에 없다.

실존주의 철학의 교육적 가능성에 대해 강선보(2000)는 "20세기와 마찬가지로 잃어버린 인간성을 되찾고, 전인적 인간을 추구하면서, 인간중심의 정보사회(혹은 평생학습사회)를 구축해야 하는 실존적 과제가 21세기에서도 변함없는 당면과제로 제시되어 있음"을 강조하고 있다. 실제로 현재 우리나라에 만연하고 있는 열린교육과 각종 대안교육도 그 이론적 뿌리를 찾아 올라가면 결국 실존주의와 만나게 됨을 제시하면서 실존주의를 한물 간 철학사조로 평가절하해서 창고 속에서 잠재워야할 것이 아니라 오히려 그 속에서 21세기를 이끌어 갈 교육의 방향과 내용과 방

3
암벽등반, 마라톤훈련, 병영체험훈련, 100Km행군, 혹한기훈련, 원영(遠泳)훈련, 지옥훈련 등을 통해 자신의 의지로 이를 돌아보고, 자신을 이김으로써 실존을 찾는 교육이 최근 유행처럼 번지고 있다. 그러나 이러한 교육이 실존회복의 수단이 되기도 하지만, 가혹한 체험이 될 수도 있고, 개별자의 죽음을 부를 수도 있다.

4
이상의 문제를 김정환, 강선보(2003)는 다음과 같이 요약하여 제기하고 있다. 첫째는 '인간의 현 존재의 기저를 사회과학적 시각에서 파악하고자 하는 노력이 미흡하다' 고 지적하고 있다. 인간의 자유만을 강조했을 뿐 그 자유를 어떻게 쟁취해야 할 것인가에 대한 구체적이고 명확한 방향제시가 미흡했다는 것이다. 둘째, '비연속적 형식의 교육자체가 갖는 한계' 를 지적하고 있다. 방법화의 어려움, 이것을 어떻게 극복할 것인가에 대한 문제제기만 있을 뿐 그 해결에는 소극적이라는 것이다.

법에 관한 아이디어를 도출해야 함을 주장하고 있다.

비록 실존주의 사상을 근간으로 한 교육철학과 아이디어는 한국 근대사에서 학교현장의 열악한 분위기와 전인교육을 행할 사회적 · 교육적 여건의 미흡으로 인하여 단지 하나의 교육이론으로 남은 채 교육현장으로부터 소외되었지만,[5] 비연속적 실존적 교육관은 학생지도를 담당하는 교사들에게 교육과 학생에 대한 이해의 지평을 넓혀주는 계기를 부여하였을 것으로 보인다(강선보, 2000). 따라서 실존주의 교육사상이 위의 몇 가지 한계와 약점을 극복하고 보다 발전적인 진화를 거듭한다면 실존주의는 '인간의 존엄성' 이라는 새로운 가치의 시대에 그 교육적 역량과 철학적 방향을 제시할 수 있을 것으로 기대되고, 실제로 새로운 교육철학을 기다리는 것도 바로 이 때문이다.

우리의 영원한 과제는 현실과 이상의 영원한 조화일 것이고, 이는 이 시대 철학의 과제이기도 하다. 그리고 그러한 과정은 "인간의 경험을 단지 지각perception으로 환원시키거나 '마음' 이라는 추상적 존재의 활동으로 환원시키기를 거부하여 인간이 하는 모든 경험들을 종합하는 것이야말로 현대철학의 과제" 로 보는 것과 같은 의미일 것이다(Whitehead, 1971/1998). 그리고 그것은 '우리 경험의 지평을 한없이 넓혀 나갈 수 있는

5
강선보(2000, 1999)는 한국의 실존주의 철학사조의 유입을 1920년대로 보고 있고, 실존철학을 교육학에서 수용하여 실존주의 교육을 본격적으로 소개한 것을 1960년대로 보고 있다. 그 사이 40여 년의 공백기는 일제치하의 특수한 상황과 6 · 25 동란과 그 후유증 때문이라고 보고 있다. 이후 실존주의 교육에 대한 연구는 1950년대와 1960년대에 이루어지기는 했으나, 심화된 전문화 · 세분화의 연구가 아니라 초기 소개단계였고, 왕성한 논의는 1970년대와 1980년대에 와서야 이루어졌다고 본다.

화이트헤드(Robert Whitehead)

길' 이 될 것이며, 교육이 본연의 목적인 '학생의 자기발전을 자극하고, 인도하는 것' 이 될 것이다. 그러므로 "지나치게 합리주의를 배격하면 그것은 곧 반지성적 풍조를 낳고, 나아가 세상이 제멋대로 생겼다는 혼돈세계관으로 이어지면서 자포자기의 사회풍조가 될 수 있다"는 정범모(2006)의 우려가 현실화되지 않도록 실존주의 교육관과 전통적 교육관과의 적절한 조화와 통합은 중요한 작업이 될 수밖에 없다. 실존주의가 바로 그러한 조화와 통합, 창조의 철학이기에 우리가 가능성에 희망을 품을 수 있는 것이다.

실존주의에서 체육적 앎의 성격

전 단원에서는 체육적 앎은 모든 인간의 움직임을 토대로 살아있는 신체에 의해 이루어지기 때문에 스포츠 활동의 주체인 인간이 신체와 정신을 분리하는 이원론을 극복하고, '살아있는 신체lived body' 를 탐구함으로써 실존적 존재인 '세계-내-존재' 로서 스포츠를 경험할 수 있게 하는 데서 그 의의를 발견할 수 있었다. 실재로 스포츠 현상에 있어 인간 움직임에 대한 주관적 내적 차원의 의미를 심도 있게 파악하는 것은 스포츠 현상의 외형적 형태와 내면적 형태를 통합적으로 고려해 살아있는 신체의 체험을 가능하게 한다. 그리고 그러한 체험을 통해 의미화가 가능하고, 그것이 자신의 정체성을 발달시키고 체험하게 하는 중요한 역할을 하게 된다. 바로 체육적 앎은 실존적 신체인식의 중요한 단서가 되고, 개인적 의미와 독특한 실존적 의미를 발견할 수 있는 기회가 되는 강력한 힘이 되는 것이다. 또한 Metheny(1975)의 주장처럼 자신을 표현하고 탐구하며, 이해하는 잠재적 가능성의 활용능력을 발달시킨 사람이 신체적으로 교육을 받은 사람임을 감안하면, 체육교육을 통해 이러한 가능성을 실현시킬 수 있으며, 운동교육에 관련된 자유로운 선택과 상호관련성을 볼 때 실존주의 체육이 실존에 가장 접근될 수 있는 수단이 될 수 있다. 실존주의 교육에서는 바로 신체경험을 통한 체육적 앎의 실천이 중요한 수단이 될 수 있는 것이다.

그렇다면 체육적 앎의 실천은 어떻게 해야 되고, 어떻게 인식되는 것일까? 인식이라는 과정이 없다면 체육적 앎도 의미가 없을 수밖에 없다. 체육적 앎의 과정과 실존주의에서의 체육적 앎의 성격을 규명해 보아야 할 필요가 있는 것이다.

경험의 현상학적 이해_

체육적 앎에서 '체득되어 짐' 에 핵심적인 역할을 하는 '경험' 이라고 하는 것은 과연 무엇일까? 그리고 어떻게 해석해야 하는 것일까? '경험' 은 눈에 보이지 않기에 과학의 눈으로 본다면 그 객관성에 문제가 발생할 수밖에 없다. 객관성이 없어 보이고, 과학적 검증이 불가능하다면 가치 없는 논쟁에 지나지 않는 것일까? 이를 어떻게 객관적인 사실로 받아들여야 하는지의 문제가 발생한다. 이는 현상학(現象學 : phenomenology)적인 문제이다.

자연주의도 철학의 필요성을 인정하고 있음은 주지의 사실이다. 그러나 그것은 철학의 힘을 빌려 과학을 보다 더 첨예화하기 위한 것일 뿐 철학적 사유와 연구방법을 필요로 한 것은 아니다. 과학은 근본적으로 철학을 불가능하게 하는 원리에 가깝고, 이는 과학적인 철학을 실현하는 데 커다란 장애가 되고 있다. 이러한 원리에 입각해 철학의 새로운 지평을 연 사람은 Edmund Husserl(1859~1939)이다. 그에 의하면 "자연주의란 오직 물리적인 것만을 실재적인 것으로 보는 학설이기 때문에 사실학事實學으로서 이념적인 것에 대한 실재성을 부정하거나 또는 후자를 물리적 실재로 바꾸어 자연화시키고 만다." 즉 철학의 과학화(연구방법적인 문제를 말하는 것이 아니라, 철학 자체의 실체를 객관화하려고만 하는 것)를 말하는 것이다. 과학적이기 위해서는 객관성을 지녀야 하는데 그것은 근본적으로 이념적인 것이므로 자연주의의 원리는 모순에 빠지지 않을 수 없다고 할 수 있다. 이러한 모순에서 탈피할 수 있는 것이 바로 현상학이다(강유원, 2001). 따라서 현상학은 '사상事象 자체로'를 주장하는 Husserl에 동조하는 사조를 총괄하는 것으로서 하나의 엄밀한 학學으로서의 철학(현상학)을 이룩한 계기가 된다.

현상학적 관점에서는 하나의 현상에 관한 인식의 탐구는 어떠한 선입견이나 기존의 해석에 대한 맹목적 신뢰를 보류해 두고 직접적인 직관으로부터 출발한다. 이와 같은 출발점에서부터 의식과 세계와의 본질적인 관계를 기술해 나간다(배소심, 최경실, 2005). 그렇기 때문에 현상학자들은 경험으로 얻어진 구체적 사례를 머리 속에서 체계적으로 연구하면 현상의 본질적 구조와 관계를 통찰할 수 있다고 생각하는 것이다. 그런 이유에서 '경험'을 포기하더라도 개념적 추론을 강조하는 합리론과는 달리 현상학은 개념과 모든 주장이 '경험과 체험'에 의한 '직관'에 기초하

후설(Edmund Husserl)

클라이만(Seymour kleinman)

고, '직관' 으로 '통찰' 하면 검증할 수 있다고 보는 입장이다.

자연주의는 절대적으로 신봉하고 있는 자연과학의 방법을 다른 모든 지식영역과 의식 영역까지도 지배하려고 했다. 당시 실험심리학을 수단으로 인간과학(정신과학)의 기초를 마련하려는 시도가 있었으나 철학자들은 이 시도를 불가능한 것으로 보았다. 그러나 의식과 존재의 관계는 인식론의 관점에서 검토해야 하고, 존재는 의식행위에 따라 발생되는 부수적인 것이므로 철학자는 이 의식행위에서 무슨 일이 일어나는지에 주의를 기울여야 한다. 이런 일은 의식의 본질을 이해하려 하는 학문만 할 수 있으며, 바로 이 일은 현상학이 스스로 설정한 임무이기도 하다. 그래서 Seymour kleinman(1970)은 현상학을 '현상에 대한 인간의 의식적 체험을 다루는 학문' 으로 규정하고, 김대식, 김영환, 신현군(1993)은 '분석과 실험을 통한 계량적 가치에의 축적이 아닌 있는 그대로의 체험, 아무런 가정이나 개념, 이론, 체계가 전제되지 않는 인간의식에 체험되는 즉각적이고 원초적인 경험' 의 학문으로 규정하고 있다.

대상의 다양한 유형을 명료하게 이해하기 위해서는 먼저 의식의 기본양식을 밝혀야 하기 때문에 Husserl의 사상은 심리학과 깊은 연관을 가진다. 그러나 심리학과 달리 현상학에서의 의식은 매우 특수한 방식으로 문제를 해결한다. 즉 의식은 의미를 구성하는 일이 일어나는 곳이고, 인간이 직관하려면 의식의 이러한 행위가 반드시 있어야 한다. 지각 · 표상 · 상상 · 판단 · 느낌 등의 성격은 직접성 속에서 파악되어야 한다. '사상 자체로' 는 실재론을 위한 요구가 될 수 없다. 왜냐하면 여기서 문제가 되는 사상은 의식의 행위이고, 이 행위 속에서 구성된 객관적인 것이기 때문이다. 이 사상이 바로 Husserl이 '현상' 이라고 부른 영역이다. 그러므로 현상학의 대상은 '순수 내재적 직관에 파악된 절대자료' 이고, 현상학의 목표는 의식행위의 '본질적 구조noesis' 와 이 행위에 대응하는 '객관적인 것noema' 을 발견하는 데 있다. 그리고 그것은 바로 '직관' 에 기초하고 '직관' 으로 검증할 수 있는 것이다. 인간의 경험은 현상학에 있어서 바로 '직관' 을 가능하게 해 주는 요소로 작용한다.

하이데거(Martin Heidegger)

Husserl이 주장한 현상학은 인식론적 시각에서 의식과 대상과의 관계에, 더구나 자아의 의식이라는 좁은 범위에 한정하여 연구되어졌으나, 그 후 인간학적, 존재론적 시야에서 인간과 세계와의 본질적인 존재구조를 밝히는 방법으로 발전되게 되었다. 또한 그것은 인간존재를 '세계-내-존재'로 파악하는 Heidegger나 Sartre의 실존철학으로 계승되었다.

이상의 관련성을 살펴본 바, 인간의 경험은 직관을 가능하게 해 주는 요소로서 그 자체로 의식의 본질인 동시에 '순수 내재적 직관에 파악된 절대자료' 가 될 수 있다. 즉 체육적 앎에서 중요한 '경험은 인간의 순수한 본성에 의해 파악되어질 수 있는 객관적 자료' 가 되는 것이고, 오직 주관이라는 마음의 눈으로만 볼 수 있는 것이다. 그리고 그것으로 이미 '경험' 은 객관적 정당성을 부여받을 수 있다.

경험과 체육적 앎의 실존주의적 이해_

인간의 신체경험은 인간 스스로의 경험이다. 이러한 신체경험은 누가 대신해 줄 수 없는 것이며, 다른 사람의 신체경험을 내가 대신 할 수도 없다. 인간 스스로의 경험은 스스로의 자각과 자유의지에 의한 경험의 선택, 그리고 경험을 인식하고 이해할 수 있는 물리적인 지식과 체육적 앎에 기반을 둔다. 스포츠에서 실존의 자각은 어떤 도전에 대처하기 위한 그의 능력의 발달 혹은 신체적 성취의 인식의 결과로써 경험되어질 수 있는 것이다. 따라서 현상의 직접적인 직관으로 출발된 의식의 체험은 바로 몸의 경험으로 이어지고, 여기에서 몸은 감각을 받아들이는 유기체로서 능동적이고 실존적인 입장을 취하게 된다(배소심 등, 2005). 우리의 몸은 이런 이유에서 단순히 의식을 담고 있는 그릇이 아니라, 육화된 의식으로서 세계와 역사, 타자와의 본질적인 공존으로서 실존하고 있다(황미숙, 2002).

체험을 통한 몸의 경험과 그것이 육화肉化된 실존에 대한 바로 이 느낌은 움직이는 신체에 대한 감각적 느낌의 특징이 된다(김청훈, 윤여탁, 1999). 그렇기 때문에 신체는 내가 갖고 있는 무엇이 아니고 내가 누구인가를 의미 있게 만드는 것으로 이해될 수 있다. 또한 나는 나의 신체이거나 또는 나는 나의 신체로서만 존재할 수 있게 된다. 노화된 신체는 나의 개인적인 존재방식에 대해 언급을 하고, 그 의미는 내가 경험하고 있는 세계 안에서 삶의 방식에 대해 애착심을 갖게 한다(Kockelmans, 1978/2000 ; 강유원, 2002). 따라서 신체는 Merleau-Ponty가 말하는 심신이분心身二分 이전의 전의식적 수준에서 존재하는 근원적인 현실성으로 파악되며, 객체가 아니라 그 자신 전의식적 지각능력을 가지는 주체성인 것이다. 다시 말해서 '스포츠 현장에서 몸은 스포츠 하는 인간이 존재하는 주요한 자아' (김영갑, 2005)인 것이다. 정신이 육화되어 있는 몸은 '선의식先意識적 앎' 이 존재하고, 실존적 존재로서 존재할 수 있는 것이다.

이러한 실존주의 신체는 개별적 단독자의 입장에서 참된 실존이 선행되어야 할 전제로 파악되어지며, 신체와 나의 세계가 통일된 존재관계를 이루고 있을 때 인간 스스로의 참된 모습으로 존재하고 있다(정광복, 김재호, 2002). 그렇기 때문에 신체활동은 주체성을 가진 인간의 활동을 말하며, 물리적인 개념으로서 공간을 점유하고 있는 물체로써의 움직임이 아니다. 뿐만 아니라 여기에는 자각과 판단, 기억과 연상능력 등 인간의 다양한 지적활동을 포함하고 있으며, 감정을 포함하는 정서적인 영역까지 포함하고 있다. 따라서 인간의 신체경험은 인간 스스로의 경험이고 체험이며, 신체는 경험의 중심이고 주체가 된다.

이러한 모든 체험은 살아있는 신체에 의해 이루어지기 때문에 스포츠 활동의 주체인 인간에 대하여 신체와 정신을 분리하는 이원론을 극복하고, 살아있는 신체를 탐구함으로써 실존적 존재인 '세계-내-존재' 로서의 일원론적 인간관을 성취하여 스포츠 경험에 대한 이해와 일반화의 토대로 스포츠 경험을 통한 교육적 목표를 극대화시키는 데 의의가 있다(박찬희, 1997). 그렇기 때문에 '체험' 이라는 '삶' 의 수단에 의해 많은 기회와 요구수준을 지니고 있는 체육(스포츠)활동은 이런 의미에서 자기 스스로를 시험하도록 고무하는 자극제이고, 성취 속에서 자신을 표현하는 총체적 상황인 것이다. 또한 자연발생적인 활동도 아니고, 엄밀한 의미에서 삶에 필연적인 활동도 아닌 것이다. 그것은 오로지 인간이 자신에게 스스로 부과한 상황으로서 인간에게 스스로 자신을 시험하고, 자신의 능력에 대한 기준을 설정하며, 자발적으로 자기의 한계에 도전하고, 강제되지 않은 과제를 극복하거나 거기에 도전할 수 있는 기회를 제공해주는 상황의 총체적 개념인 것이다(Grupe, 1987/2004).

물론 이러한 체육적 삶을 실현시키는 실존주의 신체가 '인간 개개인이 하나의 독립된 개체로서 주체성을 가진 신체와 나의 세계가 통일된 존재관계를 이루고 있어야 가능한 존재 양상이 될 수 있음' 은 당연한 전제조건이다. 그렇기 때문에 '경험은 지식' 이며, 신체는 정신의 도구가 아니라 개인이 세계로 접근할 수 있는 수단이 된다(이진수, 1995). 또한 인간의 신체는 Nietzsche가 말하는 '마음의 기구가 아니라 사람이 세계로 접근하는 것' 이며, '너의 세상에서의 존재' 인 것이다. 또한 '어떠한 편리한 도구 이상으로서 나의 신체는 바로 나 자신이며, 현재 존재하고 있는 나' 인 것이다(권욱동, 2002). 그리고 이러한 신체는 스포츠 세계에서 구체적으로 살아있음으로 인해 '나의 신체는 움직임의 형태를 인식하고, 스포츠에 나의 존재를 빌려주고, 나의 존재를 부각시킴으로써 인간화된 특별한 신체' 인 것이다(김청훈 등, 1999).

이러한 신체개념과 신체활동은 체육에 중요한 시사점을 제시한다.

위에서 말하는 신체활동의 개념이 거시적인 관점에서 바로 체육의 교육적 활동영역을 암시하고 있기 때문이다. 바로 '인간 움직임 자체에 대한 교육' 을 말하는 것이다. 움직임 교육은 자기 자신을 표현하고, 탐구하고, 이해하며, '나' 와 내가 살고 있는 세계와의 관계를 이어주는 '신체 움직임' 과 '체육적 앎' 과 관계를 맺어 자신의 모든 잠재적 가능성의 활용능력을 발달시킨다. 이러한 움직임의 주체가 되는 신체는 곧 실존적 형태의 변모로 나타나며, 운동교육에 관련된 자유로운 선택과 상호관련성의 강조함을 볼 때 실존주의 체육의 가장 접근된 개념은 곧 '인간 움직임' 에 관련한 교육적 상황이라고 할 수 있으며, 이는 곧 창조적 교육으로 신체활동이 이루어진다(정광복 등, 2002). 그렇기 때문에 실존주의자들에게 있어서 체육적 앎은 독립된 개개인의 주체성을 가진 신체를 경험할 수 있는 기회가 되고, 이는 인간답게 살기 위한 수단으로 작용하게 되는 것이다. 그리하여 체육교육은 Sartre에 의하면 '자기 자신의 신체 움직임의 주체적 인식을 통해 자아의식의 발견이나 자기표현 및 실현에 중요성을 부여하고 있다는 점을 부각시키는 활동' 이라고 할 수 있다(김영환 등, 2002).

이를 위해서 실존주의 체육프로그램에서는 어떤 운동이든지 참가자 각자에게 판단력과 성취감을 줄 수 있는 운동을 권장한다. 특히 학교교육과정 중 창조적 무용[6]이나 움직임의 탐구 및 놀이활동에 관심을 둔다. 실제로 예술과 인간의 만남은 사람됨을 비약적으로 형성시키며, 이와 같은 '예술의 인간 형성력' 은 교육에 있어서 중요한 의미를 지닌다(김

6
Dewey에 의하면 "경험의 관점에서 예술은 가장 세련되고 밀도 있는 상호작용의 형태로서 삶의 세계에서 이루어지고 있는 일상적인 경험이 가장 풍요롭게 완성된 상태의 대표적인 예"이다(박철홍, 2003). 따라서 주체성을 가진 신체를 경험할 수 있는 기회가 되고, 인간답게 살기 위한 수단이 되며, 신체 움직임의 주체적 인식을 통해 자아의식의 발견이나 자기표현 및 실현에 중요성을 부여하는 것이 실존주의적 관점에서의 체육이라면 체육분야에서 움직임을

홍식, 1994). 이런 의미에서 춤은 그 실재적 형식이 우리의 미적 체험에 의해 현상되면서 점차 이념적 내용의 파악에 이르게 되며, 그 가운데 존재하게 되는 것이다(배소심 등, 2005). 이러한 제 활동들은 자기 자신을 표현하고, 탐구하고, 발달시키고, 이해하며, 자신이 살고 있는 세계로 나가는 기회가 될뿐만 아니라, 자신의 모든 잠재적 가능성을 찾아 활용할 수 있는 기회를 주기에 충분하기 때문이다. 진정한 학습은 삶의 경험을 통해서 가능하다고 본다면, 체육교육을 통한 경험의 습득은 교육에 있어서 매우 중요한 것이다.

듀이(John Dewey)

실존주의적 시각에서 보면 현행 학교교육, 특히 체육이 많은 문제들을 내포하고 있고, 현장의 체육교육자들 또한 이러한 현실에 대한 객관적 해결의 실마리를 찾지 못하고 있는 게 사실이다. 운동의 기법적 지식, 즉 실기 기능만을 중시하거나 이론적 지식만을 강조하는 경향, 선택과목으로의 전락, 사교육비의 주범이라는 오명을 뒤집어쓰게 되어 그저 재미나 즐거움만을 추구하고 시간이나 때우는 과목으로 전락하게 된 현실에서도 여전히 움직이지 않고 있기 때문이다. 학교교육에서 체육교과는 '지식과 전달' 이라는 실증적이고 합리적인 면만 있지 '인간교육' 이

통한 체육적 앎의 실현에 가장 효과적인 것은 체육분야에서의 예술활동, 즉 무용이 되는 것이다. 배소심과 최경실(2005)에 의해서도 춤의 이해에 있어서 몸과 세계의 관계에 대한 해석이 시도되었는데 "Merleau-Ponty의 해석은 춤 영역에 존재론적인 지위를 부여함과 동시에 열린 해석이 가능하고, 과학적인 사고의 모순 및 과학적 사고가 망각하고 있는 근원적인 지각세계, 즉 비합리적 힘의 열린 가능성과의 접촉을 가능하게 해 줌"을 밝히고 있다.

라는 실존적 교육, 아니 체육 본연의 임무 실현은 이제 과거의 이야기가 되어버린 것이다.

그렇다면 이제 체육은 가능성이 없는 것인가? 아직 속단하기에는 이르다. 아직도 체육교육 현장에서는 여전히 신체경험의 체득을 중요한 수단으로 사용함으로써 '인간교육' 에 대한 가능성, 즉 '인간의 움직임을 매개로 한 체육적 앎' 을 통해 자아인식과 전인적 가치를 실현할 수 있는 가능성이 열려 있기 때문이다. 그리고 체육의 전 영역에서는 '몸과 몸의 부대낌' 이라는 가장 인간다운 방법으로 교육이 진행되고 있어 '인간소외의 극복' 이라는 문제의 해결에 대한 가능성도 열려있다. 이러한 사실들은 아직 우리의 교육에 가능성이 있음을 시사하는 것이고, 그 가운데 체육의 역할이 어떠해야 하는지를 암시하는 것이다. 최근에 합리론을 근간으로 한 주지주의 교육의 틈바구니에서 미미하나마 실존주의 교육철학의 현장접근이 서서히 시도되고 있어 희망을 가지게 한다. 그리고 그 중심에 체육적 앎이 존재한다.

문제는 '어떻게 운영하느냐' 에 달려있는 것 같다. 아무리 좋은 교육적 가치가 있을 지라도 방법적 적용이 어떠냐에 따라 더욱 빛을 낼 수도, 다시 창고로 되돌려 보낼 수도 있는 것이다. 중요한 것은 인간의 신체경험을 토대로 '체육적 앎에 대한 체험' 은 중요한 수단이 될 수 있고, 나아가서 교육에서 추구하는 인간성 회복과 소외극복의 단서가 될 수 있으며, 이의 적용은 현장 체육교사에게 그 열쇠가 주어져 있다는 것이다. 그러한 의미에서 학교현장에서 '체육적 앎' 을 학생들에게 체득시켜주려는 체육교사의 노력이 실존주의 체육사상과 현장과의 괴리를 줄일 수 있는 유일한 수단이 될 수 있다. '실존주의 사상에 근거한 교육을 하려면 내가 먼저 실존주의자가 되어야 하는 것' 도 이러한 이유에서이다. 현장 교사들의 노력이 중요한 대목이나, 아직은 그 노력이 미미하다고 볼 수밖에 없을 것 같다.

체육의 새로운 가능성

실존주의적 시각에서 보면 현재의 체육은 '교과목의 본래적 가치를 추구하고 있는가?', '또 그러한 가치를 추구할 수 있는 물리적 환경이 조성되어 있는가?' 라는 측면에서 많은 문제들을 내포하고 있음이 사실이다. 그러나 더 큰 문제는 현장의 체육교육자들이 그러한 현실을 외면한 채 전통적인 교수법을 맹목적으로 따르기만 하고 있다는 데 있다. 즉 교육환경이 주지주의적 색체를 띄게 됨으로 인해 체육에서는 운동종목과 관련된 기법적 지식만 강조되어 체육교과의 자기모순과 함께 교육적 본질이 의심받게 되어 '실기시험 불가론', '사교육비의 주범', '내신제외' 라는 결과가 나타나게 되었으며, 이러한 사실은 인지하면서도 여기에 대한 해결의 노력이 너무 소극적이라는 것이다. 체육교과의 정체성이 상실되어 교과의 자존심의 무너진 것이 현실이다. 체육의 교육적 가치를 재고하고, 교과존립의 근원적 가치를 실현시키기에는 근본적인 문제가 있는 셈이다.

실제로 최근 학교현장에서 체육은 교육적 이원론을 근간으로 하는 서구의 합리주의적 교육관의 영향에 의해 주지주의적 성향을 띠고 있으며(장용규, 1997), 그 영향으로 나타나는 합리주의의 한계가 체육교과에서도 나타나고 있다. 명제화될 수 있는 '기법' 만 유일한 지식이고 기법 이상의 것은 아무 것도 없다고 보는 서구의 합리주의적 사고방식에 따라

현 체육교과는 체육의 '실제적인 앎practical knowledge' 은 모두 빠져나간 형식화된 기법만 남게 되어 기능교육의 범주를 벗어나지 못하고 있는 우愚를 범하고 있다.

결국 체육교과는 비주지 교과임에도 불구하고 체육학의 명제적 지식이나 운동종목과 관련된 기법적 지식을 주요 교육내용으로 간주하는 주지주의적 성향을 나타냄으로써 자기모순과 함께 교육적 본질을 의심받게 된 것이다(장용규, 1997). 더욱이 최근 시행되고 있는 제7차 교육과정에서 체육교과는 편제상 선택중심 과목으로 전락하여 시수의 축소와 함께 존폐의 기로에 서게 되었고, 내신 평가의 신뢰성 및 효용성의 논란으로 교육적 가능성을 의심받게 되었다. 여기에 최근에는 '사교육비의 주범', '학생들의 고통가중' 이라는 멍에를 쓴 채 교육인적자원부(현, 교육과학기술부)의 '예체능과목의 실기시험 폐지' 의 발표로 이제 체육은 그저 재미나 즐거움만을 추구하고, 시간이나 때우는 과목으로 전락할 지경에 이르렀다. 체육은 이제 학교교육에서 당당히 지켜오고 있던 우리의 교육적 자존심에 타격을 받게 되었고, 교과의 교육적 본질조차 의심받게 될 상황에 처한 것이다.

이러한 결과를 조미혜와 오수학(2004)은 "체육교과의 전문성을 무엇으로 규정하든 간에 체육교과에서 추구하는 교육목표는 상급학교 진학에서 평가의 대상으로 삼지 않겠다는 의도가 지배적이었고, 이에 따라 체육교과의 비학문적 요소를 강조해야 하므로 '체육교과는 기능교과이다', '정서교과이다', '즐거움을 주는 교과이다' 라는 논리로 귀결됨"을 지적한다. 이미 현장에서는 '지식과 전달' 이라는 실증적이고 합리적인 면만 강조할 뿐 체육교과의 교육적 가능성과는 상관없이 소외되고 있어 '인간과 교육' 이라는 실존적 교육의 실현은 이제 불가능하게 될 상황에 이른 것이다. 이제 교육현장에서조차 인간소외의 상황이 그대로 나타나게 되었고, 학교에서는 체육을 포기함으로써 그 치유의 가능성마저 포기하는 결과를 초래하고 있다. 학교교육에서 도덕 · 윤리과목조차 암기과목으로 전락하여 도덕교육이나 윤리적 정서배양과는 무관한 교과로 전락한 것을 감안한다면, 교육계는 체육을 도태시킴으로써 '인간교육' 이라는 내재적 교육, 아니 교육 자체를 포기하고 있는 것이라고 보아도 지나치지 않을 것이다.

인간의 도덕성과 정서의 관계를 놓고 볼 때, 정서의 함양은 중요한 교육적 의미를 가진다(김홍식, 1994). 이런 이유에서 인간소외와 그로 인한 제 문제는 중요한 교육적 의미를 가지고 있을 수밖에 없다. 그렇기 때문에 교육적 여건이 불충분하고, 불합리하다고 해서 교육을 포기할 수는 없는 것이다. 교육의 총체적인 난국을 극복하려는 노력이 더욱 절실히 요구되는 때이다. 이와 같은 인간소외의 위기상황에서 인간성 회복을 꾀하는 것이 바로 실존주의 체육의 궁극적인 목표라고 할 수 있다. 즉 인간이 스포츠 활동에 자율성과 창의성을 가지고 주체적으로 참가하게 만듦으로써 그의 내면에서 발생하는 소외현상을 예방케 하는 것이다(김동규, 1992). 또한 체육활동은 독립된 개개인의 주체성을 가진 신체의 경험을 통해 인간답게 살 수 있는 기회를 발견할 수 있고, 자기 자신의 신체 움직임의 주체적 인식을 통해 자아의식의 발견이나 자기표현 및 실현에 중요한 역할을 할 수 있다. 때문에 체육은 외재적 가치와 함께 내재적 가치를 추구하여 오늘날 어려운 교육여건 속에서도 유지되어야 하는 교과이고, 이는 '전인全人' 을 육성하려는 교육의 목적과도 합치되는 것이다. 바로 실존적 사상의 교육적 의미회복이 관건이다.

체육은 근본적으로 인간교육적 가능성이 존재하는 교과이다. 굳이 체육의 교육적 가치를 열거하지 않더라도 신체체험을 통해 자기 자신을 표현하고, 발달시키고, 이해하며, 자신의 잠재적 가능성을 발달시킬 수 있음으로도 그 가능성은 충분할 것이다. 신체체험과 체육적 앎은 독립된 개개인의 주체성을 가진 신체를 경험할 수 있으며, 이는 인간답게 살 수 있는 삶의 기저가 됨은 앞에서 이미 살펴보았다. 이러한 여러 가능성은 체육이 실존적 교육의 수단으로 기능하게 해 주기도 한다. 특히 자신의 신체 움직임의 주체적 인식을 통해 자아의식의 발견이나 자기표현 및 실현에 중요성을 부여하고 있음이 중요하게 작용한다.

이상의 논의를 토대로 체육이 실존적 교육의 가치회복을 가능하게 해 줄 수 있는 요인들을 아래와 같이 정리하고자 한다.

첫째, 이상적인 인간상의 추구

오늘날 인류는 산업혁명 이후로 약 200여 년 동안 눈부신 과학문명의 발달을 맞이하게 되었다. 그러나 이제 자연과학과 자본주의적 생산만 인류의 생존과 번영에 대한 최종 해답이 아니라는 인식과 함께 인간 자체를 만사의 중심에 놓고 생각하려는 태도가 현대사상의 중심적인 위치를 차지하고 있다(정범모, 1991). 그러므로 인간의 본질 자체에 대한 관심과 교육은 필수불가결한 연구이고, 체육 역시 이러한 사실에 주목해야 한다.

인간행동에는 반드시 어떠한 형태로든 그 사람 자신의 인간상이 표현된다. 그런데 체육은 교육의 한 영역으로 '전인교육' 을 모토로 행해지고 있기 때문에 체육 역시 '전인全人' 이라는 이상적 인간상을 목표로 설정하여 그것의 구체적 실현을 사명으로 하고 있다. 체육은 단순한 육체의 움직임이라는 현상에 대한 가치추구뿐만 아니라, 궁극적으로 인간의 본질적 가치 및 존엄성을 추구해 나가는 인간행위에 대한 가치추구의 발로發露이다. 따라서 이상적 인간, 즉 전인이라는 교육의 이상적인 목적을 향해 달려가는 체육활동은 인간주의 교육실현의 장이 되기에 충분한 근거가 있다고 볼 수 있다.

둘째, 자아인식과 자아실현의 가치추구

교육은 성인의 준비와 함께 자신의 존재, 자신의 의미, 자신의 위치에 대한 의의를 탐색하면서 자신의 자아 정체성을 확립해야 하는 것이다(이성진, 1991). 그러므로 교육은 단편적인 지식전달의 역할을 하기보다는 자신의 가능성, 생활의 보람 등 다양한 체험을 통해 자신의 존재적 가치를 인식하고, 자아의 확립을 통한 그 가치실현을 목표로 해야 한다. 그러나 현실은 오늘날 교육이 자아실현을 추구할 여유를 주지 않고 있으며, 그저 지식의 전달만 강요하고 있다. 체육 역시 이러한 시대적인 분위기에 얽매여 주지주의 교육현실에 적당히 타협하고 있다는 느낌을 지울 수 없다.

체육활동은 인간의 자기인식 충동에서 기인하는 것으로 그것의 정체는 합리적, 자기인식적, 그리고 지적인 홍미라고 할 수 있다. 이것은 최종적으로 각 개인의 이성, 인간의 존엄성 및 인간 중심주의에 입각한 자아인식에 공헌하며, 또한 그것을 표현하는 활동이 된다(김동규, 2000). 이러한 활동은 오늘날 만연하고 있는 지나친 객관화와 주지주의적 교육현실에 정면으로 반대하여 정형화되지 않은 신체활동을 통하여 내재된 인간의 주체성과 그 실현 가치를 추구하는 것이고, 이를 통해 인간존재의 인식과 충족에 공헌한다고 볼 수 있다. 이런 이유에서 체육은 인간 스스로의 존엄성을 인식하고, 자아를 확립하며, 자아를 실현해 나가는 인간주의 교육을 수행할 수 있는 것이다.

셋째, 인간소외의 극복

현대문명은 우리 인간들에게 편리성을 제공하여 노동의 수고로움을 덜어준 반면, 지나친 과학화는 사람들을 물질문명의 노예로 전락시키고 있으며, 전 사회에 팽배해 있는 극단적인 이기주의는 '우리' 라는 상호의존적인 개념을 무색케 하고 있다. 문제는 여기에 있는 것이 아니라, 이로 인해서 우리 인간들 스스로 서로를 믿지 못하고, 과학에 의지하려는 자세, 즉 인간의 주체성 상실로 인한 소외현상이 나타나고 있다는 것이다. 이를 위한 교육계의 노력은 다각도로 시도되고 있지만, 주지주의가 이 사회에 팽배해 있는 이상 이러한 노력은 공허한 메아리로만 들린다. 체육 역시 경쟁과 승리만을 강조하고, 스포츠 상류계층을 형성하여 스스로를 구속하고 있으며, 운동선수들의 수업결손과 인종차별, 금품수수, 사치화, 향락화 등 극단적인 소외현상을 보이고 있다.

그러나 체육의 본질은 인간의 자유의지와 지성에 기초한 신체활동을 통해 인간이 자신을 새롭게 인식하는 것이며, 창조적인 주체로 활동케 함으로써 전인으로서의 인간성 구현에 기여하는 것이다(김동규, 2000). 체육을 통한 인간소외 극복의 실마리는 그 내부에서 찾아 인간의 내면적인 자연성의 회복을 통해 이룰 수 있을 것이다. 이러한 점에서 체육이 인간의 어떠한 것에도 구속되지 않는 자연의 요구임을 감안한다면, 인간본래의 사회적 경험을 준비하고 풍부한 인간적 교섭을 갖는 교육이기 때문에 소외극복을 위한 주체성 확립에도 충분히 공헌할 수 있는 잠재성이 있다고 볼 수 있다(박홍식, 1986).

이렇듯 체육은 이상적인 인간상의 추구, 자아인식과 자아실현의 가치추구, 인간소외의 극복이라는 가치를 추구하기 위한 충분한 잠재성을 내포하고 있는 교과이다. 그러나 현행 체육은 그 활동의 시작이자 방향이라고 할 수 있는 목표설정에서부터 그 교육적 가치를 실현시키기에는 불합리하게 제시되어 있다. 그렇기 때문에 체육수업마저 목표를 상실한 채 파행으로 치닫고 있으며, 그로 인한 평가의 불합리성이 제기되어 오늘날 위기의 상황을 맞이하게 된 것이다. 여기에 제 갈 길을 망각한 채 안일한 자세로 일관하고 있는 체육교사, 운동하는 기계를 양산하는 운동경기부 활동 등 실존적 입장에서의 정상적인 체육교과 운영이 쉽지 않은 상황이다. 이러한 결과는 체육의 교육적 가치 실현을 방해하는 요소로 작용하는 불합리한 교육여건을 탓하기 이전에 체육분야 자체의 내부적인 문제에서 기인하는 것으로 봄이 옳으며, 이에 체육의 자체적인 개선의지가 절실한 시점이다. 따라서 교육제도나 주변환경을 탓하기 이전에 결자해지結者解之적 차원에서 '체육의 문제는 우리에게 있음'을 전제하여 체육의 위기극복을 위한 단서를 실존주의 사상에 입각하여 하나하나 찾아서 해결해 볼 필요성이 제기된다. 그 이후에나 교육여건의 개선이나 물리적인 환경의 변화가 필요한 것이다.

이러한 이유에서 다음 장에서는 체육의 제 모습을 찾기 위한 본격적인 노력을 제시하고자 한다. 이는 체육이 외형적인 미적 형태라든가 기능을 위주로 한 기계적이고 일률적인 훈련의 형태가 아니라, 내적 체험을 통한 스스로의 자각에 의해 생각하고 창조할 수 있는 능력과 앎, 즉 체육적 앎을 실현시키기 위한 노력의 과정이 될 것이다. 그리고 궁극적으로 그러한 과정은 실존주의 체육사상에 기초하여 학습권에 자신의 가능성을 도전할 자유, 평등원리의 보다 철저한 구현, 학생의 시민적 권리와 자유의 보장, 교직의 전문성과 학교의 자율성 강화, 밀실양육을 탈피하여 양육과 교육의 열린 네트워크 구축, 이를 통해 학교를 지역사회에 뿌리를 둔 '배움의 공동체' (Manabu, 1999/2001)로 재조직하는 과정이기도 하다. 이는 오늘날 교육영역에서 그 가능성은 다대하지만 신체에 국한되어 교육함으로써 교육계에서 마이너리티minority로 취급되어 온 체육을 수면 위 교육의 메이저리티majority로 부상시킬 수 있는 길이기도 하다.

---

chapter 04

체육의 제 모습 찾기

체육으로 살아남기

체육의 제 모습 찾기

앞 단원에서 체육은 이상적인 인간상의 추구, 자아인식과 자아실현의 가치추구를 통해 인간소외의 극복이라는 대전제를 충족시키기에 충분한 잠재성이 내재되어 있음을 알 수 있었다. 그러나 현재의 교육과정에서 체육이 교육적 가치를 실현시키기에는 그 길이 현실적으로 너무도 멀어 보인다. 현재의 체육은 가치실현을 위한 하위 목표설정에서부터 시대가 요구하는 교육 패러다임에 적합하지 않아 비현실적이며, 그 목표도 심동적 · 정의적 · 인지적 영역으로 나누어 제시함으로써 스스로 신체와 정신이라는 이원론적 오류에 빠져버리는 불합리성을 내포하고 있다. 그로 인해 체육수업은 목표를 상실한 채 체육의 본래적 가치가 상실된 기계적인 움직임만을 추구하고 있다. 때문에 평가마저 '어떤 과정으로 어떻게 움직였냐' 보다 '얼마나 잘 움직였냐' 가 주요 대상이 된지 오래다. 여기에 제 갈 길을 망각한 체육교사와 운동하는 기계를 만드는 운동경기부 활동은 실존적 입장에서의 정상적인 학교체육 운영을 어렵게 하고 있고, 또 현실적으로도 불가능하다는 점을 잘 드러내 보이고 있다.

하지만 지각된 세계가 언제나 모든 지식과 행동의 기반인 이유는 몸이 지각에 자양분을 공급하는 '생생한 토양' 이기 때문이다. 살아가는 몸은 대상들 속의 한 가지 대상으로 치부할 수만은 없다. 몸은 타성적인 것이 아니라 느끼는 주체이기 때문이다. 이러한 몸의 주체적 인식은 결국 몸의 주체성을 가져다 줄 수 있을 뿐 아니라, 스포츠의 단조로운 이미지를 넘어서 자유롭고, 창조적이고, 의미 있는 동작경험을 통해 자신의 존재를 발견할 수 있는 장으로 거듭날 수 있다. 현대 체육교육이 지향하는 바가 '인간의 교육' 이란 관점에서 이러한 관점은 많은 시사점을 준다(권욱동, 2004). 체육은 독립된 개개인의 주체성을 가진 신체를 경험할 수 있는 기회가 되고 있고, 그를 통해 잠재되어 있던 '나' 를 발견함으로써 인간답게 살 수 있는 상승작용을 돕는 교과임은 부인할 수 없는 사실이며, 이러한 위기의 상황일수록 이를 부각시켜야 함은 당연한 논리일 것이다.

이러한 이유에서 체육의 실존적 교육 가능성의 모색은 중요한 작업이 아닐 수 없다. 그러나 그 전에 전제되어야 할 것은 체육교육, 즉 정규 교과목으로서의 체육수업에 대한 정체성 타진이 우선되어야 할 것 같다. 현재의 체육은 그만큼 그 설자리를 잃어가고 있기 때문이다. 가히 체육의 위기, 체육교육의 고사枯死가 전혀 어색하지 않은 것이 오늘날 체육의 현실인 것이다.

때마침 최근 학교에서 오랫동안 변화되지 않은 체육교육의 목표를 달리해야 한다는 주장이 제기되고 있고, 체육의 가치와 가능성이 새롭게 논의되고 있다. 이 시점에서는 변화되는 목표도 중요하고, 교육선진국에서 적용되는 최신 교육기법도 중요하지만, 체육이 하나의 교과로서 '교육적 가능성은 존재하는지?', '향후 발전의 방향은 무엇인지?' 등과 같은 체육의 교육적 정체성의 모색이 무엇보다 우선되어야 할 것이다. 현대교육의 과제를 '인간성의 회복'이라고 가정한다면, 체육의 정체성 찾기에 대한 과정은 교육제도나 주변 환경을 탓하기 전에 '체육과 관련한 모든 문제는 우리에게 있음'을 전제로 체육의 위기극복을 위한 실마리를 실존주의적 시각에서 찾아보는 것이 합당할 것 같다. 그리고 그러한 시도는 체육은 '인간교육'이라는 대전제 하에서 시행되어야 할 것이다.

이제부터 '체육의 새로운 목표제시'를 전제로 체육의 제 모습 찾기를 시작해 보자.

체육으로 살아남기

체육의 정체성_

■ 정체성의 판단기준

정체성은 개성이며, 개성은 고유성과 창의성의 합이라고 본다면 고유성과 창의성 판단의 기준을 마련하는 것은 곧 정체성 판단의 기준을 마련하는 것과 같다고 할 수 있다(탁석산, 2000). 또한 정체성은 감추어졌거나 드러나지 않는 그것만의 독특한 특징을 말하는 것이다. 그러므로 체육의 정체성은 다른 교과에서 가지지 못하는 체육만의 고유한 특징, 다른 분야와 비교해서 돋보일 수 있는 무엇인가의 발견이 그 시작일 것이다.

정체성과 관련하여 탁석산[1](2000)은 "변화, 지속, 동일함을 다루는 것이 정체성의 과제이고, 이는 전통적으로 형이상학의 문제"라는 지적을 했다. 그에 의하면 어떤 사물이 변화를 겪으면서도 여전히 그 사물로 인식되거나 존재할 수 있다면, 즉 우리가 변화된 사물을 변화를 겪기 전의 사물과 동일한 것으로 파악한다면, 그것이 바로 전통적인 정체성의 문제인 것이다. 이러한 관점으로 체육에 있어서 정체성의 문제는 '과거로부터 지금까지 체육을 체육으로 인식하게 해 주는 것', '아무리 시대가 바뀌더라도 절대 변할 수 없는 체육의 성질', 즉 현재성, 대중성, 주체성이 바로 그것이다. 오늘날 현실성을 반영하고, 일반 대중들의 요구를 고려

1
탁석산의 주요 저서는 David Hume에 관한 다수의 저서와 함께 『한국의 정체성(2000)』, 『한국의 주체성(2000)』 등이 있다. 이 저서들에서 일관된 저자의 주장은 남의 탓과 사대주의에 빠져 우리 스스로의 잘못을 보지 못하고 있는 현대인들에 대한 비판으로서 "모든 잘못은 자신의 내부에서부터 고쳐나가야 하며, 그 방법은 더 근본적인 부분으로부터, 그리고 '현재'를 중심에 두고 진행 되어야 한다"는 것이었다. 최근에 이루어진 정체성과 주체성에 관한 연구로는 이해하기가 비교적 쉽고, 현실적인 감각이 있는 텍스트일 것으로 여겨져 이 장에서는 위 두 권의 저서를 인용하여 논의하게 되었다.

하여 독자적이고 고유한 성질을 찾으려는 그의 이러한 노력은 체육에 있어서도 정체성 찾기에 중요한 단서를 제공해 준다(남중웅, 김상헌, 2003). 체육의 정체성 찾기의 단서는 바로 여기에서 출발한다.

• 현재성

우선 현재성現在性에 대해 살펴보자. "역사는 과거로부터의 대화"이고(Carr, 1975/2003), 쉬지 않고 변화하며, 우리의 사고나 태도, 행동양식 등도 이러한 역사의 흐름과 함께 변화를 거듭해 그 시대의 새로운 가치관을 생성하기 때문에 어떤 사실이 과거에 이해되는 것과 다른 것으로 이해될 가능성은 항상 열려 있어야 한다. 바로 현재성이 정체성 판단에 중요한 요소가 되는 것이다. 여기에 "문화는 자신들의 과거에 관해서 설명하는 정신형식"이고(Huizinga, 1950), 과거와 현재의 끊임없는 연관성을 유지하고 있으며, 고유한 정신요소가 작용하고 있는 것이라고 본다면, 그 발전과정에는 분명 역사성을 가질 수밖에 없고, 과거에서 현재까지 유지되어 온 물질적 · 정신적 산물이 그 안에 내재되어 있을 것이다. 실재로 역사의 현재성 때문에 사실史實을 선택하고 해석하는 기준이 시대에 따라 변화하는데 그것은 시대에 따라 사실이 가지고 있는 본래의 의미, 즉 그 객관적 진실성에 점점 가까워져 가는 것을 뜻한다(강만길, 1996). 그렇다면 새로운 시대에는 역사와 진리에 대한 새로운 객관적 기준을 가지고 새롭게 해석하는 것은 역사적인 과오過誤를 저지르는 것이 아니라,

인류역사의 올바른 발전에 발맞추어 가는 것이라 할 수 있다.

이와 관련해 김영건(2000)은 “독일 관념론이라는 이름으로 처음 우리나라에 수입된 서양철학이 오늘날 한국철학의 대표가 된 사실”을 예로 들어 설명하고 있다. 사실 우리는 한국철학을 논하면서 원효나 퇴계철학에만 그치지 않고 한국에서 연구되고 있는 서양에서 들여온 철학까지를 지칭하여 사용하게 된다. 오히려 우리의 전통사상인 유교, 불교를 바탕으로 한 전통적인 철학사상보다 한국에서 연구되어지고 있는 서양철학사상이 연구의 실적이나 연구자의 범위에서 월등한 것이 현실이라고 본다면 한국철학을 논함에 있어 서양철학을 제외하고는 논할 수 없는 것이다.

이와는 반대로 우리의 무관심으로 인해 정체성을 상실한 문화도 있다. 고려 우왕禑王 3년(1377)에 발명되어 세계 최고最古의 금속활자본이라고 자부하는 직지심경直指心經이 바로 그것이다. 당시 상, 하 2권으로 편찬된 직지심경은 독일인 Johannes Gutenberg(1394~1468)가 발명한 서양의 금속활자보다 200여 년 앞선 것이었다. 우리의 인쇄기술이 서양의 기술보다 앞섰다고 자부할 수 있겠지만, 현재 직지심경은 우리 문화재에 대한 사랑과 관리소홀로 하권만 남아 프랑스 파리국립도서관에 보관되어 있다. 또한 세계 최고最古의 금속활자본을 발명했음을 자부하는 우리의 금속활자 글자체는 거의 일본에서 만들어진 글자체를 사용하고 있는 것이 현실이다. 이러한 현실을 무시하고 한국의 철학을 오로지 원효나 퇴계의 철학만 고집하고, 세계 최고最古의 금속활자본이 한국에서 만들어졌음에만 사고가 한정된다면 이는 전혀 현재성을 고려하지 않는 처사이다.

이 두 가지의 경우 과연 어느 것이 진정 한국 철학이고, 최고의 금속활자라고 할 수 있을까? 한국과 독일 중 과연 어느 나라가 세계 최고最古의 금속활자본 발명의 정체성을 떳떳하게 주장할 수 있을까? 바로 현재 어떻게 인식되고 있느냐가 정체성에 대한 물음에 해답이 될 수 있는 것이다. 물론 전통과 역사적인 사실을 무시할 수는 없다. 과거와 연결되지 않는 현실은 우리가 누구인지를 모르게 하여 정체성 탐구에 치명적인 장애가 되기 때문이다.

반대로 깊은 역사성은 없지만 현재 한국에서 널리 유행하고 있는 것이 있다면 이것을 한국의 것이라고 할 수 있을까? 바로 창조적 수용에 대한 물음이다. 이 또한 어느 정도의 역사성을 가지고 있고, 현재 한국에 모든 사람들이 인정을 하고 있으며, 앞으로도 한국사회에서 통용될 수 있다면 한국의 것으로 인정함이 옳을 듯싶다. 과학문명의 발달로 하루가 다르게 급변하여 문화의 주기가 점점 짧아지는 오늘날 현실에서는 더욱 인정할 수밖에 없는 부분일 것이다.

따라서 체육의 정체성에 대한 논의는 역사성을 전제로 현재 우리나라에서 일어나고 있는 모든 현상에서 출발해야 하고, 현재와의 관련성에서 시작해야 한다. 이런 의미에서 오늘날 한국체육의 정체성은 현재와의 관련성을 가지고 있어야 한다. 교육적인 측면이나 신체단련, 체육활동을 통한 정서적 발달, 이와 관련한 창의력 개발, 통합교육, 생태교육 등 교육수요자들이 요구하는 교육목표들이 논의의 대상이 될 수 있다.

• 대중성

체육의 정체성을 현재성만으로 판단하기에는 다소 무리가 따른다. 현재성에는 너무나 광범위한 현상이 포함될 가능성이 있기 때문이다. 따라서 보다 범위를 좁혀 구체적인 현상을 발견하기 위한 또 다른 조건이 있어야 한다. 대중성(大衆性 : popularity)이 그러한 조건이 될 수 있다. 대중성은 대중 속에 풍부하게 잠재되어 있어 만인이 공감하는 정서를 대변할 수 있어야 한다. 지식이나 문화는 이러한 대중성을 획득함으로써 생명력을 얻게 되는 것이고, 이는 존재에 대한 본질적인 가치를 획득하게 되는 것이기도 하다. 대학의 철학강좌가 좋은 예가 될 수 있다.

최근 각 대학의 철학강좌에 학생들의 수강률이 현저하게 떨어지고 있다(김창우, 2002 ; 백소용, 2006). 불과 1980년대에만 하더라도 대학의 철학강좌는 당시 독재권력에 대항한 학생운동의 이념적 기초를 마련하고, 당면한 현실문제를 마르크스 사상에서 해결하려는 학생들의 대중적인 참여노력에서 비롯되었다. 그러나 오늘날의 학생들은 어려운 철학보다는 취업이나 진로와 관련한 문제에 관심과 대중적 지지를 보내고 있으니 철학강좌의 수강률이 떨어지는 것은 당연한 결과일지도 모른다. 이들에게 기초학문의 위기를 부르짖는 것은 어불성설語不成說일 것이다. 이는 오늘날의 철학이 John Dewey가 주장한 '이론과 실천은 분리되어 있는 것이 아니기 때문에 철학의 임무는 외부세계를 개조하는 것이고, 그 시대의 사회적 · 도덕적 갈등의 문제를 해결하는 것'(안재훈, 1998)이라는 점에 소홀했고, 이는 당연히 철학을 비롯한 기초학문 분야의 교양강좌에 학생들의 참여를 둔화시킬 수밖에 없는 요소로 작용했기 때문이다.

비슷한 예로 한국의 궁중음악과 민요가 있다. 한국의 음악이라고 하면 '아악雅樂'으로 불리는 조선시대 궁중음악을 떠올리기 쉽다. 당시 '아악'은 지배계층이었던 왕실의 음악이었으므로 오늘날 한국음악의 대표성을 인정하여 비중 있게 다루어지는 것은 사실이다. 그러나 당시 사회 대부분을 차지하고 있던 피지배계층인 일반대중들에게 있어 '아악'은 그저 소수 특별한 사람들만 즐기는 의식, 특별한 날에만 들을 수 있는 음악에 지나지 않았고, 오히려 그들에 의해 구비전승口碑傳承되던 평범한 민요가 더 한국적인 것이라는 데 주저함이 없었다. 이러한 이유는 더 많은 사람들에 의해 불려 졌다는 점도 중요하게 작용하지만, 민요가 당시 다수의 사람들에 의해 불려 졌었던 까닭에 한국인의 정서와 숨결이 스며들어 있을 가능성이 높기 때문이다. 한국인의 의식구조에 대한 연구의 자료로 민간의 설화나 민요, 춤사위가 더 중요한 지위를 차지하고 있는 것도 이 때문이다. 바로 대중성의 획득에 관한 문제이다. 한때는 최고의 가수였던 서태지나 신세대 가수들에 의해 불려지는 알아듣기 힘든 hip-hop 음악을 대중음악이라고 부르기에 다소 무리가 따르는 것도 이와 같은 맥락이다. 이렇게 많은 사람이 선호하는, 즉 대중성의 확보야말로 우리의 탐구대상으로 적절할 것이다. 특정 소수에 의해 들여지는 클래식음악이나 우리의 전통문화인 판소리보다는 이미자나 조용필의 대중가요가 한국적인 것에 대한 연구에서 우선 고려되어져야 하는 이유도 바로 이 때문이다.

그렇다면 소수가 즐기는 것도 정체성을 획득할 수 있을까? 특정 소수에 의해 향유되는 것을 말하는 것이다. 이 경우에는 하나의 단서가 있다. 즉 소수가 즐기는 것이 어떤 형태로든 대중화되어야 한다는 것이다. 처음에는 도무지 알아들을 수 없던 hip-hop 음악이 차츰 익숙해지고, 거리의 B-boy들이 전혀 낯설지 않은 것처럼 비록 처음에는 소수에 의해서 향유되었지만 시간이 지난 후에 어떤 계기를 통해 점차적으로 대중화된다면, 이 또한 한국적인 것으로 보지 않을 수 없을 것이다. 대부분의 문화가 이런 단계를 밟아 발전되었다고 본다면, 소수가 즐기는 것일지라도 향후 충분히 한국적인 것이 될 가능성은 있다고 볼 수 있다. 그리하여 소수가 즐기는 것이지만 점차 세勢를 확장하고 있다면 주시해야 하는 대상이 되는 것이다.

따라서 체육의 정체성에 대한 논의는 현재 우리 주변에서 일어나고 있는 모든 현상에서 출발해 일반대중의 동의를 얻어야 한다. 이런 의미에서 오늘날 한국체육의 정체성은 현재와의 관련성에 대중성을 가지고 있어야 한다. 전통적으로 인식되어 온 체육의 교육적 측면, 체육활동을 통한 정서적 발달, 대중들이 생각하는 심 · 신의 단련적 측면, 체육활동을 통한 사회성 함양, 다양한 스포츠 경험, 새로운 놀이문화, 경험의 교육, 생활교육 등이 논의의 대상에 추가될 수 있다.

• 주체성

현재성과 대중성 외에 정체성 판단의 기준이 하나 더 있다면 그것은 주체성(主體性 : subjectivity)일 것이다. 주체성은 자기의 의지나 판단에 바탕을 둔 태도를 말하는 것으로서 그것은 겉으로 드러나는 현상이 아닌 현상, 즉 지극히 형이상학적 대상에 대한 연구이고, 실존적인 태도를 말한다. 때문에 주체성은 실존적인 대상에 대하여 자아가 능동적으로 대처하는 것이며, 실천적인 것을 말하고 있다. 따라서 주체성은 고유한 가치를 지니는 동시에 영원한 가치를 지니는 것이며, 오늘날 우리가 관심을 갖는 주체는 타자와의 관계에서 매 순간 타진의 가능성과 운신의 폭을 결정하는 가변의 점인 것이다(전철, 1999).

그러나 눈에 보이는 객관적 사물을 통해 주체를 표현하고 있지만, 창조자가 전하고자 하는 주체가 미술이나 음악처럼 사물을 통해 쉽게 파악되지 않기 때문에 주체성에 대한 판단을 내리기가 쉽지 않다. 따라서 주체성에 대한 판단을 쉽게 내리지 못하는 것도 이러한 이유 때문이다. 주체성의 판단에 도움을 주기 위해 탁석산(2000)은 이탈리아 가곡을 전공한 두 사람을 예를 들어 설명하고 있다.

이탈리아에서 이탈리아 가곡을 전공한 두 사람이 있다. 이 두 사람은 같은 곳에서 같은 연습방법과 같은 스승 밑에서 전수를 받았기 때문에 창법과 레퍼토리마저 거의 같다. 두 사람은 적어도 겉으로는 완전히 일치하는 듯한 사람이다. 하지만 태도나 의식에서는 전혀 다를 수 있다. 즉 한 사람은 이탈리아 노래를 원형 그대로 재현해 아름답게 부르는데 자부심을 느끼고, 다른 한 사람은 이탈리아 가곡을 소개함으로써 우리의 음악계를 좀 더 풍요롭게 하고, 나아가서 우리 음악의 발전을 원하는 사람이다. 이 두 사람은 이탈리아 가곡을 부름으로써 이탈리아 사람이 되고 싶어 하는 사람과 이탈리아 음악을 부르지만 그 음악을 한국에 접목시키려는 한국 사람과의 극단적인 비교이다. 여기에서 누가 더 주체성을 가지고 있느냐에 대한 물음에 대한 답변은 분명하다. 두 사람의 태도차이가 주체성의 문제인 것이다.

이와 같은 이유에서 주체성이 하나의 성향에 대한 것이고, 사람의 태도나 행동양식에서 파생하는 개별자의 속성이라고 한다면, 개별자의 주체적 성향을 확인하기 위해서는 각자의 의식과 태도에서 출발해야 한다. 하지만 각자의 의식은 좀처럼 겉으로 그 차이를 드러내지 않아 주체적 태도를 구별하기 위해서는 좀 더 신중하고 장기간의 연구가 필요할 것이다.

인간은 처음부터 새롭게 시작하는 것이 아니라 환경에 내던져져 있으면서 자기가 속해있는 세계를 떠맡아 바꾸어 나가는 존재자라고 할 수 있다. 그런 의미에서 주체성은 '수용-학습-발전-전달'을 포용하는 개념의 범주에서 논의되어야 할 것이다(이기상, 2004). 따라서 체육도 인간에 대한 교육, 인간이 주체가 되는 교육이라고 본다면, 체육의 정체성에 대한 논의는 〈그림 Ⅳ-1〉과 같이 현재성, 대중성, 주체성의 공통분모, 즉 현재 우리 주변에서 일어나고 있는 모든 현상에서 출발해 일반대중의 동의를 얻어야 하고, 여기에 체육의 직접적인 개별자들인 교사와 학생들의 주체적 인식이 필수적이다.

학생들은 미성숙한 개체이고, 교육의 특성상 '교육의 선도자先導者는 교사'이기 때문에 학생들의 주체적 성향은 상당부분 교사의 책임에 있음을 직시한다면, 체육의 주체성은 바로 체육교사에게 달려있다고 보는 것이 옳을 것이다. '어떤 목표를 가지고 학생들을 지도할 것인가?', '어떤 방법으로 그 목표에 도달할 것인가?', '어떤 사고로 학생들을 이끌 것인가?'가 중요한 문제이고, 이는 전적으로 가르치는 사람, 즉 체육교사와 수업방식에 달려있음을 명심해야 한다. 바로 우리의 문제인 것이다.

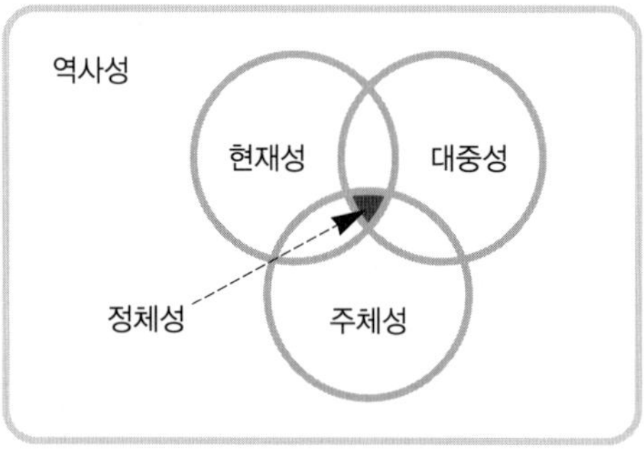

그림 Ⅳ-1. 정체성의 판단 기준

이상의 논의에서 오늘날 한국체육의 정체성 탐색과 가능성은 과거로부터 현재까지 체육이 사회변화 속에서도 꾸준하게 중요성을 인정받아 온 이유와 일반대중들이 과거로부터 지금까지 체육에 대해 요구하는 것을 살펴보아야 하고, 여기에 체육교사의 주체적 태도가 필수적인 것이라고 할 수 있다. 따라서 체육은 역사성을 바탕으로 현재성, 대중성을 확보할 수 있는 방안을 강구하고, 연구되어진 결과를 충실히 수행하려는 교사의 주체적인 노력이 이루어진다면 주체성을 확보할 수 있을 것이다.

이는 전통적으로 인식되던 교육적인 측면, 대중들이 생각하는 심 · 신의 단련적 측면, 체육활동을 통한 사회성 함양, 정서적 발달, 다양한 스포츠 경험, 새로운 놀이문화, 최근에 대두된 창의성 교육과 통합교육, 생태교육 수단으로의 체육 등이 논의의 대상이 될 수 있을 것이다.

이러한 일련의 노력은 〈그림 Ⅳ-2〉와 같이 제시될 수 있을 것이다. 이는 '체육은 교육행위' 라는 대전제에서 종속적으로만 기능하는 교과의 이미지를 극복하고, 교육분야에서 리더의 교과목으로서, 그리고 향후 교육을 선도先導할 수 있는 교과목으로 전환할 수 있는 기회가 되는 것이다. 이러한 노력과 함께 '체육은 그 자체로 중요한 교육적 행위를 유발하는 독립된 교과로서 존재할 수 있음' 을 인식하는 태도의 변화가 논의의 대상에 추가될 수 있을 것이다. 물론 '신체활동' 이라는 체육만의 독특한 영역을 통해 '앎' 의 과정을 거쳐야 함은 당연한 것이다.

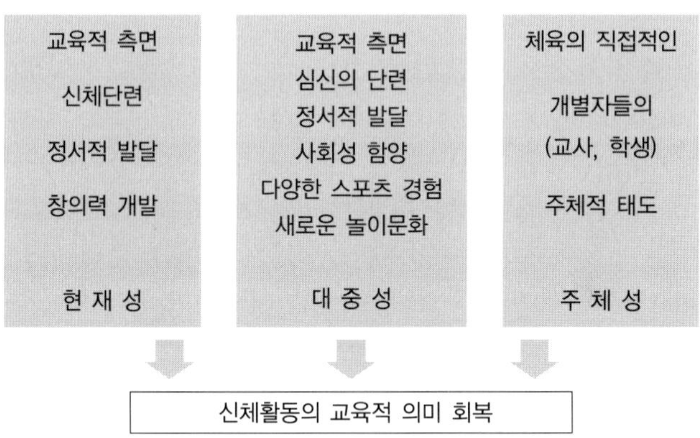

그림 Ⅳ-2. 체육의 정체성 찾기

■ 체육의 정체성 논의

체육은 움직임 욕구의 실현 및 체육문화의 계승, 발전이라는 내재적 가치와 체력 및 건강의 유지 · 증진, 정서순화, 사회성 함양이라는 외재적 가치를 동시에 추구함으로써 인간의 '삶의 질'을 높이는 데 공헌하는 교과이다(교육부, 1998). 그러므로 학교체육이란 정부가 정한 교육과정을 학교의 책임 하에 자격 있는 교사가 일정한 연령층의 피교육자를 대상으로 의도적 · 계획적으로 행하는 체육활동을 지칭하는 말로써 정규교과목으로서의 체육수업과 교과의 정상적 운영에 바탕을 둔 방과후체육활동, 클럽활동, 여가선용 등 일반학생들을 대상으로 하는 부분과 운동경기부 운영을 통한 특기선수의 육성을 주로 하고 있는 엘리트스포츠의 두 부분으로 나눌 수 있다(홍성표, 1999).

그렇다면 학교체육은 언제부터 시작되었다고 보아야 하는 것인가. 일반적으로 학교체육은 미국의 Franklin Henry에 의한 '체육의 학문화 운동'의 일환으로 시작되었다고 알려지고 있다.[2] 그러나 체육, 즉 Physical Education이라는 명칭은 1831년 John Warren에 의해 미국에서 처음 개발된 이래 꾸준히 사용(Siedentop, 1972)되어 왔다. 그러한 점을 감안하면, 사실 Henry가 시도한 연구결과는 단지 오래 전부터 진행되어 오던 과정을 표면에 드러나도록 촉발시킨 역할을 했을 뿐, 실제로 1960년대 이전부터 진행되어 오던 '교육의 이미지'에서 이론적 연구를 주된 목적으로 하는 '학문의 이미지'로 탈바꿈을 시도한 일종의 학문적 개혁이었다고 볼 수 있다.[3] '체육의 학문화 운동'은 "교사교육을 가장 형편없

2
1963년 Conant에 의해 "체육은 기능중심교과이므로 학문적 지식은 체육학 내에서 다루어지지 말아야 한다"는 주장이 제기되어 Hennrry는 이에 「Physical Education ; An Academic Discipline(1964)」이라는 반박의 논문을 발표하게 되었는데 이를 계기로 체육의 학문화 운동이 시작되었다고 보고 있다(강신복, 최의창, 1991).

3
최의창(2003)에 의하면 현재 미국에서의 체육교육은 체육학의 하위학문으로 인식되고 있는데 이는 체육교육학, 또는 스포츠교육학이라는 하위학문영역이 1980년대 초에 들어서서 일부 체육학자들 사이에서 조금씩 인정받기 시작하던 것이 1980년대 후반에 와서 보편적인 흐름을 이루게 되었음을 의미한다.

는 용어로 묘사한다면 주저 없이 체육분야에서 제공하는 대학원 강좌의 수업내용에서 인용하겠다"는 James Conant의 주장에 대한 반박에 의해 시작된 것이다. 체육은 '신체의', '신체에 의한', '신체를 통한' 교육이라는 전문교육의 영역으로부터 학문적 형태로 점차 탈바꿈을 시도한 것이다.

고대 서양문명의 발상지 고대 그리스에서조차 교육의 목적이 '심 · 신의 조화로운 발달'(아테네), '경쟁에 견딜 수 있는 완전한 신체를 가진 용맹한 병사양성'(스파르타)[4]으로서 체육은 이미 문명의 발생과 함께 교육적 의미를 가진 교과였다. 또한 동양에서 말하는 '체體'는 신체 · 사지 · 형 · 모습 등을 나타내는 문자인 동시에 사물의 이치 · 본질 · 도리 등의 정신적 의미를 포함하고 있고(박현우, 2004), '육育'은 '~을 기르고, 키우다'는 의미인 동시에 오직 인간에게만 쓸 수 있는 '양육하다'는 의미이기 때문에 체육은 동 · 서양에서 고대부터 교육의 의미를 내재한 활동이라고 할 수 있다. 이와 관련해서 김동규(1999)는 "인류 최초의 교육은 원시시대 부모가 사냥하는 것을 보여주고 실습하는 체험활동, 즉 체육교육이라고 할 수 있다"고 조심스럽게 접근하고 있기도 하다.

한국에서도 체육은 전통적으로 '신체단련을 통해 내적 선善을 성취하는 큰 덕德의 개념'으로 받아들여졌고(이진수, 2001), 근대교육이 도입된 이후 1883년 최초의 근대학교라고 알고 있는 원산학사에서 근대성을 보

4
고대 스파르타 교육의 목적은 '경쟁에 견딜 수 있는 완전한 신체를 가진 용맹한 병사 양성'으로 이는 단순히 신체만 단련하는 훈련의 개념으로 보기보다는 당시 부족국가였던 스파르타가 추구하는 최고의 인간, 즉 신체적으로 강인하고, 정신적으로 무장되어 있는 완벽한 인간을 양성하는 과정으로 볼 수 있다. 교육은 국가에 의해 계획되고 이루어지는 것으로 스파르타에서 이루어진 모든 신체활동은 국가에 의해 이루어졌고, 이는 오늘날 '신체를 기르고 양성'하려는 체육의 활동과도 일치하므로 교육의 일환으로 간주할 수 있다.

여주기 위해 다양한 스포츠 활동을 통한 '체육' 이 이루어졌다. 근대 교육제도의 시초로 알려진 고종의 '교육입국조서(1889)' 에도 어려운 나라를 되살리기 위한 방안으로 교육을 통한 부국강병책의 일환으로 초등교육, 의무교육과 함께 지 · 덕 · 체를 통한 전인교육이 언급되기도 했다. 이후 한국에서 체육은 건강을 보호 · 증진하고, 청소년의 정상적인 발육 · 발달에 중요한 영향력을 미치며, 여가활동의 적절한 활용 수단으로 한 몫을 하고 있다. 또한 체육은 사회에서 유능하고 유익한 일을 할 수 있는 사회적 성격을 육성하려는 교육활동을 말할 뿐만 아니라, 바람직한 인간완성 또는 전인적 인간을 육성하려는 교육적 활동으로 중요한 역할을 담당해 왔다.

그러나 현대에 와서 체육은 Kenyon(1968), Zeigler(1976), Sage & Renson(1989) 등에 의해 활발한 논의가 되는 등 체육학의 발전과 함께 성장했지만, 그러한 논의는 단지 나타나는 현상만을 기술하고 있을 뿐 근본적인 원인이나 그에 따른 사상적 기반으로써의 체육적 지식에 대한 단서를 제공하지 못하고 있다(김성배, 2002). 때문에 학교에서조차 체육은 기능교육의 범주를 벗어나지 못하고 있어 '전인의 육성' 이라는 교육적 본질을 의심받고 있다. 물론 그동안 체육이 학생들의 훈육訓育이나 엘리트스포츠의 기저基底, 국민의 건강을 담당하는 등 그 역할에 대해 의문을 가지는 것은 아니나, 급변하는 시대흐름과 교육 패러다임을 쫓지 못한 결과에서 비롯된 현재의 어려운 상황을 개선하려는 의도가 미약했다는 것이다. 시대는 '나' 의 실존을 찾아 가능성을 실현시키는 '실존적 인간교육' 을 요구하고 있는데, 학교에서 체육은 아직도 '지식의 전달' 과 '기능훈련' 만

존재하는 전근대성의 한계를 벗어나지 못함을 개선하고자 하는 것이다.

하지만 체육의 발달과정과 전개과정을 진지하게 살펴본다면 체육 교과를 단순히 기능만 가르치는 주지적인 교과라고 할 수는 없을 것이다. 신체운동을 모두 체육體育[5]이라고 보는 견해는 '체육적 활동은 체육體育의 목적달성을 위한 하나의 방법으로 사용되는 활동이기 때문에 이 수단적인 활동, 그 자체를 가지고 체육體育이라고 말한다는 것은 부당한 일(권욱동, 임승현, 남경완, 2006)' 이라고 주장하고 있다. 그리하여 체육體育은 움직임을 통한 다양한 기능과 경험들을 체득하는 과정에서 '앎' 으로 이르는 교과이다(오정석, 1994). 즉 체육體育은 신체를 위한 과목이거나, 신체 단련을 위한 교과, 즉 신체단련이라고 하는 외재적인 목적만을 추구하는 교과가 아닌 것이다.

따라서 체육體育에서 신체단련은 영원불변의 목적이 될 수 없고, 신체단련을 통한 건강추구만이 체육體育의 목적이 될 수 없다. 즉 '체육體育은 운동이고, 건강추구와 신체단련만을 위한 교과' 라는 인식은 잘못된 것이다. 이와 관련하여 이진수(1989)는 인간의 몸과 마음이 분리되지 않고 조화를 이룬다는 신념에 의해 실용주의적 체육은 '신체적 교육' 만을 의미하는 개념보다는, 심신의 조화로운 발달을 중시하는 것이 체육體育의 올바른 길임을 강조하여 체육의 교육적 기능을 강조하고 있다고 주장하고 있다.

물론 이러한 주장에는 이견이 있을 수 있다. 최근 이와 관련하여 체육학의 정체성 확보를 위한 연구가 활발하게 진행되어오고 있는데, '명칭부터 통일해야 한다' 는 의도에서 체육학을 '운동학' (정청희, 1997), '스

5
이 단락에서는 교육적 가치를 지니고 있는 '체육(體育)' 과 그 수단으로 이루어지고 있는 것을 구분하기 위해 전자는 '체육(體育)' 으로, 후자는 '체육' 으로 표기한다.

포츠학'(박현우, 1997), '체육학(김동규, 2000)' 등으로 정하자는 의견이 있으나 쉽게 결정될 문제가 아닌 듯하다. 이에 대한 찬 · 반 의견이 팽배하지만 실제로 국내 · 외적으로 체육관련 학문과 학과는 세부영역으로 나누어지고 있는 추세인 것만은 틀림없는 사실이다.

중요한 것은 이러한 논의는 체육학의 정체성 확보차원에서 잠재된 체육의 가능성을 외면한 주관적인 주장에서 비롯되었다는 것이다. 또 논의자들 대부분 현장에서 체육을 담당하고 있는 교사가 아니라 체육학을 연구하는 학자라는 점을 주목해야 하는데, 이들 연구자들은 체육體育을 체육학의 정체성 확보수단으로만 인식하고 있는 듯하다. 실제로 1970년대 중반 이후 독일에서는 교과명이었던 'Leibeserziehung(체육)'을 'Sport(스포츠)'로 변경하였으며, 일본에서도 시대의 흐름이 '체육'이라는 낡은 허울을 벗어버리고 '스포츠교육'으로 바뀌어 가는 추세이다(佐藤臣彦, 1993/2005). 이와 관련한 또 다른 연구로 김동규(2000)는 "심동적, 인지적, 정의적 영역으로 세분되어 좋은 말들의 총체로 이루어져 있는 현행의 체육목표는 어느 한 가지도 달성하기 어렵고, 이것이 체육의 정체성을 혼란시키고 있으니 다소 축소된 개념이지만 아예 체육의 정체성을 '건강추구'로 한정하자"고 주장하여 설득력을 얻고 있기도 하다.

하지만 이러한 주장들은 현재 우리에게 당면한 문제들에 대한 임시방편적인 해결일 수밖에 없고, 영원한 대안이 될 수 없다. '체육體育'하면 떠오르는 불변의 진리가 되기에는 미시적인 접근이며, 향후 몇 세기를 거쳐 이루어질 체육體育의 영원한 목적이 되기에 미흡한 부분이 많다. 위의 체육학자들의 논의대로라면 체육體育은 교육과정이 바뀌면 또다시 정체성 논의를 거쳐 살아남을 수 있는 대안모색을 반복해야 하며, 연구의 주체성도 빼앗겨 모학문의 새로운 영역으로 기능할 수밖에 없는 '하청교과' 로 전락하게 된다. 가르침이 없는 체육은 더 이상 우리만의 영역이 아닌 것이다.

따라서 교육적인 의미를 상실한 체육體育은 불가능한 일이며, 보다 장기적인 안목에서 체육體育의 주도적인 역할을 기대할 수 있는 무엇인가가 필요하다.[6] 과학과 객관화로만 치닫고 있는 체육교과의 문제점에 대응하는 대안적 이론체계와 실천방안의 개발이 절실한 것이다. '체육' 이라 함은 다소 소박한 의미가 될지 모르지만 적어도 인간이 중심이 되어야 하고, '건전한 신체적 경쟁활동으로 만족감, 성취감, 희열감 등을 통해 완전한 생활을 지도하여 전인적 인간을 육성' 하며(양종이, 1996), 자아를 실현해 나가는 과정으로 이해되어야 함(장성수, 2005)은 이러한 이유에서이다. 그리고 체육학도 이를 바탕으로 존재해야 한다.

이상을 살펴본 바, 모든 체육활동의 모체가 학교체육(조병훈, 김상관, 1998)이고, 〈표 IV-1〉과 같이 한 나라의 체육 · 스포츠가 균형적으로 발전하는 데는 정규수업과 대교스포츠, 학내 대항 스포츠 활동으로 이루어지는 학교체육이 중요한 역할을 하는 것(김상헌, 1999)이라고 본다면 체육학의 발전적인 측면도 학교체육을 전제로 이루어져야 한다. "학교가 무너지면 미래가 없다" (김호권, 이성진, 이상주, 2000)는 주장은 체육분야에도 적용될 수 있는 것이다.

6
이와 관련해 최근 권욱동, 임승현, 남경완(2006)은 "체육이 교육적 이상을 실현하기 위해서는 신체의 교육인 동시에 신체에 의한 교육이 되어야 하고, 향후 스포츠와 레저의 통합적인 의미와 건강에 대한 중요성이 내포된 의미로 발전되어야 할 것임"을 주장하고 있다.

표 Ⅳ-1. 체육교육, 엘리트스포츠, 대중스포츠의 관계 비교

항 목	체육교육	엘리트스포츠	대중스포츠
참가 대상	일반학생	최정상의 소수 선수	일반인
참가 활동	의무적(즐거움 결여)	의무적(즐거움 결여)	자발적(즐거움 내재)
참가 내용	게임, 스포츠, Exercise, 무용	모든 스포츠 종목	놀이, 게임, 스포츠, Exercise, 무용
참가 시간	정규 수업시간	연습일정	여가시간
참가 장소	학교 체육시설	학교시설 및 정규 체육시설	모든 체육시설
참가 목적	교육실현	생계유지	삶의 질 향상
참가 이유	교 육	승 리	욕구충족

자료 : 김상헌(1999). 한국 엘리트스포츠의 진단과 과제 연구. p. 72.

결국 체육은 장기적인 안목에서 교육을 떠나 생각할 수 없으며, 체육의 정체성도 바로 '전인교육' 을 표방하는 교육적 의미회복에서 찾아야 한다. 특히 주지주의 교육사상의 영향권에 있는 교육적 현실에서 '인간교육' 이라는 이상실현이 쉽지 않은 시기임을 감안한다면, 다소 비약적이기는 하나 '체육' 은 교육의 가능성을 실현시킬 수 있는 교과이고, '체육' 을 통해서 교육의 가치실현이 가능하다고 해도 과언이 아닐 것이다. 따라서 '체육' 의 교육적 의미회복은 더 이상 '체육' 이라는 단일 교과목만의 문제가 아니라, '교육 이상실현을 위한 최선의 실천적 수단' 이라는 거시적 관점에서 논의되어야 하는 문제인 것이다.

결론적으로 체육이라는 것은 인간존재의 양식 그 자체와 기본적으로 관련되어 있는 것으로서 그것 없이 인간다울 수 없는 중요한 의의를 갖는 사상이다(佐藤臣彦, 1993/2005). 이러한 사실은 '체육' 의 정체성 논의에 종지부를 찍고, '전인교육' , '인간교육의 실현' , 그럼으로써 나를 찾는 '실존의 교육' 이라는 교육적 가능성을 찾아야 하는 중요한 이유가 된

다. 이는 위에서 논의한 현재성과 대중성과의 논의와도 전혀 무관하지 않으며, 교육적인 부분은 체육교사로서 다른 어떤 부분보다 자부심을 갖고 활동하고 있는 영역이므로 주체성의 논의에서도 이미 정당성을 인정받고 있기 때문이다. 체육은 이제 우리나라 교육의 리더로서 '인간교육의 첩경捷徑' 의 역할을 해야 하는 시대가 온 것이다.

그렇다면 지금의 어려운 현실은 오히려 체육이 교육분야에서 핵심적 역할을 하고, 더한 카리스마로 교육계를 선도할 수 있는 자리를 확보할 수 있는 기회가 되는 것은 아닐까? 혹시 체육은 이미 그 역할을 충실히 하고 있는데도 불구하고 우리의 관리소홀로 인해 그 가치를 인정받지 못하고 있는 것은 아닐까? 우리 스스로 우리를 돌아보아야 하는 것도 바로 이 때문이다.

체육의 목표 탐색_

현재 한국의 체육은 교육분야와 마찬가지로 주지주의 교육의 영향권 아래에서 생존을 위한 자구책 마련을 강요받고 있다. '창의성 교육', '통합교육', '수요자 중심교육' 의 시대적 흐름 속에서 '교육의 새판 짜기' 라는 이름으로 학생들의 입맛에 맞추기 위한 자체적인 노력을 강요받고 있는 것이다. 여기에 축소된 교육시수(교육부 고시 제1997-15호)와 체육교과에 대한 기능교과로의 인식은 체육의 교육적 위상을 더욱 위축시키고 있다. 이미 교육수요자들의 인식에서 체육은 교육적 가치가 부재한 과목, 그저 학생들의 체력만 길러주고 살만 빼주면 되는 과목으로 전락했으며, 활동의 즐거움조차 제공하지 못함으로써 수요자들의 선택을 받기 어려운 교과가 되어 버렸다. 그러한 결과 학교에서 체육은 어려운 실기

과제와 맹목적인 복종, 의미 없는 신체활동만을 요구한 채 학생들의 기피과목이 되고 있으며, 학부모의 현실적 요구는 사설 스포츠 시설로 발길을 돌리게 해 내신점수를 위한 특별과외를 받게 하는 등 체육도 사교육비 증가에 일익을 담당하게 된 것이다.

이러한 결과는 그동안 체육이 교육의 영역에서 논의된 이후 100여 년 동안 사회적 변화에 민감하게 반응하지 못한 채 크게 바뀌지 않은 교육목표와 전통적인 수업방식에 기인한다고 볼 수 있다. 오히려 많은 변화를 겪었던 한국 근현대사에서 체육은 통치권자들의 필요에 의해 끌려다님으로써 활동의 주체성마저 잃어버리고 말았다. 체육의 교육적 가치를 일반대중들에게 올바로 전달하지 못함으로써 '체육적 삶' 이 대중성을 얻지 못하고 있는 것이다. 이 모든 결과는 미래를 예감하지 못하고 '교육적 가치가 다대하다' 는 환상과 '체력이 국력' 이라는 자만에 빠져 있던 '체육의 목적과 목표' 에서 그 원인을 찾을 수 있다.

목적은 '자발적 행동에 의해 성취될 수 있는 비교적 원거리에 있는 한 지점' 이고, 목표는 목적을 향해 접근하는 단계로 알려지고 있다(김동규, 2000). 그리하여 체육의 목적은 체육이 궁극적으로 이루려고 하는 이상적인 개념이라면, 체육의 목표는 이러한 이상을 실현시키기 위한 세부 실천사항이라고 볼 수 있다. 그러한 점에 비추어 보면, 체육의 목적은 '전인교육' 이 영원불변의 진리처럼 인식될 수 있을 것이다. 이런 점에서 본다면 체육의 패러다임 문제, 즉 주어진 교육적 패러다임을 단기간에 성취할 수 있는 실천적인 목표가 우선 해결되어야 할 부분일 것이다.

목표는 단기간에 성취되도록 설계되는 것이고, 목적달성을 위해 실현가능한 세부사항을 제시하는 것이기 때문에 목적에 비해 비교적 실천적이어야 하고, 항상 변화의 가능성을 내포하고 있는 것이다. 따라서 교육은 인간의 현존재Dasein에 대해 단절되지 않고 계속적이며, 항상 새롭게 착수되어야 할 필연성을 가지고 있는 것이므로(佐藤臣彦, 1993/2005) 교육의 영역에서 논의되어야 할 체육의 목표는 시대 조류와 국가의 교육철학 및 교육목표에 따라 그 내용이 달리 설정되어야 한다(안용규, 1994). 지금까지 체육은 정권이 교체될 때마다 정권자들의 필요에 의해 다양하게 활용되었고, 시대적 요구를 반영하는 등(김대진, 2005) 그 필요성이 강조되어 교육분야에서 중요한 역할을 할 수 있었던 게 사실이다. 물론 그것이 체육분야의 적극적인 변화과정 없이 일방적인 요구에 순응한 결과였지만 말이다. 그만큼 시대적 요구가 중요한 것이다.

제1차 교육과정 개정 이후 제7차 교육과정 개정까지의 중학교 체육과 교육과정의 변천과 패러다임의 변천과정은 〈표 IV-2〉와 같다. 교육과정 개정 이전에 체육은 '신체단련'의 차원에서 체조體操, 체련體鍊, 보건保健의 의미로 사용되다가 점차 교육적 의미를 가지는 체육體育으로, 최근에는 움직임이나 스포츠 체험體驗을 통해 활동 그 자체에 내재된 교육적 가치를 발견하려는 패러다임으로의 전환을 발견할 수 있다. 물론 여기에는 다양한 서구의 교육사조가 영향을 미치기도 했고, 국가이념과 정책과도 불가분의 관계에 있다.

이러한 상황에는 비판의 여지가 있다. "교육이 한낱 정치의 시녀로서 이를 따라가기만 했다"는 비판이 있는 것이 사실이다(손인수, 1996). 체육 또한 여기에서 자유롭지 못하며, 특히 정권이 바뀔 때마다 군국주의의 목적(제3공화국), 정권획득의 정당성 확보차원(제5공화국), 우민화 정책의 일환(제6공화국) 등으로 당시 국가의 이념과 정책이 적극 개입되어 정권자의 정치적 수단으로 사용되었던 것이다(김상헌, 1999). 그러나 결과적으로 체육의 본래적 기능은 아니었지만 당시만큼 '체육의 전성기'가 없었던

표 Ⅳ-2. 체육과 교육과정의 변천에 따른 특성과 패러다임의 변천과정

교육과정 개정	체육과 교육의 특성	패러다임의 변천
교육과정 제정 이전	• 신체단련과 신체기관의 단련 • 정신과 규율을 중요시 • 체조, 체련, 체육으로 개념 및 명칭변천	교육이미지 부각을 통해 교육과정 체계 속으로 포함시키려는 노력
제1차 교육과정	• 신체 각 부위의 고른 발달 • 건전한 사회적 성격육성 • 환경교육, 레크리에이션교육	교육과정의 체계를 갖춘 시기 교과중심 교육과정
제2차 교육과정	• 미국의 진보주의교육 영향 • 신체의 조화로운 발달과 사회적 성격육성 • 안전과 여가선용에 대한 지도 • 신체적 표현과 감상능력의 강화	국민의 보건과 위생을 강조 경험중심 교육과정
제3차 교육과정	• 미국의 본질주의교육 영향 • 일반목표와 학년별 목표로 세분 • 체력의 향상과 국민정신교육의 강조 • 체력만들기 운동으로 순환운동 추가 • 국민정신교육의 강조	민주화 이념의 확립을 위한 국민정신 강조 건강증진을 위한 순환운동, 질서운동 강조
제4차 교육과정	• 건강과 체력의 향상 • 잠재되어 있는 운동능력의 개발 • 체육의 생활화, 스포츠의 과학화 • 평생스포츠와 야외활동이 강조	인간중심교육으로 국민의 자질향상과 민족공동체 의식강조
제5차 교육과정	• 신체운동을 전인교육의 수단으로써의 활용성 제고 • 다양한 운동의 체험 • 움직임 교육과 스포츠교육 추가	미래사회를 대비한 민주화 교육의 효율성 강조
제6차 교육과정	• 환경에의 적응능력 개발 • 실기 통합, 형식과 실제의 결합 • 신체적 능력의 개발 및 건강한 생활 영위 • 운동영역별로 심동적, 인지적, 정의적 목표개념 • 신체 표현능력 육성	학생중심의 교육으로 변모 신체활동을 통한 기초체력 강화 교사의 창의성과 자율성 재고
제7차 교육과정	• 학생의 개성과 창의적 능력 신장 • 선택중심, 수준별 교육과정 체제 도입 • 다양한 운동기능과 체력 및 심신의 건강증진 • 운동과 건강에 대한 다양한 지식이해 및 활용 • 운동을 통해 바람직한 태도형성 및 규범습득	학생의 개성과 창의성 능력신장 다양한 운동을 통한 평생체육으로의 전환 학생중심 교육과정

것 또한 부인할 수 없는 사실이다. 가치여부를 떠나 당시는 체육이 그만큼 필요했었기에 그 영역의 존재성을 인정받았던 것이며, 시대적 요구가 중요하지 않을 수 없었던 것이다.

이제는 그러한 요구에조차 부응하지 못하고 도태되고 있는 상황이어서 안타까운 일이 아닐 수 없다. 체육의 부실정책은 교육인적자원부 공고 제2007-76호 「학교생활기록작성 및 관리지침」개정으로 이어졌고, 급기야 2007년 6월 13일 교육부차관이 정책브리핑에서 '체육 · 예술교육 내실화를 통한 인성과 창의성교육의 비전 제시' 라는 명분으로 평가기록 방식을 '3등급, 절대평가' 로 변경한다고 발표하여 소위 말하는 '내신에서의 제외' 로 이어진 것이다.

그러한 결과 체육은 제7차 교육과정에 접어들어 2007년 현재 시수의 축소와 함께 선택과목의 영역으로 분류되어 학교에서 교육되어지고 있다.[7] 단위 학교의 주당 수업은 초등학교 1, 2학년은 체육, 음악, 미술의 통합교육시간으로 6~7시간, 3~6학년은 3시간, 중학교 1, 2학년은 주당 3시간, 3학년은 주당 2시간으로 축소되었다. 고등학교는 1학년이 주당 2시간이며, 2, 3학년은 선택에 의해 수업을 하게 된다. 현행 진행되고 있는 제7차 교육과정에서 국민 공통 기본 교육과정은 〈표 IV-3〉에 제시되고 있고, 고등학교 선택 중심 교육과정(보통교과)은 〈표 IV-4〉와 같이 나타낼 수 있다.

7
2007년 개정 교육과정에 의하면, 고등학교의 경우 2, 3학년의 선택과목이 예 · 체능 과목군에서 독립해 체육과목군으로 분리됨으로써 최소 1과목 이상 이수해야 하는 영역이 되어 2009년부터 단계적으로 적용될 전망이다. 하지만 새로운 교육과정은 2009년부터 시행되어 2010년 중학교 1학년, 2011년 고등학교 1학년에 적용되며, 2013년에 가서야 중등학교 전 학년에 걸쳐 시행될 것으로 계획되어 있어 이 연구에서는 현재 시행되고 있는 제7차 교육과정을 기본으로 하고 있다.

표 Ⅳ-3. 국민 공통 기본 교육과정

<table>
<tr><th colspan="2" rowspan="2">학교
학년
구분</th><th colspan="6">초등학교</th><th colspan="3">중학교</th><th colspan="3">고등학교</th></tr>
<tr><th>1</th><th>2</th><th>3</th><th>4</th><th>5</th><th>6</th><th>7</th><th>8</th><th>9</th><th>10</th><th>11</th><th>12</th></tr>
<tr><td rowspan="10">교과</td><td>국 어</td><td colspan="2" rowspan="2">국 어
210 238</td><td>238</td><td>204</td><td>204</td><td>204</td><td>170</td><td>136</td><td>136</td><td>136</td><td colspan="2" rowspan="10">선택과목</td></tr>
<tr><td>도 덕</td><td>34</td><td>34</td><td>34</td><td>34</td><td>68</td><td>68</td><td>34</td><td>34</td></tr>
<tr><td>사 회</td><td colspan="2">수 학
120 136</td><td>102</td><td>102</td><td>102</td><td>102</td><td>102</td><td>102</td><td>136</td><td>170
(국사68)</td></tr>
<tr><td>수 학</td><td colspan="2" rowspan="2">바른 생활
60 68</td><td>136</td><td>136</td><td>136</td><td>136</td><td>136</td><td>136</td><td>102</td><td>136</td></tr>
<tr><td>과 학</td><td>102</td><td>102</td><td>102</td><td>102</td><td>102</td><td>136</td><td>136</td><td>102</td></tr>
<tr><td>실 과</td><td colspan="2" rowspan="2">슬기로운 생활
90 102</td><td>·</td><td>·</td><td>68</td><td>68</td><td colspan="4">기술 · 가정
68 102 102 102</td></tr>
<tr><td>체 육</td><td>102</td><td>102</td><td>102</td><td>102</td><td>102</td><td>102</td><td>68</td><td>68</td></tr>
<tr><td>음 악</td><td colspan="2">즐거운 생활
180 204</td><td>68</td><td>68</td><td>68</td><td>68</td><td>68</td><td>34</td><td>34</td><td>34</td></tr>
<tr><td>미 술</td><td colspan="2" rowspan="2">우리들은 1학년
80 ·</td><td>68</td><td>68</td><td>68</td><td>68</td><td>34</td><td>34</td><td>34</td><td>34</td></tr>
<tr><td>외국어
(영어)</td><td>34</td><td>34</td><td>68</td><td>68</td><td>102</td><td>102</td><td>136</td><td>136</td></tr>
<tr><td colspan="2">재량 활동</td><td>68</td><td>68</td><td>68</td><td>68</td><td>68</td><td>68</td><td>136</td><td>136</td><td>204</td><td>204</td><td colspan="2"></td></tr>
<tr><td colspan="2">특별 활동</td><td>30</td><td>34</td><td>34</td><td>34</td><td>68</td><td>68</td><td>68</td><td>68</td><td>68</td><td>68</td><td colspan="2">8단위</td></tr>
<tr><td colspan="2">연간 수업
시간 수</td><td>830</td><td>850</td><td>986</td><td>986</td><td>1,088</td><td>1,088</td><td>1,156</td><td>1,156</td><td>1,224</td><td>1,224</td><td colspan="2">144단위</td></tr>
</table>

※ 이 표는 국민 공통 기본교육 기간에 제시된 시간 수를 34주를 기준으로 한 연간 최소 수업 시간 수이다.

※ 1학년의 교과, 재량 활동, 특별활동에 배당된 시간 수는 30주를 기준으로 한 것이며, '우리들은 1학년'에 배당된 시간 수는 3월 한 달 동안의 수업시간 수를 제시한 것이다.

※ 1시간의 수업은 초등학교 40분, 중학교 45분, 고등학교 50분을 원칙으로 한다. 다만 기후, 계절, 학생의 발달정도, 학습내용의 성격 등을 고려하여 실정에 알맞도록 조절할 수 있다.

※ 11, 12학년의 특별활동과 연간 수업시간 수에 제시된 숫자는 2년 동안 이수하여야 할 단위 수이다.

자료 : 교육부(1998a). 체육과 교육과정. p. 6.

표 Ⅳ-4. 고등학교 선택 중심 교육과정(보통 교과)

구 분		국민 공통 기본 교과	선택과목	
			일반 선택 과목	심화 선택 과목
교과	국 어	국어(8)	국어 생활(4)	화법(4), 독서(8), 작문(8), 문법(4), 문학(8)
	도 덕	도덕(2)	시민 윤리(4)	윤리와 사상(4), 전통 윤리(4)
	사 회	사회(10) (국사4)	인간 사회와 환경(4)	한국 지리(8), 세계 지리(8), 경제 지리(6) 한국 근 · 현대사(8). 세계사(8), 법과 사회(6) 정치(8), 경제(6), 사회 · 문화(8)
	수 학	수학(8)	실용 수학(4)	수학 I (8), 수학 II (8), 미분과 적분(4) 확률과 통계(4), 이산 수학(4)
	과 학	과학(6)	생활과 과학(4)	물리 I (4), 화학 I (4), 생물 I (4), 지구 과학 I (4) 물리 II (6), 화학 II (6), 생물 II (6), 지구 과학 II (6)
	기술·가정	기술·가정(6)	정보 사회와 컴퓨터(4)	농업 과학(6), 공업 기술(6), 기업 경영(6) 해양 과학(6), 가정 과학(6)
	체 육	체육(4)	체육과 건강(4)	체육 이론(4), 체육 실기(4 이상)*
	음 악	음악(2)	음악과 생활(4)	음악 이론(4), 음악 실기(4 이상)*
	미 술	미술(2)	미술과 생활(4)	미술 이론(4), 미술 실기(4 이상)*
	외국어	영어(8)		영어 I (8), 영어 II (8), 영어 회화(8) 영어 독해(8), 영어 작문(8)
			독일어 I (6), 프랑스어 I (6) 스페인어 I (6), 중국어 I (6) 일본어 I (6), 러시아어 I (6) 아랍어 I (6)	독일어 II (6), 프랑스어 II (6) 스페인어 II (6), 중국어 II (6) 일본어 II (6), 러시아어 II (6) 아랍어 II (6)
	한 문		한문(6)	한문 고전(6)
	교 련		교련(6)	
	교 양		철학(4), 논리학(4) 심리학(4), 교육학(4) 생활 경제(4), 종교(4) 생태와 환경(4) 진로와 직업(4), 기타(4)	
이 수 단 위		(56)	24이상	112이하
재 량 활 동		(12)		
특 별 활 동		(4)	8	
총 이수 단위		216		

※( ) 안의 숫자는 단위 수이며, 1단위는 매주 50분 수업을 기준으로 하여 1학기(17주) 동안 이수하는 수업량이다.
※국민 공통 기본교과와 재량 활동에 배당된 단위 수 및 특별활동 4단위는 10학년에서 이수하도록 한 것이다.
※*표한 체육, 음악, 미술 교과의 심화 선택과목은 다음 표의 체육, 예술에 관한 전문교과의 과목 중에서 선택한다.
※교양과목 중에서 심화 선택과목이 필요한 경우 다음 표에서 선택하거나 시 · 도 운영 지침에 의거, 새로운 과목을 신설할 수도 있다.

자료 : 교육부(1998a). 체육과 교육과정. p. 7.

〈표 IV-4〉에서 알 수 있듯이 체육은 이론상 4단위 이상 선택할 수 있다.[8] 그러나 '~이상' 이라는 단어의 선택이 의미가 없다. 이는 "학교운영자의 재량에 따라 예 · 체능과목은 시수의 조정이 가능하다"는 것을 의미하고 있다(구강본, 2002). 즉 선택을 하지 않을 수도 있으며, 입시위주로 운영되는 학교에서 체육과목의 선택이란 쉽지 않은 것이다. 또한 〈표 IV-5〉 고등학교 선택 중심 교육과정(전문교과)에서 알 수 있듯이 기존의 교과목을 세부적으로 나누어 놓은데 그친 심화 선택과목은 말 그대로 '선택' 이라는 단어의 허구성에 지나지 않는다. 국가수준 체육과 교육과정의 내용은 학년별 위계, 즉 7학년 축구, 8학년 농구, 9학년 배구 등의 계열성 조직을 통한 학생들의 기능향상을 고려하지 않고, 배운 과정을 선택중심교육과정에서 다시 답습하는 절차로 구성되어 있어 학년별 위계가 전혀 반영되어 있지 않고 있다.[9]

이상의 논의를 통해 결론을 도출하자면, 한 마디로 체육교과는 교육과정의 기본철학, 교육내용, 교육과정의 운영, 교육목표, 평가 등 전 영역에 걸쳐 구조적인 모순을 안고 진행되고 있다고 볼 수 있다. 정책입안자들에게 있어 이제 체육은 '당연히 행해져야 하는 교육의 영역' 이 아니라, '필요한 사람에게 스포츠 종목이나 가르치는 영역' 으로 오인誤認되고 있는 상황인지 모른다.

8
2007년 개정 교육과정에 의하면, 고등학교 2, 3학년의 경우 체육과목군으로 분리되면서 '체육과 건강' 4단위, '체육 이론' 4단위, '체육 실기(스포츠과학)'를 최대 6단위로 확장함으로써 최소한 2년 동안 주당 1시간 이상 이수해야 하는 영역으로 적용된다.

9
2007년 개정 교육과정에 의하면, 고등학교의 경우 운동과 건강생활, 스포츠문화, 체육실기로 교과가 구분되어 운영됨으로써 중학교에서 배운 내용을 재학습하게 되는 경우도 있지만, 이론적인 지식을 넘어 건강생활의 실천능력 함양, 스포츠문화의 체험능력 배양, 스포츠활동의 과학적 원리이해 및 적용능력의 함양 등을 교육목적으로 하므로 학년별 위계에 대한 문제는 어느 정도 해결할 수 있을 것으로 보인다.

표 Ⅳ-5. 고등학교 선택 중심 교육과정(전문교과)

교 과	과			목		
체육에 관한 교과	체육 개론	스포츠 과학	육상	체조	수영	구기
	무용	육상 경기	체조 경기	수영 경기	구기 경기	투기
	사격	양궁	역도	빙상	사이클	골프
	요트	조정	볼링	스키	펜싱	배드민턴
	카누	기타				
이수단위	82 ~					

자료 : 교육부(1998b). 체육 계열 고등학교 전문 교과 교육과정. p. 10.

아쉽게도 한국체육은 이러한 상황을 정확하게 인식하지 못하고 있는 듯하다. 교육과정평가원(2005)은 그동안 "체육은 건강과 체력을 증진하는 교육의 목적을 주창하여 왔지만 실제 내용은 운동기능을 습득하는 데 많은 관심을 쏟아왔음"을 지적하고 있다. 이와 관련해 안양옥(2004), 김홍식(2002), 유태호(2002), 장용규(2002) 등은 체육교육의 내용 틀의 변화가 〈표 Ⅳ-6〉과 같이 활동 및 종목의 가감 수준으로만 이루어져 왔고, 논리적 · 과학적 근거에 의해 이루어지기보다는 '관행'에 의해 이루어져 왔음을 지적하고 있다.[10] 아직도 체육의 목표는 신체적, 사회적, 정신적 영역으로 구분되고 있으며, 이들 영역의 가치추구를 위한 형식적인 나열에 그치고 있다. 내용체계도 스포츠 종목 중심으로 제1차 교육과정 개정 이후 제7차 교육과정 개정까지 큰 변화가 없이 진행되어 온 게 사실이다.

10
Penny & Chandler(2000)에 의하면, 영국의 체육과 교육과정 내용 구성방식도 관행에 의해 활동(종목) 중심적으로 유지되어 오고 있어 최근 교육과정 관련 연구에서 비판의 대상이 되고 있다. 그 주된 비판은 첫째, 체육교과가 가진 교육적 가능성을 온전히 발현하는데 저해가 되고, 둘째, 내용 구성상 체육교육은 운동기능의 습득과 시합 자체로 충분한 것처럼 간주하도록 만들었으며, 셋째, 실제 수업에서도 학생과 교사로 하여금 해당 종목에서 운동선수의 수준으로 가르치고 배우는 것에 몰두하도록 강요하고 있음이 주된 내용이다.

표 Ⅳ-6. 체육과 교육과정 변천과 교육내용의 변천

교육과정 개정	초등학교	중학교	고등학교
제1차 교육 과정	• 체조놀이(맨손체조, 재주놀이) • 놀이(달리기, 던지기, 뜀뛰기,공기놀이, 물놀이) • 리듬놀이(노래맞추기, 표현놀이, 기타) • 위생	• 맨손체조(맨손체조, 기계체조, 스턴츠) • 스포츠(육상경기, 구기, 헤엄, 투기) • 무용 • 위생 • 체육이론	• 맨손체조(맨손체조, 기계체조, 스턴츠) • 스포츠(육상경기, 구기, 헤엄, 투기) • 무용 • 위생 • 체육이론
제2차 교육 과정	• 체조놀이(맨손체조놀이, 재주놀이) • 놀이(달리기, 던지기, 뜀뛰기, 공놀이, 물놀이) • 춤놀이(리듬놀이, 표현놀이) • 보건 위생	• 맨손체조(맨손체조, 기계체조, 스턴츠) • 스포츠(육상경기, 구기, 헤엄, 투기) • 무용 • 레크리에이션 • 보건위생 • 체육이론	• 맨손체조(맨손체조, 기계체조, 스턴츠) • 스포츠(육상경기, 구기, 헤엄, 투기) • 무용 • 레크리에이션 • 보건위생 • 체육이론
제3차 교육 과정	• 기초력운동(순환운동, 맨손체조, 질서운동, 씨름, 태권도) • 기계운동(철봉, 뜀틀, 매트운동) • 육상운동(달리기, 뜀뛰기) • 공운동(농구형, 축구형, 야구형, 배구형) • 수영(헤기, 뛰어들기) • 무용(민속무용, 표현무용) • 보건	• 순환운동 • 체조(맨손체조, 기계체조) • 질서운동 • 육상운동(달리기, 뜀뛰기, 던지기) • 구기(핸드볼, 농구, 배구, 축구) • 투기(씨름, 태권도) • 계절운동(수영, 빙상운동) • 무용(민속무용, 창작무용) • 보건 • 체육이론	• 순환운동 • 체조(맨손체조, 기계체조) • 육상운동(달리기, 뜀뛰기, 던지기) • 구기(핸드볼, 농구, 배구, 축구) • 투기(씨름, 태권도) • 계절운동(수영, 빙상운동) • 무용(민속무용, 창작무용) • 보건 • 체육이론
제4차 교육 과정	• 기본운동 • 게임 • 무용 • 기계운동 • 계절 및 민속 운동 • 구기운동 • 육상운동 • 보건	• 육상운동(달리기, 뜀뛰기, 던지기) • 체조(맨손체조, 기계체조) • 개인 및 대인운동(탁구, 테니스, 배드민턴, 씨름, 태권도, 유도) • 구기(배구, 축구, 소프트볼) • 수영 • 무용(민속무용, 창작무용, 감상) • 체육이론 • 보건	• 육상운동(달리기, 뜀뛰기, 던지기) • 체조(맨손체조, 기계체조) • 구기(농구, 배구, 핸드볼, 스포츠볼, 축구, 럭비) • 평생스포츠 및 야외활동(크로스컨트리, 등산, 캠핑, 낚시) • 투기 • 수영 • 무용(민속무용, 창작무용) • 체육이론 • 보건

<table>
<tr><td>제5차
교육
과정</td><td colspan="2">• 심동적 영역(기본운동, 리듬 및 표현운동, 기계운동, 게임, 계절 및 민속운동)
• 인지적 영역(이론, 보건)
• 정의적 영역</td><td>• 심동적 영역(육상, 체조, 수영, 개인 및 단체운동, 무용, 체력운동)
• 인지적 영역(이론, 보건)
• 정의적 영역</td><td>• 심동적 영역(육상, 체조, 수영, 구기, 무용, 투기, 평생스포츠, 야외활동, 체력운동)
• 인지적 영역(이론, 보건)
• 정의적 영역</td></tr>
<tr><td>제6차
교육
과정</td><td colspan="2">• 기본운동
• 리듬 및 표현운동
• 기계운동
• 게임
• 계절 및 민속운동
• 체력운동
• 보건</td><td>• 육상운동
• 체조
• 수영
• 개인 및 단체운동
• 무용
• 체력운동
• 이론
• 보건</td><td>• 육상 • 평생스포츠
• 체조 • 야외활동
• 수영 • 체력운동
• 구기 • 이론
• 무용 • 보건
• 투기</td></tr>
<tr><td rowspan="2">제7차
교육
과정</td><td>3~4학년</td><td>5~6학년</td><td rowspan="2">• 체조
• 육상
• 수영
• 개인 및 단체운동
• 무용
• 체력운동
• 이론
• 보건</td><td rowspan="2">• 체조
• 육상
• 수영
• 개인 및 단체운동
• 무용
• 체력운동
• 이론
• 보건</td></tr>
<tr><td>• 체조활동
• 게임활동
• 표현활동
• 보건</td><td>• 체조활동
• 육상활동
• 게임활동
• 표현활동
• 체력활동
• 보건</td></tr>
</table>

자료 : 한국교육과정평가원(2005). 체육과 교육과정 개선방안 연구. pp. 35-36.

최근 시행되고 있는 제7차 교육과정과 그에 따른 현장의 체육수업 및 체육의 목적은 이론상 가장 이상적인 모델이 될 수도 있다. 실제로 각 교과서는 스포츠 교육모형을 적용시켜 다양한 실습과 체험의 과정으로 구성되어 있다. 그러나 그것은 단지 이론적인 모형제시일 뿐 현장에서는 시간, 공간, 물리적 제약으로 인해 과거 수업의 관행을 답습하는 경우가 많다. 교육수요자들의 요구는 외면한 채 이론과 모형만으로 제시되어 있는 현재의 목표는 실현 가능성이 없는 교과서일 뿐이고, 오히려 이것이 교사들에게 혼란만 가중시키고 있다. 허공에서 맴도는 철학보다는 현실에 내려앉은 실천적 철학이 오히려 철학의 진정한 모습임을 감안한다면 (이진우, 2000), 실현성 없이 완벽한 목표보다는 소박하지만 현실을 고려한 실천적 목표가 오히려 더 가치 있는 목표가 아닐까? 바로 패러다임의 문제인 것이다.

현재 한국의 체육은 이미 주지주의 교육의 현실에서 신자유주의 사상의 경쟁체제에 의해 생존을 위한 자구책 마련을 강요받고 있다. 점점 축소되고 있는 교육 시수(교육부 고시 제1997-15호), 움직임 자체를 꺼리는 학생들, 여기에 기능교과로의 인식은 체육의 교육적 위상을 더욱 위축시키고 있다.

이러한 현실은 체육교과가 신체경험을 통한 전인의 육성이라는 교육이상을 실현시킬 수 없게 만들어버렸다. 여기에 대한 원인은 여러 가지 있을 수 있지만 가장 중요한 것은 그동안 체육이 교육의 영역에서 논의된 이후 한 번도 바뀌지 않는 목표, 즉 패러다임에서 그 원인을 찾을 수 있다. 새로운 시대에 적응하는 새로운 패러다임 모색에 실패했기 때문이다. 따라서 패러다임이 하나의 큰 틀이나 공동의 가치, 신념이라고 본다면, 이는 체육교육의 목적 이전에 체육교육이 추구해 나가야 할 전체적인 흐름으로 보는 것이 옳을 것이다. 따라서 체육의 목표가 시대조류와 국가의 교육철학 및 교육목표에 따라 그 내용이 달리 설정(안용규, 1994)되어야 하는 것은 당연하다. 바로 패러다임의 문제인 것이다.

새로운 체육교육의 패러다임 모색을 통해 체육의 실천적 목표를 탐색하기 위해서 과거 체육의 패러다임을 살펴보는 것은 의미가 있을 것이다. 우선 교육과정의 개정과 체육의 패러다임을 살펴보자. 제1차 교육과정 이후 제7차까지의 중학교 체육과 교육과정의 변천과 패러다임의 변천과정[11]은 〈표 Ⅳ-7〉과 같이 제시될 수 있다.

11
아래 교육목표의 변천은 교육부 고시 제1997-15 중학교 『체육과 교육과정』의 내용을 발췌, 요약한 것임.

표 Ⅳ-7. 체육과 교육과정 변천과 패러다임의 변천

교육과정 개정	체육과 교육의 특성	패러다임의 변천		
교육과정 제정 이전	• 신체단련과 신체기관의 단련 • 정신과 규율을 중요시 • 체조, 체련, 체육으로 개념 및 명칭변천 • 정식 교과로의 시간배당	신체의 단련 신체의 교육	심동적 영역	교육이미지 부각
1955년 제1차 교육과정	• 신체 각 부위의 고른 발달 • 굳세고 아름다운 정신 • 건전한 사회적 성격육성 • 환경교육, 레크리에이션교육	신체의 변화	정의적 영역	교과중심 교육과정
1963년 제2차 교육과정	• 미국의 진보주의 교육영향 • 신체의 조화로운 발달(표현, 감상 능력) 촉진 • 지적 · 정서적 발달, 건전한 사회적 성격육성 • 안전과 여가선용에 대한 지도	신체를 통한 교육	정의적 영역	경험중심 (생활중심) 교육과정
1973년(중) 1974년(고) 제3차 교육과정	• 미국의 본질주의 교육영향 • 일반목표와 학년별 목표로 세분 • 체력의 향상과 국민정신교육의 강조 • 체력만들기 운동으로 순환운동 추가	신체를 통한 교육	정의적 영역	학문중심 교육과정
1981년 제4차 교육과정	• 건강과 체력의 향상 • 규칙준수, 예의바른 생활(정의적 목표) 강조 • 잠재되어 있는 운동능력의 개발 • 체육의 생활화, 스포츠의 과학화, 야외활동 강조	움직임교육	정의적 영역	국민정신 교육강조
1987년(중) 1988년(고) 제5차 교육과정	• 신체운동을 전인교육의 수단으로서의 활용성 제고 • 운동의 기초능력과 전문기능의 구분 • 움직임교육과 스포츠교육 추가(체험의 강조)	움직임교육 (스포츠교육)	정의적 영역	통합교육 과정
1992년 제6차 교육과정	• 실기통합, 형식과 실제의 결합 • 신체적 능력의 개발 및 건강한 생활영위 • 운동영역별로 심동적, 인지적, 정의적 목표개념 • 운동을 통한 자아실현 추구 • 신체 표현능력 육성, 운동능력 개발, 건강추구	움직임교육 (스포츠교육)	심동적 영역	편성운영 체제개선
1997년 제7차 교육과정	• 학생의 개성과 창의적 능력신장 • 선택중심, 수준별 교육과정 체제(수업 시수 축소) • 다양한 운동기능과 체력 및 심신의 건강증진 • 운동과 건강에 대한 다양한 지식이해 및 활용 • 운동을 통해 바람직한 태도 형성 및 규범습득 • 지역 및 학교의 자율재량 확대	움직임교육 (스포츠교육)	심동적 영역	학생중심 교육과정

제1차 교육과정이 제정·공포되기 이전까지의 교육과정은 미군정 하에서 제정된 것으로 1900년(광무 4년) '학부령 제12호' 중학교 규칙에 '체조體操'가 하나의 교과목으로 선정된 이후 1943년에는 체조과의 명칭을 '체련體練'과로 개칭하였으며, 1945년 조국광복과 함께 미군정 하에서 제정된 교육과정은 체련과의 교과명칭을 초등학교는 '보건保健'과로 중·고등학교는 '체육體育'과로 개칭하였으나, 교육과정의 체제를 제대로 갖추지 못하였다(교육부, 1999, 2001). 이후 제1차 교육과정이 1955년 8월 1일에 제정·공포된 이래 현재까지 7차례의 개정이 있었고, 현재는 제7차 교육과정이 운영 중이다. 비록 정치권력에 의해 좌지우지左之右之 되었다는 비판이 있는 것도 사실이지만, 각 시대가 원하는 교육적 패러다임에 따라 국민의 주체성 함양의 수단으로, 신체단련의 수단으로, 정신력 강화의 수단으로, 최근에는 평생교육, 민주시민 양성의 수단이라는 패러다임의 적절한 변화와 타협에 의해 그 중요성을 인정받을 수 있었던 것이다.

이러한 교육과정 개정에 따른 체육과의 패러다임 변화는 여타의 논의가 있는 게 사실이지만 당시의 시대 분위기와 함께 교육철학을 바탕으로 한 교육과정의 변화에 적응했던 것이었기에 최근까지 국가적인 목적에서 체육의 역할과 필요성이 인정받을 수 있었던 것 또한 사실이다. 논란을 떠나 실제로 당시만큼 체육의 중요성을 현재는 인정받지 못하고 있고, 그만큼 설 자리를 잃어가고 있는 것이 현실이다. 패러다임을 좇지 못하면 교육적 가능성과 효용성마저 인정받지 못할 수밖에 없는 것이다.

현재는 사회적 요구수준과 교육적 패러다임도 급변하고 있기에 과거와 같은 체육교과의 운영은 이제 전환이 필요한 시점이다. 따라서 문제는 바로 여기에서 풀어야 한다. 체육의 새로운 패러다임을 모색하고, 그에 따른 체육목표의 탐색은 '당시 시대가 요구하는 교육관과 일치' 해야 한다는 것을 패러다임의 변천과정을 살펴봄으로써 가능하였다. 이것이 현 교육상황에서 체육이 존속될 수 있는 길이며, 살아남을 수 있는 대안일 것이다. 바로 여기에서 오늘날 교육의 현안인 '창의성 교육' 과 '통합교육' 을 실시해야만 되는 이유를 찾을 수 있다. '시대의 특성에 따라 교육 목표도 바뀌어야 한다' 는 조벽(2005)[12]의 주장도 이러한 맥락에서 이해할 수 있을 것이다.

2007년 개정 교육과정에 희망을 거는 이유도 바로 이러한 가능성에 접근할 수 있는 여지를 마련하고 있기 때문이다. 즉 개정 교육과정이 학생들의 체력저하 및 건강문제 등에 관심을 가지고 세계 체육의 흐름을 반영하고 있는 것이다. '운동기능 중심' 에서 '신체활동 중심' 으로, '스포츠 또는 운동' 에서 '신체활동 지식' 으로의 전환은 교사의 교육과정 운영에 자율권을 확대함으로써 체육문화를 창조적으로 계승 · 발전시킬 수 있는 자질을 함양하는 철학적 전환을 꾀하고 있다.

개정 교육과정과 관련하여, 특히 고교 내신에서 제외되는 평가방법의 문제에 대해 논란이 있는 것이 사실이다. 그럼에도 불구하고 건강활동과 도전활동, 경쟁활동, 표현활동, 여가활동 등의 각 영역에서 체육의 가치를 제고한다는 측면에서 보면 교육과정의 개정은 고무적인 일이 아

12
조벽(趙璧)은 '교수를 가르치는 교수' 로 유명하고, 미시간 공대 최초로 최우수 교수상을 2회 수상한 교수법의 권위자이다. 학생들의 창의력을 위한 혁신센터와 학습센터의 소장을 역임하는 등 지난 10여 년간 여러 학교와 교육기관에서 200회 이상의 강연과 자문활동을 펼치며, 새 시대 교육의 비전과 교수법을 전파하는데 앞장서고 있다.

표 Ⅳ-8. 체육과 개정교육과정 내용

영역	중등학교			
	7학년	8학년	9학년	10학년
건강 활동	체력 관리	체력 관리	건강 관리	건강 관리
	O건강과 체력 관리 • 건강과 체력 요소의 관계 • 체력 증진원리와 관리방법 • 실천 의지력	O체력 진단과 평가 • 체력 측정과 운동 처방 • 체력 관리 프로그램설계 • 노력과 극기	O자기 건강 관리 • 자기 건강 관리의 요성 • 건강과 신체 관리 • 건강과 스트레스 관리 • 자아 존중	O지역 사회 건강 관리 • 지역 사회의 역할과 활동 • 지역 사회의 건강 관리 방법 • 청소년의 건강한 성문화 • 타인 존중과 상호 신뢰
	보건과 안전	보건과 안전		
	O건강 생활과 환경 안전 • 약물과 기호품 • 환경 오염 예방 • 자기 절제와 공동체의식	O건강 생활과 생활안전 • 성 역할과 성 폭력 • 사고 예방과 구급 처치 • 상황 판단력		
도전 활동	기록 도전	표적/투기 도전	동작 도전	도전과 경쟁
	O속도 · 거리 도전 • 역사와 과학적 원리 • 경기 방법과 기능 • 인내심 • 과거와 현대의 스포츠 경기 감상	O표적/투기 도전 • 역사와 과학적 원리 • 경기 방법과 기능 • 용기와 예절 • 우리나라와 외국의 스포츠 경기 감상	O동작 도전 • 역사와 과학적 원리 • 경기 방법과 기능 • 자기통제 • 과거와 현대의 스포츠 경기 감상	O도전과 경쟁 스포츠경기 • 경기의 특성과 유형 • 경기 방법과 운영 • 스포츠 정신 • 경기 분석과 감상
경쟁 활동	영역형 경쟁	필드형 경쟁	네트형 경쟁	
	O영역형 경쟁 • 역사와 과학적 원리 • 경기 방법, 기능, 전략 • 리더십과 팔로우십 • 전통 스포츠와 뉴스포츠의 경기감상	O필드형 경쟁 • 역사와 과학적 원리 • 경기 방법, 기능, 전략 • 사회적 책임감 • 전통 스포츠와 뉴스포츠의 경기감상	O네트형 경쟁 • 역사와 과학적 원리 • 경기 방법, 기능, 전략 • 경기 예절 • 전통 스포츠와 뉴스포츠의 경기감상	
표현 활동	창작 표현	창작 표현	창작 표현	창작 표현
	O심미 표현과 창작 • 특성과 유형 • 표현 방법, 창작, 감상 • 심미적 태도	O현대 표현과 창작 • 역사와 유형 • 표현 방법, 창작, 감상 • 대인 관계	O전통 표현과 창작 • 역사와 유형 • 표현 방법, 창작, 감상 • 전통 의식과 예절	O움직임 예술과 창작 • 움직임 예술과창작의관계 • 표현 방법, 창작, 감상 • 창의적 태도
여가 활동	여가 문화	여가 문화	여가 문화	여가 문화
	O청소년 여가 문화 • 청소년기 여가문화의 특성 • 청소년 여가 활동 체험 • 자기 이해	O전통 여가 문화 • 우리나라의 전통여가유형 • 전통 여가 활동 체험 • 전통 문화 의식	O지구촌의 여가 문화 • 다른나라의 여가 유형 • 다른나라의 여가활동 체험 • 다문화 이해	O여가 스포츠 문화 • 여가 스포츠 유형과 특성 • 여가 스포츠 체험과 감상 • 자기 계발

자료 : 교육부(2007). 초 · 중등학교 교육과정. 교육인적자원부 고시 제2007-79호.

닐 수 없다.

개정 교육과정에 의하면 체육도 통합주제교과 중심으로 학생들의 건강 및 체력관리, 과학적 경기 수행능력 향상, 창의적인 표현능력 향상, 건전한 여가문화 창조 등과 같은 전인적 능력의 함양을 통해 이상적인 인간상, 자아인식과 자아실현 등의 잠재성을 실현시킬 수 있는 기틀이 마련되었다. 평가방법의 변경으로 체육과목 자체의 존 · 폐 논란이 계속되고 있지만, 이념적으로는 비로소 '실존주의 체육교육'의 이상과 가치가 체육교사들의 이상에 그치지 않고 문서적으로 명문화되었다는데 우리가 희망을 가질 수 있는 것이다.

개정 교육과정의 중등학교 체육과 내용(교육인적자원부 고시 제2007-79호)은 〈표 IV-8〉과 같다.

체육의 실천적 목표_

교육은 전통적으로 미성숙한 학생들을 일정한 시기동안 성숙자로 양성해 가는 과정이고, 교육과정의 운영상 학생들이 일정부분 수동적일 수밖에 없다고 본다면 교사가 중심에 서서 학생들을 교육함으로써 '전인全人'으로 거듭날 수 있도록 하는 것이 진정한 의미의 교육일 것이다. 이런 현실에서 오늘날 교육은 참 가치의 실현을 위해 정상적인 길을 걷고 있는가? 또 체육은 이러한 교육의 현실에서 얼마나 교육의 참 가치실현에 기여하고 있는가? 주지주의와 지나친 과학화로 치닫고 있는 오늘날의 교육현실에서 체육은 얼마나 당당할 수 있는가? 그리고 체육업體育業에 종사하는 우리는 이 물음에 떳떳한가? 교육적 환경개선을 위해 얼마나 노력했는가? 우리는 이 물음에 결코 자유로울 수 없을 것이다.

학교교육에서 대부분의 주지주의 교과는 지식인의 양성과 성적향상이라는 외재적 가치의 추구에 의존하고 있다. 그러나 교육의 최종목적인 '전인'의 실현은 심·신이 건강한 사람을 통해서만 이룰 수 있다. 그러한 면에서 체육은 오늘날 어려운 교육 여건 하에서도 유지되어야 하는 명분이 있다. 그리하여 현실적으로 어려운 여건일수록 극복의 의지로써 변화시키려는 체육교육자의 적극적인 태도가 필요하고, 이러한 태도가 실존주의자의 자세라고 볼 수 있다. 교육여건과 사회적 환경을 탓하기 전에 우리를 돌아볼 필요가 있는 것도 바로 이 때문이다.

다행히 제7차 교육과정은 학교나 교사의 선택 폭을 확대할 수 있도록 영역별 필수·선택 내용이 구분·제시되어 있고, 학년별로 기초·복합경기 기능의 습득에 자율성을 보장하고 있다(교육부, 2007 ; 장숙재, 2001). 특히 단위학교와 교사들에게 교육과정의 자율권을 상당 부분 이양했고, 지속적으로 그러한 방향이 강화될 것이다(유정애, 2005b). 이는 '모든 학생들이 최소한의 동일한 내용을 학습해야 한다'는 국가 수준 교육과정의 기본원칙으로서 '필수내용'을 선정하고, 그 밖의 내용은 지역별, 교사별, 학생별 요구와 특성에 따라 '선택내용'으로 가르치고 배울 수 있는 여지를 마련한 것이다(교육부, 2001). 따라서 오늘날 교육이 처한 현실을 극복하고 체육의 정체성을 확보하기 위한 노력은 지금까지 7차례 교육과정의 개정에서 보여준 체육목표의 보수적인 변화보다는 구체적이고, 실천적인 방향으로 설정되어야 한다. 이는 '체육이 살아남을 수 있는 길'이자, 정체성 회복의 과정이 된다. 그리고 이의 적극적인 실천이 당연히 전제되어야 할 것이다.

교육은 인간생활의 일상적인 과정에서 행해지는 인간행위이기도 하지만, 사회적 생활을 영위하는 인간의 제도적 형태이기도 하다. 인간이 교육을 하고 교육을 받는 생활은 인생의 전 과정에서 요구되는 것이라고 할 수 있다. 그러므로 교육의 목적을 흔히 인생의 목적에서 구하기도 한다. 그러나 보다 체계적이고 전문적인 교육은 사회의 일정한 제도적 조건 하에서 이루어진다. 이러한 제도적 교육의 목적은 그것을 운영하고 관리하는 그 사회의 목적에 비추어 세워진다(이돈희, 1995). 변화하는 시대에는 변화하는 목표만이 살아남을 뿐이다. 체육의 목표가 심동적, 정의적, 인지적 영역 구분에서 벗어나 자유로워질 때 새로운 시대 교육의 주도적인 교과로서 존재할 것이고, 그러기 위해서는 이의 통합적 운영이 요구되는 시점이다.

교육인적자원부에서는 〈표 IV-9〉과 같이 범 교과학습 내용으로 다양한 주제를 편성하여 교과학습 내용에 반영토록 하였고, 체육과 교육과정에도 이를 포함하여 교육하고 있다. 그리하여 체육교과의 변화영역은 생리적인 효율성의 문제, 심리적인 문제, 인지적인 문제의 틀에서 벗어나 건강추구의 목표, 신체단련의 목표, 사회적 경험의 목표, 실천하는 도덕심 배양의 목표, 두뇌의 고른 발달(감성지수 발달)의 목표, 놀이(유희, 해방)의 목표, 스포츠 경험(몰입, 절정)의 목표, 창의성 계발의 목표, 통합교육, 생태교육, 그리고 이 모든 영역을 아우르는 통합적 교육 등이 가능할 것이며, 이는 시대적인 요구이기도 하다.[13]

13
심동적 영역은 건강과 신체단련, 정의적 영역은 태도와 습관의 문제로서 사회성과 도덕심의 배양에 연결되어 있으며, 무용, 놀이와 스포츠 활동을 통하여 감성의 발달과 다양한 경험을 하도록 제7차 교육과정에 제시되어 있다. 하지만 이 저서에서는 보다 구체적이고, 보다 실제적인 체육의 목표로서 심동적, 정의적, 인지적 영역으로의 구분이 아닌 이들의 경계를 넘나드는 통합적인 목표를 제시하고 있다. 최근에 진행되고 있는 주제중심의 통합적 교육도 바로 이러한 맥락에서 이해될 수 있다.

표 Ⅳ-9. 범 교과학습 내용의 반영

영 역	구체적 내용
도덕교육	인성교육, 기본생활습관 함양, 경로자 · 장애인에 대한 배려
환경교육	환경보호
성교육	남녀평등 의식 및 성교육
보건 · 안전교육	청결 및 건강교육, 약물오남용, 교통안전교육
한국문화 정체성 교육	전통문화에 대한 이해, 전통문화계승
세계 이해 교육	외국의 역사, 지리, 문화 이해
경제 및 소비자 교육	경제 및 소비자 교육 : 합리적인 소비생활, 에너지 절약
대중매체교육	대중매체교육 : 컴퓨터 교육, 정보화 대비 교육
관광교육	바른 관광 안내
국민 해양 교육	국민 해양 교육

자료 : 조미혜, 오수학(2004). 체육교육과정과 평가. p. 81.

체육으로 살아남기_

학교교육에서 교육과정이란 학생들에게 어떠한 교육목표로 어떠한 교육내용과 방법 및 평가를 통하여 교육목적을 성취시킬 것인가를 단계적으로 제시해 놓은 기준을 말한다. 그리하여 체육과 교육과정도 국가 · 사회적 요구의 변화, 지식의 변화, 교육이론의 발전, 학생의 요구 등에 의해서 항시 개정의 과정을 겪는다. 교육과정이 교육목표를 보다 효율적으로 달성하기 위한 과정이라고 본다면, 문제는 교육과정의 개정 이전에 교육의 목표설정이 선행되어야 한다는 점이다. 이러한 목표설정은 앞에서 논의된 현재성, 대중성, 주체성 등을 기반으로 다른 분야와의 차별화된 목표, 즉 체육의 정체성 회복이라는 대명제를 충족시킬 수 있는 차원에서 이루어져야 함은 당연하다.

이를 위해서는 '체육교육이 어떻게 이루어져 왔고, 현재 어떻게 실행되고 있으며, 또 앞으로 어떻게 전개될 것인가?' 에 대한 의문이 해결되어야 한다. 여기에 대중적인 이해는 필수적인 요소이고, 체육만이 가지고 있는 주체적 성향을 부각시킬 수 있는 목표제시가 있어야 함은 당연한 논리일 것이다.

오늘날 교육은 첨단과학기술의 도입에 의해 교육의 방법과 수준이 급격히 변화하였다. 학생과 교실이라는 물리적 공간 대신 온라인 사이버 강좌로 대체되고 있고, 세계통합사이버대학들이 등장하고 있다. 정보공유에 의한 통일된 교육방법이 조만간 이루어질 전망이고, 실제로 모든 강의를 온라인으로 바꾸거나 보조학습자료를 제공하는 작업에 들어간 교육기관들이 늘어나고 있다. 학생들은 다양한 채널을 통해 새로운 지식산업창출을 도모하는 생산자가 된 것이다. 특히 어려운 과제일수록 학생들의 흥미를 유발할 수 있는 게임의 형태로 학습하고, 그러한 과정에서 창의력을 개발하려는 노력을 하고 있다. 교육의 엄청난 변화가 예상되고 있는 시점이다. 기존의 전통적인 교수-학습, 교사의 역할과는 전혀 다른 새로운 교수-학습과 새로운 교사상이 필요한 현실이다.

이러한 상황임에도 불구하고 한국은 7차례 교육과정의 변천을 겪으면서도 체육의 목표는 심동적, 인지적, 정의적 영역에 한정되어 있고, 세 영역의 통합적 운영과 목표는 이론적 제시에 그치고 있는 실정이다. 또한 나열식으로 세분화되어 전개된 목표들은 현장과 괴리된 이론상의 제시만으로 일관해 사회적 요구의 반영은 무시한 채 일선 교사들을 혼란스럽게 하고 있다. 이는 독창적이기는 커녕 변화하는 시대상황에 유연하게 대처하지 못한 결과에서 비롯된 것으로서 결과적으로 체육이 주지주의와 과학화만을 지향하는 결과를 가져오는 악순환을 거듭하고 있다. 체육의 교육적 기능이 퇴보된 것은 아닌가 하는 염려가 되는 것이다.

따라서 체육의 목표변화를 통해 정체성을 찾으려는 시도는 '교육'

이 대안임을 전제로 심 · 신이 건강한 사람, 즉 '전인全人'에 의해서만 달성될 수 있음에 주목해야 한다. 주지주의[14]의 그늘에 가려버린 교과교육만으로 교육의 참 가치를 실현하기에는 역부족이어서 체육이 존속되어야 하는 교과임을 주장할 수 있는 결정적 단서가 될 수 있음을 강조해야 한다. 즉 체육은 교육적 기능을 포기하지 않고 철저히 교육적 입장을 고수하는 것이 정체성을 회복하는 길이 되는 것이다. 이러한 요구를 충족시킬 수 있는 목표들로서 앞에서 말한 건강의 추구, 신체단련, 사회적 경험, 도덕심 배양, 두뇌의 고른 발달(감성지수 발달), 놀이(유희, 해방), 스포츠 경험(몰입, 절정), 창의성 계발, 통합교육, 생태교육, 그리고 이러한 목표들을 아우르는 통합적 교육이 제시될 수 있다.

이상의 목표들은 체육의 목적인 '전인교육'을 하기 위한 과정으로 인식함이 옳다. 새로운 목표를 제시하고, 현재 이루어지고 있는 교육과정과 목표의 조화, 그리고 이의 통합적 운영을 의미하는 것이다. 이를 위해서 현장의 자율성은 필수적이다. 중 · 고등학교별로 각자의 목표를 세우고, 학교별로도 각기 다른 목표설정이 이루어져야 한다. 이를 통해 교사는 비록 동일한 학교에서 근무를 할지라도 독자적인 목표가 있어야 하고, 이를 토대로 학년별, 계절별, 학반별 목표변화 및 선택의 자율이 보장되어야 한다. 이러한 계속적인 변화의 과정을 겪으면서 체육의 최종적인 목적인 '전인의 육성'이 이루어지는 것이다.[15]

14
주지주의(主知主義, intellectualism)라는 용어를 처음으로 쓴 철학자는 Francis Bacon이다. 그는 주지주의를 과학의 진보를 방해하는 잘못된 사상을 가리키는 경멸적 의미로 사용했는데, 인간의 이성(知 · 情 · 意)이 의지보다 우위에 있다고 보는 입장, 즉 인간의 지능, 지식, 앎 등의 다른 감정이나 의지의 기능보다 상위에 두는 견해이다. 특히 중세 스콜라철학에서 지성의 우위를 주장한 Thomas Aquinas가 대표적인 주지주의자였다. 거슬러 올라가 Aristoteles로 대표되는 그리스철학, Benedict de Spinoza나 Hegel의 범논리주의(汎論理主義)에서도 주지주의적 입장을 찾아볼 수 있고, 인식이 감관(感官)에 의해서가 아니라 지성에 의해 생긴다고 보는 합리론(合理論)도 넓은 뜻에서의 주지주의에 속한다.

그렇다면 체육이 다른 교과와 다른 것은 무엇인가? 앞에서도 논의되었지만 체육은 '움직임을 통하여 직접 체험할 수 있는 깨달음', 즉 '각성을 돕는 교육' 을 말한다. 이러한 체육의 방식은 체육적 활동에 있어서 직접적으로 신체활동을 발현하는 체험적 활동, 표현적 의미, 체육적 사고 등이 강조되어서 다른 접근법과 구별될 수 있다(최충환, 2001). 즉 교육의 목적은 같을 수 있지만, '체육적 앎' 과 그것을 이루어 나가는 과정이 다른 교육의 과정과 다른 것이다. 인간경험분야인 체육교과는 인간움직임의 현상을 정의하고, 분류하고, 기술하고, 서로 관련시키는 기능을 행함으로써 움직임, 체육, 스포츠, 그리고 이러한 계획된 교육적 경험활동의 개념을 이론화하는 작업은 분명 다른 교육과정과 차별화될 수 있는 것이다(Jewett, Bain & Ennis, 1995).

사실 체육교과의 본질은 지적 능력과 특정기술의 함양을 강조하는 일반교과와는 달리 신체적 · 표현적 활동과 정서적 감수성을 중심으로 하는 실기활동의 교과로만 인식되고 있는 경향이 있다. '수학 · 과학은 논리적 사고를, 국어 · 국사는 인지적 사고를, 체육은 심동적 발달을 이룬다' 는 이분법적 교과역할분담의 원칙이 지금까지 우리의 사고를 지배하고 있는 것이다. 이러한 사실에 류태호 교수는 아래의 경우를 예로 들어 설명하고 있다.

수학시간을 가정해보자. 장기간 무기력에 빠진 학생이 있다. 이 학

15
2007 개정 교육과정은 단위학교와 교사 선택의 폭을 자유롭게 하기 위해 개인차를 고려한 수준별 수업, 통합적 교수 · 학습활동, 창의적 교수 · 학습활동, 다양한 수업환경 및 매체의 활용을 통해 다양한 주제 및 영역의 학습과제를 선택할 수 있는 근거를 마련해 주고 있다. 즉 건강활동(체력증진, 건강관리, 보건과 안전), 도전활동(기록도전, 표적도전, 투기도전, 동작도전), 경쟁활동(피하기형경쟁, 영역형경쟁, 필드형경쟁, 네트형경쟁), 표현활동(움직임표현, 리듬표현, 민속표현, 주제 및 창작표현), 여가활동(여가생활, 여가문화) 등 각 주제별 영역의 틀 속에서 단위학교와 교사에게 상황을 고려한 선택의 기회를 주고 있다.

생에게 수학시간은 벗어나고 싶은 고통의 시간일 것이다. 누적된 무기력은 수학이라는 이름만으로도 움츠리게 만들고, 자신감을 저하시킬 수 있다. 이러한 악순환의 반복은 포기와 좌절을 가져오게 하고, 무기력을 재생산하게 된다. 인지적 발달을 요구하는 시간임에도 불구하고 이 학생에게는 좌절이라는 정서적 경험과 무기력이라는 심동적 영역의 행위가 유발되는 것이다. 신체활동을 하지 않았음에도 불구하고 이 학생은 정서적 경험과 심동적 행위의 경험, 즉 수학시간을 통해 감성의 자극과 심동적 자극을 받은 것이다.

체육시간에 진행되는 '축구패스' 라는 주제는 패스의 기능을 통해 경기력을 향상시키는 심동적 영역의 발달에 국한된 것이 아니다. '패스' 라는 주제가 단순히 신경조직의 반사적 동작으로만 발생되는 것이 아닌 것이다. 공이 다가오는 순간 위협을 느껴 무의식적으로 한 패스가 아니라면 수비선수들을 유도하는 전술적 패스, 혹은 더 나은 슛 기회를 가진 동료에게 양보하는 패스일 수 있다. 이러한 패스들은 행위자의 순간적인 판단력, 즉 짧은 시간동안에 이루어지는 인지적 판단에 의해 이루어지는 행위라고 봐도 무방할 것이다. 다시 말해서 공을 차는 심동적 자극의 순간조차도 인지적 과정이 수행되는 것이다.

따라서 체육활동의 모든 순간에는 심동적 · 정서적 · 인지적 영역이 동시에 발휘된다. 이와 관련하여 류태호(2007) 교수는 "체육교과는 수학이나 과학의 경우처럼 기억, 이해, 적용 등과 같은 인지적 처리과정과 함께 분석, 평가, 창의성 등의 인지적 처리과정을 동원하게 되는 학습" 이라고 주장하고 있다. IQ로 대표되는 기존의 지능관이 최근 복합지능multiple intelligence이나 감성지능EQ으로, 또는 H. Gardner의 다중지능 이론[16]이 각광을 받고 있는 것도 이러한 과정의 결과라고 볼 수 있다.

이렇듯 모든 교과영역에서 심동적 · 정서적 · 인지적 영역의 조화적 발달에 의한 상승작용이 이루어지고 있음에도 불구하고, 체육만은 유독 심동적 · 정서적 영역에 국한되어 논의되고 있는 게 현실이다. 하지만 위에서 살펴본 바에 의하면 체육교과는 인지적 과정을 기반으로 한 신체움직임을 통하여 운동기능의 향상과 함께 정서적 자극을 유도하여 인성교육을 실천하는 교과인 것이다. 체육활동을 통해 학생들의 건강과 협동심에 역점을 두고 사회에 적응할 수 있는 강인한 정신력을 배양하는 호주의 교육과 골프를 통해 기본예절을 배우는 피츠버그의 교육(양성숙, 2007)도 이러한 차원에서 실시되고 있는 것임에 주목해야 한다.

고사枯死 위기의 체육이 전환점을 찾아 교육의 주도적인 역할을 할 수 있는 길은 역시 '교육'이다. 체육體育으로 살아남기! 그것은 교육적 가치의 회복이 유일한 대안이다.

• 위 내용은 남중웅, 김상헌의 논문 "체육의 정체성 회복과 실천목표에 관한 연구"(한국사회체육학회지, 2003년 제19권 1호)에 게재된 내용을 수정 보완한 것임.

16
지능은 고정된 것이 아니며, 변화할 뿐 아니라 가르쳐질 수 있다는 원리에서 시작해 다원적이고 다면적인 접근의 통합된 형태로 나타난다는 이론으로 언어적 지능, 논리 · 수학적 지능, 공간적 지능, 신체운동적 지능, 음악적 지능, 대인관계 지능, 자기이해 지능, 자연탐구 지능, 실존 지능으로 나눈 것이 그것이다.

체육의 제 모습 찾기

체육의 정체성은 '인간형성' 이라는 교육본연의 본질적 목표를 설정하고, 현실적 상황에 맞는 실천목표를 세워 통합 운영하는데 달려있음이 지금까지 논의되었다. 그렇다면 과연 체육이 어떻게 교육을 해야 교육적 가능성을 극대화할 수 있을까? 그리고 체육의 제 모습은 어떠한 것일까?

최근의 체육교과는 체육의 '실제적인 앎practical knowledge' 이 상실된 형식화된 기법만 남게 되어 기능교육의 범주를 벗어나지 못하고 있다. 더구나 최근 전면적으로 시행되고 있는 제7차 교육과정에서 체육교과는 편제상 시수의 축소와 평가방법의 비합리성에 의해 존폐의 기로에서 있다. 또 '사교육비의 주범' 이라는 오명과 함께 '내신에서 제외' 될 처지에 놓여 있다. 체육교과는 이미 '신체경험을 통한 전인의 육성' 이라는 교육적 기능을 의심받고 있으며, 현장의 체육교사들은 자존심과 명예에 심각한 상처를 받아 자포자기 상태에 놓여 있다.

그러나 교육여건이 불합리하다고 해서 교육을 포기할 수는 없다. 교육이 '나라의 100년을 보고 계획하는 것' 이라는 문구를 제시하지 않더라도 '교육은 학생들의 미래이고 희망' 이기 때문이다. 그러므로 체육의 외재적 가치와 함께 '인간화 교육' 이라고 하는 내재적 가치발현이 가능한 통합적 교육의 영역을 구축함으로써 전인을 기르려는 체육의 교육적 입장을 고수해야만 한다. 이는 '신체활동을 통해 인간 스스로의 존엄성을 인식하고, 자아를 확립하며, 자아를 실현해 나가는 인간주의 교육을 수행한다' 는 차원에서 실존적 사상의 교육적 가치회복을 의미하는 것이기도 하다. 그리고 그 길은 체육의 교육적 상황에 대한 전반적인 분야, 즉 김동규와 김상헌(2003)이 제시한 체육의 목표와 체육수업, 체육평가, 학교간 경기의 정상적인 운영 및 체육교사의 인식전환에서 찾을 수 있을 것이다.

체육목표의 제 모습 찾기_

교육은 사회생활을 영위하는 인간의 제도적 형태이다. 각 나라와 각 사회에서 저마다 교육제도를 정비하여 교육적 가능성에 기대를 거는 것도 이러한 이유에서이다. 그렇기 때문에 보다 체계적이고 전문적인 교육은 사회의 일정한 제도적 조건 하에서 이루어지게 되며, 교육의 목적은 그것을 운영하고 관리하는 그 사회의 목적에 비추어 세워지게 된다. 타고난 잠재적 가능성을 가장 넓게, 깊게, 높게 실현해 가는 인간을 '자아실현적 인간' 으로 볼 때, 실존주의적 교육목표는 전인적 교육을 전제로 하는 것이고, 이는 시대가 요구하는 인간상이기도 하다. 이런 의미에서 교육목표의 한 범주에 속하는, 나아가서 교육을 선도하는 체육의 목표 또한 체육활동을 통하여 체력과 그에 따른 기능의 발달뿐만 아니라 윤리적인 자아 정체성을 확립할 수 있도록 설정해야 한다.

이러한 교육목적에 맞게 체육도 '전인교육' 이라는 목적을 포기할 수 없는 것이다. 문제는 그 목적을 실현시키기에는 목표가 너무 포괄적으로 제시되어 있고, 심지어 체육의 분명한 임무와 목적이 결여되어 있으며(Kretchmar, 1994), 주지주의의 영향에서 벗어나지 못하고 있다는데 있다. 또한 현행 체육의 목표는 중학교 1학년이나 고등학교 3학년이나 난이도의 차이만 있을 뿐 똑같이 적용되고 있고, 중학교에서 배운 기술을 고등학교에서도 되풀이해서 배우는 등 현행 체육교육과정과 그 목표는 교육 수요자의 요구와 연령, 성별 등에 상관없이 일방적으로 제시되어 있다. 제7차 교육과정에서는 체육과의 실기수업이 종목별로 구성되어 있고, '스포츠 교육 모형' 으로의 적용 가능성이 열려 있으며, 개정 교육과정은 단위학교 선택의 자율이 주어져 있어 이러한 경향에서 탈피할 수 있지만 아직 현장의 교육은 과거의 수업과 크게 다르지 않음이 사실이다. 이런 현실에서 체육활동은 독립된 개개인의 '주체성을 가진 신체' 를 경험할 수 있는 기회가 될 수는 있지만 더 이상 인간답게 살기 위한 수단으로, 신체 움직임의 주체적 인식을 통해 자아의식의 발견이나 자기표현 및 실현이라는 실존주의의 교육적 이상을 실현할 수 있는 교과가 되기 어려운 것이다.

오늘날 교육에서 사람의 정신을 해방함으로써 자아존재의 참된 의의를 깨닫고 그로부터 출발하여 자신의 운명을 스스로 개척하는 능력과 정신, 그리고 열정을 갖도록 해야 한다는 실존주의자들의 주장은 현재의 체육교육 내지는 스포츠 현장을 반성, 비판하고 미래 체육을 설계하는데 많은 암시를 주고 있다(정웅근, 1984). 이를 위해서는 학생들의 체험과 의식의 세계가 강조되고, 학생과 생활세계라는 세 가지가 대등하게 상호작용하는 내용선정의 틀이 요구된다(최충환, 2001). '새 포도주를 낡은 가죽부대에 넣으면 부대가 터져 포도주도 쏟아지고 부대도 버리게 되니 새 포도주는 새 부대에 넣어야 둘이 다 보전된다' 는 성경구절의 말을 굳이 인용하지 않더라도 새로운 시대에는 새로운 학생들에게 새로운 교육을 새로운 방식으로 해야 하는 것도 바로 이러한 이유에서이다.

이러한 맥락에서 실존주의적 시각에 입각한 체육의 목표는 아래와 같이 설정될 수 있다. 이를 위해서는 학교, 학년, 성별, 교사별, 개인별로 다양한 목표의 제시가 가능해야 할 것이다. 물론 여기에는 신체활동이 기본이 되어 3개 학년 동안의 교육에 대한 설계가 있어야 할 것이고, 이에 맞는 학습교재의 개발이 선행되어야 함을 전제로 한다. 다행히 제7차 교육과정에서는 '모든 학생들이 최소한의 동일한 내용을 학습해야 한다'는 국가 수준의 교육과정 기본원칙으로 '필수내용'을 선정하고, 그 밖의 내용은 지역별, 교사별, 학생별 요구와 특성에 따라 '선택내용'으로 가르치고 배울 수 있는 여지가 마련되어 있다(교육부, 2001). 그리고 2007년 개정 교육과정에서는 단위 학교와 교사에 의한 영역별 선택이 가능하게 됨(교육부, 2007)으로써 학생들의 다양한 요구와 선택을 교육과정에 반영할 수 있게 되어 이를 가능케 한다.

■ 자율적인 체육활동 참여로 주체성 함양

활발한 자아의 존재의식에 의한 자발적인 체육활동은 참되 개인의 주체의식과 자아인식을 형성할 수 있고, 나아가서 인간소외 극복의 기능을 수행할 수 있다. 이를 통해 바람직한 인간주의적 태도를 형성하여 오늘날 교육현장에서 대두되고 있는 비인간적 소외현상도 타개할 수 있다. 물론 여기에는 학생들의 자발적인 참여의지와 학생들에 의한 프로그램 선택의 기회가 제공되어야 한다. 이러한 과정을 통해 학생들은 의미 있는 신체활동에 정기적인 참여가 가능하고, 체육수업 밖에서도 보다 적극적인 생활을 기대할 수 있을 것이고, 자기 주도적 행동이 이루어질 수 있을 것이다.

■ 신체활동을 통한 자아인식과 자아실현의 달성

교육은 다양한 체험을 통해 자신의 존재가치를 인식하고, 자아의 확립을 통한 그 가치 실현을 목표로 하고 있다. 이와 관련해서 체육활동은 정형화되지 않은 신체활동을 통하여 내재된 인간의 주체성과 그 실현

가치를 추구하는 것이고, 이를 통해 인간존재 가치의 인식과 충족에 공헌한다고 볼 수 있다. 이런 이유에서 실존주의를 기반으로 하는 체육은 인간 스스로의 존엄성을 인식하고, 자아를 확립하며, 자아를 실현해 나가는 인간주의 교육을 수행할 수 있는 것이다. 신체활동의 참여를 통해 자기표현 및 사회적 상호작용과 즐거운 생활의 영위가 가능하며, 이는 개인의 성장기회를 획득하고, 스스로 자기 자신을 극복하여 자기실현의 가능성을 충족시키려는 신체활동의 내재적 가치에 부응하는 것이기도 하다.

■ 인간주의 교육실현

인간의 도덕 및 윤리정신은 개인의 내면적이고 본래적인 성격을 말하는 것으로서 자유의지와 자기 자신에 대한 엄숙한 통제에 의해 실현되어진다. 체육은 궁극적으로 인간의 본질적 가치 및 존엄성을 추구해 나가는 인간행위에 대한 가치추구의 교과이고, 정신적이고도 육체적이며, 개별적이고도 사회적인 성격을 동시에 추구할 수 있는 양면성을 수행하는 영역이다. 이에 자유의지에 의한 선택과 그에 대한 책임을 통해 '전인全人'이라는 교육의 이상적인 목적을 향해 달려가는 체육활동은 인간주의 교육실현의 장이 되기에 충분한 설득력을 가지게 되는 것이며, 체육교육을 통해 실존주의적 사상에 근접하는 것이다. 신체활동에 참여함으로써 긍정적인 상호작용을 통해 개개인의 유사점과 차이점을 존중하게 되고, 민족성, 운동능력의 차이, 장애, 성별, 인종 등 사회·문화적 차이를 극복하여 나와 다른 타인과 함께 더불어 살아가는 지혜를 습득하게 되는 것이다. 그럼으로써 체육은 가장 실천적인 방법으로 인간교육에 한 발짝 더 접근하게 된다.

현대사회는 교통 · 통신의 발달과 산업화로 인하여 인간 삶의 모양 자체를 근본적으로 변화시켜버렸다. 과거와는 전혀 다른 삶의 모습들로 살아가고 있으며, 자연히 과거와는 다른 가치관을 가지게 되었다. 이러한 환경은 학생들의 가치관에도 급격한 변화를 일으켰고, 향후 더욱 빠른 주기로 변화가 가속화 될 것으로 전망된다. 그러나 과학에 대한 지나친 의존은 인간의 도덕적 비판능력을 상실하게 하였고, 획일화된 인간으로 스스로를 전락시키고 있다. 여기에 인간주의 교육을 담당하는 체육 역시 그 본질에 대한 이해부족으로 인해 각 학교에서는 단순 기능위주의 수업과 신체단련 혹은 체력향상에만 주안점을 두어 전인교육으로서의 구실을 제대로 하고 있지 못하다. 이는 체육교육의 주 목적이 신체발달을 돕는 것에만 그 역할을 두고 있음을 의미하며, 이는 운동의 수행능력에 지나치게 치중하여 획일성과 타율성을 강조한 나머지 신체활동에 내재되어 있는 내적 경험을 무시함을 의미하기도 한다(김미숙, 2000). 이는 체육이 나아가려고 하는 '전인의 육성' 에도 역행하게 된다. 바로 체육수업을 통한 인간교육과 실존적 주체성 함양이 불가능해지게 된 것이다. 이러한 맥락에서 실존주의적 시각에 입각한 체육수업은 다음과 같이 실시될 수 있다.

■ 자유의지에 의한 선택의 기회

기본적으로 실존주의 철학은 개인을 중요시 여기고, 이러한 개인의 자유의지에 의한 선택을 중요하게 생각한다. 그렇기 때문에 각 개인은 자신의 프로그램을 스스로 결정할 수 있는 자유가 주어져 있어야 하고,

이미 교사의 계획에 의해 제시되거나 결정된 프로그램은 허용되지 않는다(Freeman, 1977). 실존주의 교육사상은 이렇듯 개인의 자유의지에 의한 선택과 이에 대한 책임을 전제로 하기 때문에 체육수업에서도 개인의 다양한 선택은 필수적인 사항이여, 특히 정의적 영역(태도, 감상 등)을 더욱 강조해야 한다. 여기에는 학생들이 졸업하기 전까지 교육해야 할 연간 교육프로그램이 있어야 할 것이고, 학생이 선택할 수 있는 다양한 프로그램의 제시가 있어야 하며, 각각의 프로그램에 대한 자발적인 참여가 필요하다. 여기에는 지역이나 학교의 실태가 고려되어야 하고, 학생의 특성을 고려하여 각 학생별로 담당교사가 학생들 개개인을 철저하게 살펴야 하는 노력을 전제로 한다.

〈표 IV-10〉은 위와 같은 노력의 일환으로 시행되고 있는 일본의 중학교 체육수업이다. 학년별로 필수와 선택종목을 선정해 학생들의 선택에 의한 수업이 진행되고 있다. 우리나라도 2007년 개정 교육과정에서는 전체 영역의 범주 내에서 단위 학교별 과제를 선별하여 결정할 수 있는 자율이 주어진 것은 고무적인 상황이다. 여기에 학생 개개인에게 학습내용을 선택할 수 있는 자율을 부여하는 일본의 수업을 참고하면 개인의 자유와 책임이 동시에 부여되는 체육수업이 가능해질 수 있다.

표 Ⅳ-10. 학습내용의 선택(일본 중학교)

항 목	1 학 년	2, 3 학 년
필 수	몸만들기(체력운동), 기계운동, 육상운동, 수영, 구기, 체육이론	몸만들기(체력운동) 체육이론
선 택	무도, 댄스 중 선택(1)	• 기계운동, 육상경기, 수영 – 선택(1) 또는 선택(2) • 구기, 무도, 댄스 – 선택(2)

자료 : 조미혜, 오수학(2004). 체육교육과정과 평가. p. 154.

■ 창의력 함양의 기회

최근 교육계 최대의 이슈는 바로 '창의력 교육' 이다. 학습자 스스로 문제를 발견하고 그 해결방안을 다양하게 모색하여 합당한 결론을 도출해 내는 능동적인 사고과정이 바로 창의력인데 인간의 자아실현을 가능케 하는 정신능력의 절정에 있는 능력이고, 사회적으로 문화문명의 창출과 발전을 가능케 하는 원동력이다(정범모, 2001). 이는 학습자의 학습과정을 의미 있게 한다는 점에서 개인적 요구인 것이다. 또한 이는 고부가가치 창출을 통한 국가 경쟁력 향상의 차원에서 사회적 요구이며, 시대적 요구이다. 학생들이 생각한 것을 마음껏 펼칠 수 있는 수업분위기에서 다양한 간접경험을 통해 문제를 해결할 수 있다면 체육수업은 가장 좋은 창의력 계발의 장이 될 것이다. 실제로 체육수업 곳곳에는 학생들의 창의력을 키울 수 있는 요소가 내재되어 있어 이를 가능케 한다. 다양한 놀이활동을 포함하는 '인간 움직임 자체에 대한 교육' 과 현대무용과 같은 '창조적 예술활동' 이 좋은 교육프로그램이 될 수 있을 것이다. 학생들이 생각한 것을 마음껏 펼칠 수 있는 수업분위기에서 다양한 간접경험을 통해 문제를 해결할 수 있는 체육수업은 가장 좋은 창의력 계발의 장이 될 수 있고, 실제로 체육수업 곳곳에는 학생들의 창의력을 키울 수 있는 요소가 내재되어 있어 이를 가능케 한다.

■ 자발적인 참여의지와 흥미 있는 수업분위기

실존주의적 체육수업은 호기심에서 출발하여 즐거운 놀이활동, 다양한 경험, 흥미 있는 수업을 통해 이룰 수 있다. 물론 '체육교육의 수단으로 여겨지는 스포츠와 운동경기의 경쟁성이 개인의 참된 의미를 찾을 수 있게 하느냐?' , '의무교육과 공교육이 공존하는 현행 교육현실에서 학생들의 자유의지에 의한 체육교육 프로그램의 선택이 가능한가? 라는 문제가 제시될 수도 있지만 체육교사의 노력에 의해 최대한의 극복이 가능할 것으로 생각된다. 이러한 노력을 통해 학생들은 다양한 그들의 요구를 충족시킬 수 있고, 스스로 세운 목표를 성취하면서 실존적 자아인식과 주체적 정체성을 형성함으로 인해서 비로소 '자아실현' 이라는 인간적 완성의 단계에 이르게 되는 것이다. 이를 위해서 실존주의 체육프로그램에서는 어떤 운동이든지 참가자 각자에게 판단력과 성취감을 줄 수 있는 운동을 권장한다. 특히 학교교육과정 중에서 창조적 무용이나 움직임의 탐구 및 놀이활동에 관심을 둔다. 학생들은 이러한 활동을 통해 자기 자신을 표현하고, 탐구하고, 발달시키고, 이해하며, 자신이 살고 있는 세계로 나가는 기회를 가져 자신의 모든 잠재적 가능성을 찾아 활용할 수 있게 될 것이다.

체육평가의 제 모습 찾기

현재 한국사회에서 체육은 이미 주지주의 교육의 영향권 아래에서 생존을 위한 자구책의 마련을 강요받고 있다. 신자유주의 사상에 의한 '수요자 중심의 교육' 이라는 미명 하에 학생들의 입맛에 맞추기 위한 자체적인 노력을 강요받고 있는 것이다. 축소되고 있는 교육 시수와 평가방법의 비합리성 논란, 그리고 고교 내신에서의 제외 등은 이러한 맥락에서 진행되는 것으로 볼 수 있다. 이는 체육교과의 전문성을 무엇으로 규정하든 간에 체육교과에서 추구하는 교육목표는 상급학교 진학에서 평가의 대상으로 삼지 않겠다는 의도가 지배적이었고, 이에 따라 체육교과의 비학문적 요소를 강조해야 하므로 '체육교과는 기능교과이다', '정서교과이다', '즐거움을 주는 교과이다' 라는 논리로 귀결歸結된다(조미혜, 오수학, 2004). 이러한 경향은 체육과목이 다양한 스포츠의 경험을 통해 우리에게 주는 교육적 효과를 무시한 처사로 실존적 자아인식과 주체적 정체성을 회복하여 '자아실현' 이라는 인간적 완성의 단계에 이르게 되는 기회를 잃어버리게 되는 결과를 낳게 되고, 이는 나아가 체육의 무용론無用論으로까지 진행될지 모를 상황에 놓이게 된다. 그만큼 오늘날 체육은 교육적 정체성을 잃음으로써 점점 그 설자리가 좁아지고 있는 상황인 것이다.

체육과목의 기능교과화는 체육교과의 중요성을 제시하고 '전인교육' 의 목적을 실현시키기에 너무 포괄적으로 제시되어 있는 목표도 문제지만, 체육현장에서 학생들이 체험하고 느끼는 다양한 경험들이 무시된 채 기능위주로만 평가되고 있는 현재의 체육평가도 한 몫을 하고 있다고 볼 수 있다. 인간소외의 위기상황에서 인간성회복을 꾀하는 것이 바로 실존주의의 궁극적 체육목표(김동규, 1992)라고 한다면, 수업현장에서 학생들의 자율적인 참가와 주체적인 신체인식, 창의적 사고의 발현 등 그의 내면에서 발생하는 정의적인 영역 또한 평가되어야 함이 당연하다. 기능위주의 평가만이 체육의 평가가 될 수 없는 것이다.

교육평가는 개인차individual differences,[17] 즉 인간이 갖고 있는 여러가지 특성의 인간 변산을 있는 그대로 정확하고 신뢰성 있게 측정하고

17

학습과 비교적 관련이 적은 유전적 요인(신진대사기능, 생리적 특징, 지각특징, 운동기능 등)은 개인차의 비율이 약 2 : 1에 불과하다. 이것이 단순한 학습(자극반응, 신호학습 등)에서는 약 3.5 : 1로 벌여지고, 어휘학습에서는 6 : 1, 학교학습의 교과목에서는 7 : 1로 커지면서 학년이 높아질수록 그 개인차는 더 커져간다(황정규, 1998).

밝혀주며, 변별해 주는 것도 중요하지만 보다 중요한 것은 이 같은 개인차가 넓어지는 현상에 대해 어떠한 변인을 투입함으로써 개인차를 좁혀나가는 것이며, 종국에는 개인차를 무無로 떨어뜨리는 길이 무엇인가를 모색하는데 있다(황정규, 1998). 평가의 초점은 개인이 집단에서의 평균점수를 알고자 하는 것이 아니라, 그의 능력을 평가해서 그 자료를 기초로 가능성을 최대로 신장하기 위한 극복의 길을 찾으려는 것이다. 즉 개인이 집단 속에 용해되어 버리는 것이 아니라 '개인'을 찾고자 하는데 의의가 있는 것이다. 바로 주체적인 개인의 인식과 그의 발견을 전제로 하게 된다. 그렇기 때문에 평가는 지식이나 기능위주로만 실시되어서는 안되며, 학생평가와 함께 교육과정의 평가가 동시에 이루어져야 한다.

이러한 이유로 〈그림 IV-3〉와 같이 체육교과도 운동기능 만의 교육에서 움직임을 통한 다양한 지각의 체험과 적용 및 이를 통한 감성교육으로 전환되고 있는 교육과정 철학의 변화를 인식하고 쫓아야 한다. 그리고 이는 체육교과에서의 평가도 마찬가지로 적용되어야 한다. 바로 실존주의적 시각에서의 평가가 그러한 목적에 부합될 수 있을 것이다. 2007년 개정 교육과정에서 요구하는 통합주제 중심의 수업에 대한 요구도 이와 같은 맥락에서 이해될 수 있다.

그림 Ⅳ-3. 체육과 교육과정 철학의 변화방향

자료 : 유정애(2005). 체육수업비평. p. 33.

■ 수행평가의 정착

최근 교육계에서 활발하게 진행되고 있는 평가방식은 바로 '수행평가(遂行評價 : performance assessment)' 이다. 수행평가는 평가자(교사)가 피평가자들(학습자)의 학습과제 수행과정이나 결과를 직접 관찰하고, 관찰 결과를 전문적으로 판단하는 평가방식(한국교육과정평가원, 1999)으로서 새로운 문제나 과제를 해결하는 능력을 측정하기 위한 체계적 시도인데 학생들이 보여주는 반응들을 교사가 직접 관찰하고 판단함으로써 이루어지는 주관적인 평가방식이다. 이는 결과와 함께 과정을 평가하는 새로운 평가방식, 즉 직접적이고, 맥락적이며, 생태적으로 타당한 평가(남명호, 1995)의 일환으로 시도되는 것이다.

체육교과에서도 이의 적용을 통해 기능평가와 지식평가 외에도 수업의 준비성, 참여도, 기량의 향상도 등을 종합적으로 평가할 수 있다. 이는 단순한 기능위주의 평가[18]에서 벗어나 정의적인 영역까지도 측정하려는 시도이므로 현재 상황에서는 가장 최선의 측정방법이 될 수 있을 것이다. 이는 체육이 궁극적으로 도달하려고 하는 주체성을 함양한 '전인의 육성' 을 도모할 수 있는 도구가 될 수 있다. 이를 위해서는 단순히 점수만 제시되는 성적표보다 평가의 전 과정을 상세히 제시하는 성적표가 더욱 교육적 효과를 높일 수 있을 것이다.

18
수행평가와 실기평가는 반드시 동의어가 될 수 없다. 실기평가가 수행평가의 본래적인 의미를 반영하지 못하는 평가라면 이는 전통적인 평가로 구분하는 곳이 옳을 것이다. 학생들의 성적을 결정하기 위하여 지도내용과 상관없는 운동기능이나 운동기술검사를 사용하였다면 이 평가는 전통적인 실기평가로 보는 것이 타당하다. 그러나 실기검사의 결과뿐만 아니라 이 결과를 얻기까지의 과정을 평가하고, 평가결과를 지도내용에 다시 피드백을 주는 식으로 평가한다면 이는 수행평가라고 할 수 있다(조미혜, 오수학, 2004). 그러므로 실기평가는 그 평가방법에 따라서 수행평가적으로 이루어질 수도 있고, 운동기능 만의 전통적인 방법으로도 시행될 수 있는 양면성을 가진 평가방법이라고 할 수 있다.

■ 포트폴리오 평가

조한무(1997)가 제시한 '포트폴리오 평가(portfolio assessment)' 도 좋은 측정도구가 될 수 있다. 포트폴리오 평가는 학생들의 강점과 약점을 장시간에 걸쳐 평가하는 것으로서(Defina, 1992) 학생 스스로의 목표설정을 통해 자기 평가활동을 실행할 수 있고, 학생들이 수료한 학습의 성과물뿐 아니라 시작부터 끝까지 전 교육과정을 알아 볼 수 있는 평가방법이며, 수행평가의 중요한 영역이다. 수업현장에서 학생들의 자율적인 참가와 주체적인 신체인식, 반성적 사고 및 창의적 사고의 발현 등 내면에서 발현하는 정의적인 영역이 포트폴리오에 나타남으로써 평가가 가능한 것이다. 이를 통해서 학생들은 독립된 개개인의 주체성을 가진 신체의 경험이 가능할 것이고, 자기 자신의 신체움직임의 주체적 인식을 통해 자아의식의 발견이나 자기표현 및 실현이 가능하게 된다. 바로 실존적 교육의 의미회복이 가능한 것이다. 이런 과정을 통해 체육교과는 기능위주의 교과에서 탈피할 수 있고, 내신 성적이나 까먹어버리는, 그것으로 인하여 사교육비 증가를 부채질하는 불필요한 교과라는 오명에서 벗어날 수 있을 것이다. 그리고 그것은 교육을 선도先導할 수 있는 교과목으로 자리매김 할 수 있는 길이기도 하다.

■ 자유선택형 평가

실존주의 교육은 본래적인 존재양식, 즉 자유존재로서 매 순간 자유로운 선택행위를 통해 자신을 생성시킬 수 있는 자기구성적인 힘을 계발하는 것을 지향하기 때문에 개인의 자유가 전제되지 않은 통합화, 획일화는 실존주의 교육에서 금기시하고 있다. 그렇기 때문에 개인의 다양성과 자발성을 인정하며, 개인의 자유의지에 의한 선택을 강조하게 된다. 따라서 체육도 학생들의 자유의지가 전제되어야 하고, 평가에 있어서도 마찬가지로 적용되어야 한다. '자유선택형 평가'가 그 대안이 될 수 있다. 이는 학생 개개인별로 측정하려고 하는 큰 영역(구기, 체조, 육상 등)은 정해주되 그 안에서 선택하게 되는 농구, 배구, 축구, 야구 등은 학생들 스스로 결정하는데서 시작한다. 물론 여기에는 졸업 전에 반드시 선택해야 하는 필수종목의 선정이 있어야 할 것이고, 신뢰성과 객관성을 획득한 평가기준이 제시되어야하며, 성 차이나 신체적 조건 및 장애, 개인능력의 차이 등이 고려되어야 함은 당연하다.

이러한 방법은 Sartre가 말하는 "모든 사람들이 하는 것을 하되 절대 닮지 않게 해야 한다"는 것과도 상통하는 개념이 된다(정응근, 1984). 자유존재로서 매 순간 자유로운 선택행위를 통해 자신을 찾아 잠재력을 계발시킬 수 있는 기회는 실존주의 교육의 핵심이기도 하다. 그리고 그러한 과정을 거치면서 학생들은 본래적인 존재양식, 즉 실존을 찾아가는 과정이 될 것이다.

체육교사의 제 모습 찾기

실존주의자들은 '인간은 각기 자기가 한 일에 책임을 느껴야 한다'고 느끼도록 자극함으로써 불행한 인간상태를 해결하도록 시도해 왔다(정광복, 김재호, 2002). 그렇기 때문에 실존주의 교육에서는 인간을 선택하는 행위자, 자유로운 행위자, 그리고 책임을 지는 행위자로 규정하고 인간으로 하여금 이러한 의식을 가질 수 있도록 일깨워 줄 것을 강조한다(유성건, 2001). 그러한 이유에서 실존주의자들에게는 교육의 전반적인 과제는 개인으로서의 책임감을 인식하도록 하는 것이고, 그들 스스로 그 책임감을 수행하도록 준비시키는 것이다. 이러한 개인의 책임감의 원리는 교사들에게 학생의 자율성이나 성실성을 존중하도록 하는 의무를 부여한다(나재주, 1996).

하지만 오늘날의 체육현장은 실존주의에서 주장하고 있는 '책임감에 대한 자극의 책임감' 을 외면하고 있는 듯하다. 주어진 시간에 신체단련과 운동기능의 숙달, 그리고 그와 관련된 주지적인 지식만 전달하고 있는 경향이 있는 것이다. 이와 함께 학생들을 엄격하게 명령하고, 벌로써 자신의 명령에 엄격한 복종을 요구하기도 한다. 체육수업은 더 이상 자발성, 격려, 경이로움, 의미, 즐거운 시간이 아니고 질서와 훈련, 예절만 강조하는 시간이 된 것이다(Kretchmar, 1994). 그리하여 많은 체육교사들은 놀이의 여건을 제공하는 실존적 교육보다는 기능을 가르치는 사람에 더 가깝게 되어 버렸다.

일부 체육교사들은 "계속 이런 식으로 나가면 우리는 그저 가르치기만 하겠다."는 말로 반박하기도 한다. 악역을 담당하면서까지 하는 교도矯導역할보다는 운동이나 시키고, 지식이나 기능만 전달하는 교사로서 만족하겠다는 말이다. 물론 이러한 현상들이 체육교사만의 책임이라고 보기는 어렵다. 그러나 '학교공동체간 불신의 원인' 에 대한 조사결과(김인상, 2000) 응답한 학생의 34%가 '일부 교원의 자질과 자기계발의 노력부족' 을 꼽고 있음은 중요한 사실이다. 상황이 이렇다면 교육의 자주적 주도권을 포기하고, 전적으로 주변 상황만의 문제로 돌리기에는 무리가 있다. 체육교사들도 이러한 현실에서 자유로울 수는 없는 것이다.

제7차 교육과정과 개정 교육과정에서는 단위학교와 교사들에게 교육과정의 자율권을 상당 부분 이양했고, 그러한 방향은 강화될 것이다. 따라서 체육교사는 국가수준에서 개발된 교육과정의 수용자로서가 아니라 개발자로서의 역량을 발휘해야만 한다(유정애, 2005a). "대학이 변하려면 교수가 먼저 변해야 한다."는 정범모(2006)의 주장처럼 학생들을 변화시키려면 교사가 먼저 변해야 하는 것은 당연한 이치이다. 이러한 맥락에서 실존주의적 시각에 입각한 체육교사상이 무엇보다 중요하고, 우리에게 그 점이 요구되는 것도 이 때문이다.

■ 적극적이고 주체적인 사고

체육교사로서 그저 가르치기만 하겠다는 말은 체육교육의 핵심이 되는 인성교육을 전제로 한 '전인교육' 은 외면한 채 지식과 기능전달이라는 기계적인 역할만 하겠다는 말이고, 스스로의 주체성을 포기하겠다는 말이다. 이러한 교사의 교육은 학생들의 눈높이에 맞추지 못함으로써 움직임 자체로 만족해야만 하는 소위 '죽은 수업' , '고장난 학교체육' 이 되고 말 것이다. 또한 학생은 있으되 예의와 도의가 없고, '몸' 이 아닌 '육체肉體' 만 존재하는, '몸의 교육은 없고 육체의 훈련만 존재' 하는 암울한 시대를 예고하는 것이다. 교사의 보다 적극적이고 주체적인 인식이 필요한 것도 이 때문이다. 교사들은 학생들이 긍정적이고 적극적인 사고를 할 수 있도록 유도하며, 주관에 의해 가치를 선택하고 결국은 그것이 자신의 진정한 이상이 될 수 있도록 하는 교육관이 확보되어 있어야 한다.

이를 위해서는 완벽해지길 기다리지 않고, 오늘부터 당장 시작하려는 적극적인 자세가 무엇보다 중요하고, 어려운 교육현실이지만 희망을 전제로 미래를 약속할 수 있는 주체적인 사고가 무엇보다 중요한 시점이다. 실존주의적 사고를 가진 리더에게서만 실존주의 교육이 가능하기 때문이다. 실존주의적 체육에서 체육교사들의 실존적인 사고함양이 현재의 체육교과에 우선적으로 필요한 것도 이 때문이다.

■ **정보화 능력배양**

체육교사로서 수업을 진행하기 위한 신체적인 능력과 정의적인 영역의 능력은 필수적인 요소이다. 이에 더하여 최근에 요구되는 소양이 있다. 바로 '정보화 능력' 이다. 정보화 혁명의 물결은 우리의 일상생활, 지역사회와 정치, 그리고 국제사회를 혁명적으로 변화시켜 나가고 있어 이제는 우리의 일상이 되어 버렸다(권기헌, 1999). 특히 사이버 공간은 기존의 지배적 사고방식이나 억압된 관념 틀에서 벗어나 새로운 가능성을 모색하는 기회가 될 수도 있고, 우리가 어떤 존재이며, 어떤 방향으로 나가야 할지를 실천적으로 수행할 수 있는 자유와 창조의 공간으로 기능할 수도 있다(김선희, 2004). 따라서 전 교과에서 컴퓨터를 활용한 정보화 수업이 보편화되었듯이 체육교과 또한 이의 활용도를 높여야 함은 당연할 것이고, 체육교사로서 당연히 습득해야 할 능력이 되었다.

모든 사회가 변하고 학생들이 변하면 교사들도 변해야 한다. 아니, 그런 변화의 조짐이 있기 전에 먼저 교사들이 변해서 이들의 변화를 선도해야 한다. 이것이 진정한 실존주의자들의 자세일 것이다. 정보화 능력의 습득도 이러한 경우이다. 그러나 일부 체육교사들은 이러한 정보화의 능력을 비판하며 지나친 과학화, 기계화를 핑계로 외면하고 있다. 세상이 변화하는데 변화에 순응하지 못하면 도태해 버리고 마는 것처럼, 모든 교과에서 컴퓨터를 활용한 정보화 수업을 실시하고 있는 현실에서 이를 외면한다면 이는 체육교과의 도태를 자초하는 것이다.

위기상황에의 적극적인 대처가 실존주의적 태도라고 한다면, 인간성과 관련한 위기상황에 체육교사가 적극적으로 대처하는 것이 실존주의적 태도일 것이고, 정보화 능력의 활용은 교사에 의한 타율적인 지식전달체계를 학생 스스로의 자율적인 지식전달체계로 전환시켜줄 수 있는 능력이 될 수 있다. 즉 컴퓨터의 활용은 인간이 기계에 의해 정복당하는 것이 아니라 인간이 기계를 활용해 다양한 정보를 직접 찾고 관리함으로써 연구의 주체가 '나'가 되는 것이다. 그리하여 사이버 공간의 참여는 '나'라는 실존이 물리적 현실로 돌아와 '나' 스스로 '나'의 현실을 개선하는 작업이며, 사이버 공간은 또 다른 작은 사회인 것이다. 그리고 그것은 주체적이고, 대자존재인 '나'가 사회와 소통하는 것이며, '나'가 내 인생에 주인공이 되어 또 다른 대자와 타자와의 상호연관 속에서 살아있는 체험을 하게 되는 것이다. 바로 '나'가 실존적 존재로 존재하게 된다.

■ 열린 사고

오늘날 학교교육에서 학생들의 개성을 우선시하는 사회분위기는 학생들의 자발적인 참여와 자유의지로써 흥미를 통한 적극성의 함양차원에서는 긍정적인 결과를 가져왔지만, 다른 차원에서 보면 학생들을 극단적인 이기주의자로 만들어버리는 결과를 초래했다는 의견이 있는 것도 사실이다. 교육이 시작되는 가정에서 조차 공동사회 구성원으로서의 미덕을 교육하기보다는 경쟁에서의 승리와 자기의 이익, 자존심 세우기를 통해 경쟁사회에서 이기는 방법만을 가르치고 있는 것이다. 버릇없는 무법자의 양산을 교육의 이름으로 둔갑시켜 버렸다. 이러한 점이 학교교육을 힘들게 하고 있고, 이러한 교육현실은 학생들의 가치판단능력을 무디게 만들어 과거에 비해서 극단적인 이기주의자가 아니면 무기력한 학생이거나 중도탈락자를 양산하고 있다.

이에 체육교과는 지식이나 기능위주의 교과가 아니라 다양한 개성을 가진 인간의 교육, 자유와 책임의 교육, 정의적인 영역을 가르치는

'전인의 육성' 을 목적으로 하고 있는바, 교육을 통해 '나' 를 찾으려는 실존주의 교육이 절실한 현실에서 필수적인 교과일 것이다. 따라서 체육교사는 선입견에서 벗어나 학생들의 눈높이에 맞추려는 적극적인 사고가 필요하다. 이는 학생들의 요구사항을 파악해서 수업에 적극적으로 수용하려는 열린 사고의 발로發露이다. 또한 이는 학생의 주체적인 자기발전을 유도할 수 있는 길이며, 잃어버린 체육시간을 되찾는 방법이 될 수도 있다. 교사들의 명예퇴직이 러시를 이루었던 2000년 전후 교단을 떠났던 사람들의 주된 이유가 '급변해버린 학생들과의 단절감' (정상원, 2000)임을 명심해야 할 것이다.

학교간 경기의 제 모습 찾기

실존주의를 기반으로 한 신체는 개별적 단독자의 입장에서 참된 실존이 선행되어야 할 전제로서 파악되어지며, 신체와 나의 세계가 통일된 존재관계를 이루고 있을 때 인간 스스로의 참된 모습으로 존재하고 있다 (정광복 등, 2002). 그렇기 때문에 신체활동은 주체성을 가진 인간의 활동을 말하는 것이며, 사물이나 동물의 움직임과 구별된다. 여기에는 인간의 다양한 지적 활동을 포함하고 있으며, 감정과 정서적인 영역까지 포함하고 있다. 이것으로 인해 인간의 신체경험은 인간 스스로의 경험이고 체험이며, 주체성을 가진 신체경험을 통해 인간은 실존을 회복하게 된다. 이러한 신체가 놀이를 중심으로 한 움직임이 될 때 인간의 스포츠 활동은 의미를 가지게 되며, 이것이 교육적으로 승화될 때 체육은 가치를 발산하게 되는 것이다.

그러나 체육교육은 놀이와 게임에 시간을 낭비하지 않아야 하고, 반드시 좋은 결과를 얻어야만 한다는 계획 하에 기계적으로 이루어지는 경향이 있다(Kretchmar, 1994). 뛰어나 보이고자 하는 개인적인 욕구와 승리지상주의, 최고에 대한 관심증대가 이를 자극하고 있으며, 사회적으로 팽배한 개인주의와 약육강식의 구조가 그렇게 만들어버린 것이다. 그래서 체육활동을 통해 얻어진 전인적 성격이나 인간의 고귀한 특성보다는 기록과 업적에 더 관심을 가지게 되었다. 엘리트스포츠 선수들이 활동하고 있는 학교간 대항경기가 대표적인 경우이다.

문제는 엘리트스포츠를 주도하는 우리나라의 학교간 경기가 신체활동을 통해 주체성을 가진 인간성을 회복하려는 체육의 목적과 무관하게 극단으로 치닫고 있음이다. 굳이 미국대학경기연맹NCAA의 선진국형 모델과 비교를 하지 않더라도, 현재 한국의 학교 운동경기부는 파행적으로 운영되고 있음은 주지의 사실이고, 특히 운동선수들의 수업결손은 심각한 수준이다.[19] 이들도 신체적 체험을 통해 자아실현을 꿈꾸는 '실존' 이므로 한 사람의 인격체로서 당연히 존중받을 권리가 있다. 즐거워야할

19
이러한 문제를 해결하기 위해 최근 각 지역 교육청마다 학생선수의 학습권 보장을 위한 풍토를 조성하려는 움직임이 있어 왔다. 이의 한 방안으로서 학생선수들에게 정상수업을 이수토록 하고, 이를 어겼을 시 수업결손에 대한 사유서 및 수업보충 방안을 마련토록 하고 있다. 또한 학기 중 상시 합숙을 금하면서 정상적인 학교생활을 유도하고 있으며, 전국단위 경기대회의 참가를 년 3회로 제한하여 무분별한 대회참가에 의한 수업결손을 최소화하려는 노력이 있다. '학생선수보호위원회' 의 구성 및 운영을 제도화함으로써 학생선수들의 생활과 팀 운영에까지 관여를 함으로써 학생선수들의 권익을 보호하려는 제도적 움직임이 바로 그것이다. 물론 이 모든 것이 반드시 지켜진다고 보기는 어렵지만 그래도 교육당국에 의해 최소한의 「학업성적관리규정」이 마련되었다는데 의의를 가질 수 있다(참고 : 대구광역시교육청 2007 학교체육기본방향. pp. 21-30).

학교생활이 운동으로 인해서 고통으로 얼룩진다면 이는 어떠한 명분으로도 보상이 이루어질 수 없는 것이다. 이러한 문제의 해결을 위한 맥락에서 실존주의를 기반으로 한 학교간 대항경기의 이상을 제시하고자 한다.

■ 자아실현의 장으로써의 운동경기

운동경기는 몸으로 자기 자신을 표현하고, 탐구하고 발달시키며 이해하는 실존적 경험의 장이다. 그렇기 때문에 경기는 엘리트 선수들이 모여서 독립된 개개인의 주체성을 가진 신체경험을 더욱 심화시킬 수 있는 기회의 장場이 되어야 하고, 이를 통해 더 깊은 곳에 있는 자아의식의 발견이나 심화된 자기표현 및 실현에 활동의 초점을 맞추어야 한다. 그렇기 때문에 운동경기는 진학을 위한 수단이나 과도한 경쟁을 추구하는 장이 되어서 안 되며, 오직 교육의 범주에서 실시되어야 한다. 따라서 운동경기는 독립된 개개인의 주체성을 가진 신체를 경험하는 장으로서의 역할에 충실해야 하고, 이는 한 사람의 인간으로서 인간성을 되찾는 길이며, 자아실현을 통한 실존의 회복을 의미한다.

■ 유희성과 경쟁성의 조화

학교간 대항경기는 스포츠 활동에 의해서 이루어지는 것으로서 스포츠의 특성인 유희성과 경쟁성이 존재한다. 즉 학교간 대항경기에서 유희성은 더 나은 자기 자신의 표현과 탐구 및 이해의 과정, 모든 잠재적 가능성을 찾아 활용할 수 있는 기회로 작용해야 한다. 그리고 경쟁성은 주체성을 가진 '나' 와 '너' 의 만남을 주선하는 과정, 더 넓은 세계로 나가는 기회제공의 역할을 하며, '나' 를 더욱 강한 주체의식으로 인도하는 역할을 하게 되는 것이다. 이러한 이유에서 유희성과 경쟁성은 적절한 조화의 관계를 유지하게 됨으로써 학교간 대항경기를 의미 있게 하는 작용을 하게 된다. 비록 학교간 경기가 학교에서 이루어지는 활동이라고 할지라도 엘리트스포츠를 담당하는 영역이므로 경쟁관계와 이에 따른 업적이 중요한 것은 분명하다.

이러한 이유에서 학교간 경기에서 과도한 경쟁성을 나타냄으로써 더 나은 기록 향상이나 순위를 위해 스포츠의 본질을 망각하는 경우가 있게 된다. 이러한 현상은 스포츠를 유희적인 과정으로 보기보다는 경기 자체를 목적으로 보기 때문이다. 즉 스포츠 활동에 참가하여 즐거움을 찾고, 실존을 회복하는 일보다 스포츠의 결과에 치중하는 것으로서 인간이 기록에 종속되는 것을 의미한다. 따라서 유희성을 통해 스포츠 자체에 몰입하고, 참여하는 '나'의 의미를 찾으며, 경쟁에 의해 스포츠 활동에 더욱 빠져들 수 있는 과정으로의 인식전환이 중요하다. 이기고 지는 것이 문제가 아니라 어떻게 했느냐가 중요한 것이다.

■ **교육적 행위로써의 운동경기**

실존주의에 의하면 체육프로그램에서 어떤 운동이든지 참가자 각자에게 판단력과 성취감을 줄 수 있으면 바람직한 것이다(김대식, 김영환, 신현군, 1993). 운동경기에 참가함으로써 실존주의에서 말하는 판단력과 성취감을 맛볼 수 있는 기회를 가지며, 이를 통해 개인의 주체성 함양과 자아실현에 이를 수 있기 때문이다. 따라서 운동경기도 학교에서 이루어지는 것이고, 학생들을 대상으로 한다면 당연히 교육적 범주에서 이루어져야 하고, 체육프로그램의 큰 틀에서 실시되어야 함은 당연하다. 체육은 신체움직임을 통한 교육적인 활동이어야 하며, 학교에서 이루어지는 학교간 대항경기는 오로지 학생들의 교육적 입장에 서서 진행되어야 하는 것이다. 그렇기 때문에 운동경기부 학생들에게도 학교에서 실시되고 있는 모든 교육프로그램을 동등하게 받아야만 하는 권리와 의무가 동시에 존재하게 된다.

이러한 이유에서 Siedentop(1994/2002)이 제시하는 '스포츠교육모형'이 좋은 예가 될 수 있다. 스포츠교육모형에서는 일상적인 스포츠를 수단으로 해 학생들을 발달단계에 알맞게 참여시키고, 다양한 역할을 부여함으로써 교육적 효과를 유도하는 교육모형이다. Siedentop에 의하면 "스포츠교육을 통해 학생들은 충분한 경험을 쌓게 되며, 시즌동안의 책무성을 통해 더욱 성숙해 질 수 있고, 교육적 환경의 설정과 수업의 효율성 및 활력에 대한 부분까지 고무적인 효과를 얻을 수 있다." 스포츠를 통해 학습하게 되는 가치와 페어플레이 정신은 스포츠교육이 추구하는 가장 핵심적인 것으로 이러한 의도적인 계획은 추상적이거나 혹은 필기시험을 통해서 지도되기보다는 실제 경기가 일어나는 동안 구체적으로 습득되어지는 것이다. 그리고 엘리트스포츠 선수들은 바로 이러한 스포츠교육모형을 통해 탁월한 기능을 보유한 학생들의 선발로 이루어져야 하고, 그럼으로써 학교간 경기는 스포츠교육을 통해 길러진 탁월한 학생들의 경쟁의 장이 될 수 있는 것이다. 즉 스포츠가 스포츠교육모형을 통해 길러진 엘리트선수들 간의 탁월성 경쟁이나 자기실현의 장이 될 수 있는 것이고, 이것은 정상적인 학교간 경기운영이 가능해지는 것을 의미한다.

학교간 경기에 참가하는 학생선수들이 수업에 참가하지 않고 훈련만 받게 되면 '지식은 있되 교육은 없는', '기능은 있되 나의 실존은 없는' 반쪽의 학생이 될 것임에 분명하다. 수업불참 등 묵인된 일탈逸脫을 허용하는 처사는 이들을 더욱 나태하게 만들 것이며, 사회진출 후 사회구성원으로서의 역할을 더욱 어렵게 만든다. 한국의 스포츠구조가 어느 날 돌변하여 교육선진국처럼 정상적인 여건으로 바뀌기는 힘들 것이므로 우선 지도자와 학생선수들의 반성적인 사고에 의한 자성自省이 전제되어야 하겠다. 그리고 내가 하고 있는 활동의 주체는 '나' 라는 인식을 가지게 함으로써 학생선수들의 의지와 상관없이 기성세대의 욕심과 필요에 의해 생산되는 '운동기계' 가 아닌 '나' 의 실존을 찾을 수 있는 길이 될 것이다.

교사의 끊임없는 관심으로 페어플레이 정신과 훌륭한 가치들이 지도되고, 강화될 수 있도록 교육적 환경을 마련하는 것이 무엇보다 중요한 것도 이 때문이다. 학생선수들이 아직 정신적 미성숙의 단계이고, 배워나가는 학생이라고 본다면 그것은 바로 체육교사의 몫으로 남는다. 교육위기에 대한 책임론을 떠나 진정한 교육자로서의 자기성찰을 통해 현실을 극복하려는 의지를 다시 불러 일으켜야 할 시점이다.

• 위 내용은 김동규, 김상헌의 논문 "실존주의 체육사상 ; 체육교육 제 모습 찾기"(한국체육학회지, 2003년 제42권 6호)에 게재된 내용을 수정 보완한 것임.

chapter 05

체육의 새로운 교육적 패러다임

창의성 중심의 체육

홀리스틱 중심의 체육

지식기반 사회에서는 개인의 경쟁력이 중요하고, 그 해답이 교육에 있음은 주지의 사실이다. 그러나 총체적 위기에 빠져있는 교육현실은 이를 어렵게 만든다. 현재의 교육위기에 대한 책임론보다는 교육자들의 진지한 자기성찰과 현실을 극복하려는 의지가 무엇보다 중요한 시점이다. 입시혼란, 사교육비 증가, 조기유학의 열풍 등으로 점점 위축되어만 가는 교육현실 속에서도 교육의 가능성은 여전히 교실에 있고, 이들을 이끌어 갈 리더는 바로 교육자들이다. 그리고 내일을 보는 혜안慧眼으로 시대의 흐름을 알고 적절히 대처할 수 있는 실제적인 교육의 현장적용이 중요한 시점이다.

이러한 순간에 체육은 과연 어떠한 역할을 감당할 수 있을까? 체육은 어떤 방향으로 진행되어야 할까? 그리고 체육교사는 어떤 가치관으로 교육해야 할까? '체육의 교육적 정체성' 만큼이나 쉽지 않은 문제이다. 그 해답은 역시 시대의 요구와 교육적 패러다임의 변화에서 찾아야 할 것이다.

19세기 이후 서구사회에 주지주의, 합리주의, 권위주의, 전통주의 등 형식적인 교육과 이성理性의 절대성에서 벗어나 인간의 개성을 중시하고 감성感性과 감정感情의 주체적 표현을 중요시 여기는 낭만주의 교육이 요구되고 있다. 그리고 이러한 변화는 앞으로도 계속될 것이고, 변화의 속도는 더욱 가속화되고 있다. 따라서 학생이 알아야 할 것은 사실을 선택하고, 조직하고, 이해하며, 문제해결과 의사결정을 가능하게 하는 맥락으로서의 큰 그림이 필요한 것이다(Clark, 1990).

그 변화를 선도하는 것이 바로 과학이다. 21세기는 지식과 정보의 창출을 추구하고, 그 활용을 높여 가는 지식기반 사회로 변해가고 있다. 인터넷internet이라는 거대 통신망으로 전 세계가 연결되고, 웹web이라는 인터넷상의 도구는 무한에 가까운 정보와 지식들을 언제 어디서나 공유할 수 있는 시대를 열었다. 그러나 이러한 정보통신 기술의 비약적인 발달은 교육환경 및 교육방법에도 커다란 변화를 요구하고 있는데 현재의 교육현실은 그 변화에 부응하고 있지 못한 것이 사실이다(황의종, 2005). 즉 과학화에 따른 정보통신 기술의 발달로 야기되는 이면에 존재하는 비인간화와 단편화, 주체성 상실과 인간소외, 공동체와 세계에 대한 부조화 등에 대한 교육환경과 방법의 유연성은 너무나 부족한 것이 현실이다. 최근의 체육계에 불어 닥친 평가방법의 비합리화, 사교육비의 주범이라는 오해, 내신에서의 제외 등은 주지주의가 팽배한 학교교육의 현실에 적절하게 대처하지 못한 데서 기인한 것이라고 볼 수 있다. 결과적으로 체육은 이제 재미나 즐거움만을 추구하고, 시간이나 때우는 과목으로 전락하게 된 것이다.

따라서 체육의 교육적 가능성과 사회적인 요구를 적극수용해서 새로운 교육적 패러다임, 이를테면 삶의 다양한 영역이나 차원을 포함하는 교육, 지금까지 개척되지 않은 영역, 감추어져 있든 심층 등에 접근하는 영역, 개인의 주체성과 실존의 회복을 도와주는 교육, 그럼으로써 교육을 더욱 풍요롭게 만드는 교육에 주목해야 한다. 최근 교육계가 주목하고 있는 패러다임, 바로 '창의성 교육'과 '통합교육'으로써의 체육의 가능성을 모색해야 하는 것이다. 그러한 과정은 신체체험과 체육적 앎을 체현시킴으로써 독립된 개개인의 주체성을 가진 신체를 경험할 수 있으며, 개인을 더욱 의미 있게 발전시키고, '나'를 찾을 수 있는 실존주의적 교육가치를 실현시키는 길이 될 것이다. 그리고 그것은 인간의 본래적 존재방식으로 돌아가 인간의 내부에 있는 실존을 끄집어내 길러가는 교육, 즉 'educare'라고 하는 교육본연의 의미와 임무에 보다 더 근접하는 작업이 될 것이다.

먼저 창의성 교육을 살펴보자. 창의성은 정보화 사회를 살아갈 학생들이 필수적으로 습득해야 할 능력으로서 오늘날 교육이 추구하고 있는 시대적 패러다임이며, 체육도 여기에 주목해야 할 필요가 있다. 신체가 실존적 형태의 변모로 나타나며, 운동교육에 관련된 자유로운 선택과 상호관련성을 볼 때 창조적 교육으로 신체활동이 이루어짐을 추론한다면, 체육활동은 독립된 개개인의 주체성을 가진 신체를 경험할 수 있는 기회가 되고, 인간의 다양한 지적 · 정서적 활동을 포함하는 창조적 움직임을 경험할 수 있는 계기가 된다. 특히 체육교과는 창의성에서 중요한 좌뇌와 우뇌의 통합적인 활용을 통한 상승작용이 가능한 교과이고, 체육활동을 통해 얻어지는 다양한 감정의 변화와 정서적 경험은 학생들의 감성적 발달을 꾀할 수 있음에 주목해야 한다. 이것은 바로 EQ의 발달을 유도해 '창의성 교육'과 연결될 수 있는 것이라고 본다면, 체육이 창의성에 기반하여 교육적인 접근을 시도하는 것은 중요한 작업이 아닐 수 없다.

창의성이 개인적인 문제라면 홀리스틱은 개인과 사회적 요구가 만들어낸 교육적 상황이다. 홀리스틱 교육에서는 교육을 자연의 다양한 실재들과 연계하려고 시도한다. '관계맺음'에서 출발해 그 최종적으로 '자아ego와 자기self'의 관계를 회복해 가는 홀리스틱 교육은 인간의 본래적인 존재방식으로 돌아가 인간의 내부에 있는 실존을 끄집어내어 길러가는 교육이며, 성장의 가능성을 키워가는 교육이다. 특히 '몸을 통한 움직임의 다양한 경험과 의미의 체득'이 중요한 단서가 되며, 몸이 의식의 구현체embodied body로서 체육적 앎을 체득하게 된다. 또한 현대사회가 머리와 가슴과 손의 조화로운 발달, 지·덕·체의 조화로운 교육, 즉 '감성의 교육'이 필요한 시대임을 감안한다면, 체육의 홀리스틱 교육적 접근은 중요한 작업이 아닐 수 없다.

이러한 사실에 입각해 아래에 체육의 뉴 패러다임으로서 '창의성 교육'과 생명과 통합, 공존의 교육으로서 '홀리스틱 교육'을 제시하려고 한다.[1] 물론 체육교과를 중심으로 한 접근이 될 것이다. 그리고 이는 창의성 교육의 필요성과 홀리스틱 교육을 소개하는데서 그치지 않고, 체육의 정체성과 향후 추구해야 할 구체적인 실천의 문제로서 '인간다운 인간형성'이라는 체육의 본질적 목표에 근접하려는 노력의 일환으로 이해되어야 한다. 이러한 작업은 "현장의 개선을 위해서는 현황파악, 문제발견, 대안실천, 문제해결의 과정이 체계적으로 진행되어야 한다"는 최의창(1999)의 주장과도 맥을 같이하는 것으로 이해될 수 있다. 그리고 이는 '체육이 살아남기 위한 대안'이라는 실천철학적 의미가 함축되어 있는 것으로 이해해야 한다. 다시 말해서 '실존적 교육의 가능성'을 찾기 위해 시도되고 있는 현장의 다양한 목소리로 이해되어야 할 것이다.

1
'창의성 교육'과 '홀리스틱 교육'의 패러다임은 저자가 속한 체육교사 모임(동부체육교사연구회, 전국체육교사모임)에서 실제로 현장적용을 실시하고 있는 방법이기도 하고, 아래 제시되는 자료들도 바로 위 두 모임에서 발표된 것임을 밝혀둔다. 일정 수준의 교육효과를 기대하고 시작되기는 했지만, '교육'이라는 자체가 당장 가시적인 효과가 나타나지 않기에 전통적인 수업과 비교해 몇 % 정도의 효과가 있었다고 말하기는 사실상 쉽지 않다. 비록 체계적인 지도서나 이론서 없이 상호협조와 조언, 토론으로 새로운 틀을 잡아가고 있지만 학생들의 밝은 모습과 열성적인 참여가 이루어지고 있고, 자기 자신들의 존재가치를 새롭게 발견하며, 자신감으로 충만해 세상과 당당히 맞설 수 있다고 말하는 아이들의 답변으로 그 효과를 짐작하기만 한다. 최근 체육계에 주목받고 있는 최의창(2002)의 '인문적 체육', '하나로 수업'도 바로 이러한 맥락에서 접근되고 있는 시도일 것이다.

창의성 중심의 체육

모든 시대에는 고유한 키워드가 있다. 19세기 말 우리나라에는 개화라는 키워드가 있었고, 그 후 일본 식민통치를 받을 무렵 그 시대의 키워드는 해방이었다. 전쟁 이후 반동이라는 키워드가 시대의 모든 것을 설명하고 규정했으며, 다시 근대화, 성장이 또 한 시대를 풍미했다. 1990년대의 키워드, 그것은 '정보화' 이다(송재희, 신동윤, 박영주, 1995). 미래의 충격, 제3의 물결, 메가트렌드megatrends 등 정보화 시대의 도래를 예견하는 미래학자들의 말을 굳이 인용하지 않더라도, 정보혁명의 물결은 우리의 일상생활, 지역사회와 정치, 그리고 국제사회를 혁명적으로 변화시켜 나가고 있다(권기헌, 1999). 컴퓨터의 대중화와 함께 찾아올 정보화의 물결은 Alvin Toffler(1990)가 『The Third Wave』에서 이미 예견한 바 있고, 실제로 인터넷과 휴대전화기의 보급과 함께 시작되어 1998년 초고속 인터넷 통신망의 구축을 기점으로 본 궤도에 올랐다. 이제 정보화 사회는 확실히 우리의 일상이 되어 버렸다. 그렇기 때문에 정보화는 우리 사회를 보다 바람직한 방향으로 변화시키기 위한 정책의 일환으로 진행되고 있으며(최성모, 1998), 정보화 시대에 살아가고 있는 우리는 그 정보화의 물결을 정면으로 맞서기보다는 적절하게 이용할 줄 아는 능력, 즉 정확한 정보에 대한 분석과 판단 및 활용능력의 함양이 요구되는 것이다.

토플러(Alvin Toffler)

이와 때를 같이해 교육인적자원부에서도 교육의 패러다임을 '정보화 사회에 대처하는 사람의 양성' 에 두고 '정보를 나누면 지식' 이라는 기본 틀 아래 정보에 대한 정확한 분석과 판단능력을 가능하게 하고, 이를 통해 새로운 변화와 발전을 가능하게 하는 교육, 즉 '창의성 교육' 에 포커스를 맞추고 있다. 그리고 이는 제7차 교육과정의 최우선 실천과제이고, 향후 교육분야의 우선 수행과제로 진행될 전망이다. 체육분야가 정보화에 적극 대처해야 하는 것도 이러한 이유이며, 창의성 교육을 외면한 채 교육선도를 주장할 수 없는 것도 이러한 까닭이다.

이제 교사들이 현장에서 이용할 수 있는 창의성 계발교육의 실례로 창의성 교육의 이해, 체육수업연구, 체육자료 개발, 자료적용, 발문기법 등을 사례 중심으로 조심스럽게 접근하여 새로운 패러다임에 적용시켜 보려고 한다.

창의성 교육에 대한 담론__

창의성創意性에서 창創은 아래와 같이 창(倉, 곳)과 도(刀, 칼)의 합성어로 창(倉, 곳=집)을 새로 지으려면 나무를 칼刀로 다듬어서 새로 지어야 하기 때문에 '새롭게(처음으로) 시작하다' 의 의미를 지니고 있다. 즉 자신이 중요하고 아깝다고 여겨 쌓아놓은 것을 풀어헤치거나 벗겨내는 것(창의성은 자신의 굳어진 부분이나 자신의 지식 또는 지혜까지도 부수는 데서 나오는 것)을 의미한다. 서양에서는 창의성을 Creative라고 하여 무無에서 또는 기본의 자료에서 새로운 것을 발견하거나 만들고 산출하는 것을 뜻한다. 즉 아무것도 없는 진공 가운데에서 무엇인가가 나온다는 것을 의미한다. 여기에 대한 명확한 정의는 학자들에 따라 다양하나 공통적으로 지칭되는 것은

'새로움' 과 '유용함' 이다. 이를 토대로 창의성에 대해 정의하자면, '자신의 지식이나 경험을 바탕으로 독창적이며, 새롭고, 유용한 아이디어를 창출하는 능력' 이라고 할 수 있을 것이다.

창의력은 지능, 즉 IQ(知能指數 ; intelligence quotient)만을 지칭하는 것은 아니다. 여러 연구를 종합해 보면 IQ는 110~120 이상이 되면 창의력과 상관이 없고, 도리어 아주 높은 IQ는 창의력에 장애가 된다는 주장도 있다(정범모, 2001). 즉 창의력의 발현에는 평균을 약간 상회하는 정도의 IQ가 필요하지만 그 이상은 필요 없고, 오히려 너무 높으면 창의력 발현에 방해가 된다는 말이다. 정해져 있으나 감추어져 있을 뿐인 정답을 찾아내는 이른바 '수렴적 사고' 는 정답 없는 상황에서 정답을 만들어 내는 '확산적 사고' 와는 상극이 될 수 있다는 것이다.

따라서 창의력은 지적 능력이라기보다는 〈표 V-1〉과 같이 인지적인 면IQ과 정서적인 면EQ이 동시에 작용하는 종합적인 능력이라고 할 수 있고, 이들을 실천으로 이끌어주는 다양한 동기motivation와 실천적인 성향disposition도 포함되어야 할 것이다. '신체-두뇌-의식' 의 통합적 인간관이 보여주는 핵심적인 생각은 신체를 초월하거나 몸과 분리된 두뇌(혹은 정신) 스스로 독립적 실체가 되지 못하기 때문이다(김선희, 2004). 따라서 창의성은 이상과 같이 새로운 것, 남이 잘 하지 않은 자기만의 생각이나 가치 있는 것을 만들어 내는 능력과 그런 능력을 뒷받침해주는 성격과 태도의 특성을 합한 것이라고 할 수 있다.

표 V-1. 창의성에 대한 학자들의 견해

접근방법	학 자	정 의
창의적 과정 접근	Rogers	하나의 새로운 결과를 야기하는 행동의 출현이며, 개인의 특성과 그 개인을 둘러싼 사건, 사람, 자료, 자기의 생활사의 상황 등에서 생성되는 과정
	Torrance	곤란한 문제를 인식하고 그것을 해결하기 위하여 아이디어를 내고, 가설을 세우고, 검증하며, 그 결과를 전달하는 과정
	임선하	새로움에 이르게 하는 개인의 사고 관련 특성
	김영채	새롭고 유용한 아이디어를 생성해 내는 정신과정
창의적 산출물 접근	Guilford	새롭고 신기한 것을 낳은 힘
	Taylor	특정한 목적을 갖고 모인 집단에 의하여 지속적이고 유용하며 만족스러운 것으로 받아들여진 신기한 작품을 만들어 내는 과정
	정범모	여러 영역의 활동에서 새롭고 뜻 있는 것을 만들어 내는 힘
통합적 접근	Csikszentmihalyi	독창적이고 가치가 있으며, 실천할 수 있는 사고과정 또는 산출물

자료 : 신경수(2003). 창의성과 체육.

반면에 서울대 의대 신경과 노재규 교수의 "기억력은 뇌의 감성적 영역을 담당하는 변연계라는 부위와 관련이 깊고, 창의력은 논리적 사고를 주관하는 대뇌피질 전두엽과 연관되어 있다."는 주장(이호갑, 1999)은 두뇌 구조상 기억력과 창의력과의 연관성이 없다는 것을 의미한다. 이러한 주장은 서로 상반되는 의견임에도 불구하고 연관성을 찾을 수 있는데 창의력이 IQ와 관련이 있기는 하지만 높은 수준의 창의력을 발휘하기 위해서 IQ가 반드시 높아야 되는 것은 아니라는 것이 바로 그것이다.

창의성을 흔히 창의력(혹은 창조력)이라는 입장에서 보면 창의적 사고라고 할 수 있는데 이것은 능력과 관계가 있다. 창의성을 능력으로 보면 창의적 사고가 되고, 성격특성으로 보면 창조가 된다(김재은, 2003). 능력과 태도, 즉 창의적 사고와 창의적 태도가 합쳐질 때 비로소 창조를 할 수 있는 것이다. 겉으로 보여 지는 어떤 태도는 인식된 몸에서부터 나오는 것이고, 사고와 체험을 통한 체득이 중요한 것이라고 본다면 우선은 창의적 사고가 중요하다고 볼 수 있다.

창의성의 계발에 있어 환경적 요인의 중요성은 대단하며, 특히 교사의 역할이 매우 큰 변인으로 작용한다(김인효, 1996). 창의성은 창의적인 생각과 행동을 인정, 수용하는 개방적인 분위기에서 창출이 가능하기 때문이다. 창의력은 바로 '개인이 처해 있는 사회집단의 정신적 분위기의 문제' 인 것이다(정범모, 2006). 주위의 분위기에 의해서 사고가 닫히게 된다면 적극적인 사고가 불가능하게 된다. 따라서 스스로 계획하고, 실행하는 자율성을 습득하여 창의적인 사고를 발현하기 위해서 우선은 창의적인 사고와 행동을 지지해 줄 수 있는 여건이 조성되어야 한다. 특히 대부분의 시간을 보내게 되는 학교수업의 분위기는 특히 중요하다. 몰론 정신적인 지지 뿐만 아니라 실제적이고 다양한 물리적 환경요인까지를 말하는 것이다.

일단 환경이 조성되면 우선적으로 정서적 자극을 풍부히 제공하여 내재적 동기(관심과 호기심), 성취동기 등을 계획적으로 육성할 수 있도록 해야 한다. 이러한 과정을 통해 자유로운 상상, 의문, 질문을 잘 할 수 있는 힘을 기른 후 자신감(용기), 적극성, 집착력을 갖도록 훈련을 시켜야 한다. 물론 풍부한 독서와 그 내용을 생각하는 훈련을 통해서 이러한 노력이 가능할 것이다. 간혹 있을 수 있는 실수와 실패를 수용할 수 있는 분위기에서 집중과 여유를 갖게 하는 것을 명심해야 한다.

창의력의 계발을 통한 창의적 사고력의 함양은 수업상황의 전 단계에서 신중하게 고려되어야 하고, 현실과 이론 간의 갭gap을 줄여줄 수 있는 노력, 즉 수업상황에서 학생들의 창의적 사고와 태도를 자극할 수 있는 해법을 찾는 노력은 교사에게서 찾아야 하고, 바로 교육의 출발이 되는 질문, 즉 발문發問에서부터 시작해야 한다. 창의적인 교수법(CTT : creative training technique)을 개발한 교수법 전문가 Robert W. Pike(2003) 교수가 주장하는 교수법인 "가르치지 말고 참여시켜라!"와 조벽(2005) 교수가 주장하는 "무엇을 할 것인가에서 무엇을 하게끔 할 것인가?"도 이와 같은 맥락에서 이해할 수 있을 것이다. 그리고 그것은 정범모(2006)가 주장하는 "먼저 집단의 정신적 분위기를 적절하게 쇄신하는 것"이기도 하다. 창의력의 계발을 위한 단계별 발문은 〈그림 V-1〉의 과정으로 이루어진다.

가. 도입 단계		나. 전개 단계		다. 정리 단계
전시와 본시 연결을 위한 발문 생활경험의 상기 수렴적 분위기 조성	➡	문제해결하기 학습결과 발표하기 문제해결의 방법 찾기	➡	학습내용의 정리 학습내용의 적용 및 발전 학습방법의 학습을 위한 발문 차시 예고

그림 V- 1. 창의력의 계발을 위한 수업의 단계별 발문 과정

구성주의에 기반을 둔 제7차 교육과정에서는 학생 스스로의 사고과정을 매우 중요시 여기고 있다. 따라서 교사중심의 수업방식에서 학생중심의 수업방법으로의 변화는 자연스러운 현상이라고 할 수 있다. 그 첫 번째 출발은 교사와 학생의 언어적 활동에서 시작되고, 그 언어적 활동에 대한 상호작용은 단순히 지식의 전달과정일 뿐 아니라 사고력을 높이고, 문제의 답을 탐색케 하는데 중요한 기능을 한다(박정미, 2004). 특히 수업 중 교사가 주의해야 할 것은 학생들의 사고를 폐쇄적으로 만들어 버리는 분위기를 조성하지 말아야 하는 것이다.

그러기 위해서는 가능하면 문제를 하위문제로 나누어 다양한 방법

의 발문이 이루어져야 한다. 질문도 작은 것에서부터 점점 목표에 도달할 수 있도록 단계별로 제시되어야 하고, 학생들도 질문할 수 있는 여유를 주어야 한다. 동시에 교사 자신도 충분한 시간을 가져 학생들이 목표에 도달할 수 있을 때까지 판단을 유보하고 기다려줄 줄 아는 노력도 필요한 능력이다.

창의성 교육과 체육_

미래 사회는 정보화 지식이 주도하는 지식기반사회로 급변할 것으로 예상된다. 이에 발맞춰 교육인적자원부에서도 교육의 패러다임을 '정보화 사회에 대처하는 사람의 양성' 에 두고 '정보를 나누는 지식' 이라는 기본 틀 아래 정보에 대한 정확한 분석과 판단의 능력을 가능하게 하고, 이를 통해 새로운 변화와 발전을 가능하게 하는 교육, 즉 '창의성 교육' 에 포커스를 맞추고 있다. 이는 제7차 교육과정의 최우선 실천과제이고, 향후 교육분야의 우선 수행과제로 진행될 전망이다.

창의성의 의미는 새로운 아이디어, 새로운 방법, '동적인 자세, 개인 잠재력의 최대 발현' 등의 의미를 지니고 있다. 또한 창의성은 개인차가 있으며, 아무리 훌륭한 창의적 잠재력을 가지고 태어났다 하더라도 계발하지 않으면 그 능력은 발현되지 못하며, 또 학습에 의하여 창의성을 크게 신장시킬 수 있음에서 학습이 창의력에 중요한 역할을 한다는 것을 알 수 있다. 그러므로 체육수업에서도 창의성을 적용하여 학생들의 신체활동을 활발히 하도록 유도하고, 신체적, 정신적, 사회적으로 건강한 개체로서 성장할 수 있도록 하는 방법에 대한 연구는 중요한 작업일 수밖에 없다.

그러나 현재의 체육은 이러한 현실을 직시하지 못하고 있는 듯하다. 학생들의 입장에서 개인의 발전을 돕기보다는 교사의 일방적인 지시로 교육이 이루어지고 있고, 체육의 필요만 강조할 뿐 왜 필요한지에 대한 이해가 부족한 상태에서 신체활동을 강요하고 있다. 신체활동을 통한 건강의 메커니즘을 이해시키기보다는 건강한 삶의 영위를 강요하고 있다. 여기에 현장의 체육수업은 교사의 설명과 시범, 실기실습 등 기존의 교수학습 틀에 안주함으로써 청소년들의 신체적 활동에 관심과 흥미를 저하시키는 결과를 초래하고 있어 교육적 본질까지 의심받고 있다. 그러한 결과, 현재의 체육은 시수의 축소와 함께 유명무실한 평가방법의 교과로 전락, 기능위주의 교과 등으로 인식되어 내신점수에서 제외되는 교과가 될 처지에 놓였고, 체육의 교육적 역량에 상처를 입게 된 것이다.

이는 오늘날 사회가 추구하고 있는 교육적 패러다임을 따르지 못한 결과에서 비롯되었다. 교육이 지향하는 방향이 앞으로 닥쳐올 세계화, 정보화 시대를 효율적으로 이끌어 갈 수 있는 능력의 함양과 건강하고 창의성을 지닌 인간을 육성하는 데 있음에 주목하지 않을 수 없다. 따라서 체육수업에서는 전통적인 틀을 깨뜨리는 새로운 교육 패러다임, 즉 창의성을 자극하는 학습환경을 조성하고 학생들에게 창의성을 발휘할 수 있는 기회를 제공하는 교육이 필요하다. 현장의 체육교사들이 앞으로 노력해야 할 일은 과학적(객관적) 실증주의 체육의 문제점에 대응하는 대안적 이론체계와 여기에 상응하는 실천체계를 개발하는 것이다(최의창, 2003). 이러한 노력은 체육이 급변하는 교육여건의 변화 속에서 살아남기 위한 해결방안이라는 실천철학적 중요성이 함축되어 있는 것이다. 이것은 의도적으로 과제 참여도를 높이는 프로그램의 투입활용을 통해 학생들의 동기유발과 사고력 자극 및 자발적으로 참여하는 태도를 길러주는 데서 시작된다. 운동을 하니까 즐겁고 성취욕이 높아진다는 것을 일깨워 주는 교사의 노력이 절실히 요구되고 있는 상황이다. '창의성 교육'은 선택이 아니라 필수이며, 시대적 요구인 것이다.

창의성은 인간의 사고특성 중 하나로 직접적인 학문분야로서의 연구와 논의는 심리학 이론의 발달과 함께 시작되었다. 미국의 경우 1950년대에 창의성 연구가 본격화되었고, 1960년대에는 미국정부의 선별적 지원이 있었으며, 1970년대에는 중등학교에서 창의성 계발 프로그램이 시작되었다. 1980년대 이후에는 각 기업체에도 창의성의 열풍이 불어 현재까지 연구되어지고 있으나 현재 우리나라는 비로소 창의성 교육에 대한 관심이 일기 시작한 정도이다. "창의성이 인간의 가장 중요한 자산"임을 이제야 알게 되었고(Toynbee, 1987), '사회의 흥망이 여기에 달려있음'에 이제 겨우 눈을 떴다고 할 수 있다.

창의성에 대한 연구는 인간의 뇌기능과 관련하여 시작되었다. 창의성의 이해를 위해 뇌기능의 특성에 관한 현재까지의 연구는 크게 세 가지로 요약할 수 있다. 창의적 사고는 우뇌가 지배적이라는 견해와 좌·우측 뇌의 통합기능을 주장하는 견해, 그리고 마지막으로 두뇌기능과는 상관없이 의지적인 작용에 의한 것이라는 견해가 바로 그것이다(손승아, 안경숙, 1997). 대부분의 연구결과 좌뇌는 말을 하거나 듣거나 계산하는 식의 논리적인 기능을 담당하고, 우뇌는 음악을 듣거나 그림을 보거나 어떤 이미지를 떠올리는 기능을 관장한다고 알려져 있다. 우뇌가 예술성, 직관성, 창조성 등의 감성적인 측면의 기능이라면, 좌뇌는 관념 구성적, 분석적, 산술적 등 이성적 측면의 기능을 담당하게 된다. EQ는 바로 우뇌와 관련한 부분으로서 최근 교육계에서도 전통적으로 인식되어 온 IQ와 함께 중요한 부분으로 인식되고 있다. 이렇듯 대부분의 연구자들은 이성과 논리는 좌뇌의 전유물이며, 통찰력과 창의력은 우측 뇌의 전유물이라는 생각을 하고 있는 듯하다. 뇌의 기능 중 직관적인 사고를 하는 우뇌가 이론적으로 창의적인 사고를 할 수 있다고 알려져 있다.

그러나 "창의적 사고는 우측 뇌 기능만을 집중적으로 자극함으로써 길러지는 것이 아니라 좌 · 우측 뇌의 기능을 통합적으로 자극함으로써 보다 더 잘 길러진다"는 주장이 더욱 설득력이 있다(하종덕, 1999). 좌뇌와 우뇌의 협조적인 역할이야말로 진정한 창의성의 기초가 되며, 논리적인 사고나 언어적 분석의 좌뇌의 역할, 직관적이고 무의식적인 우뇌의 역할에서 해방될 때 또 다른 아이디어를 창출할 수 있는 것이다. 언어적 기능과 수리적 기능만을 주로 담당하는 좌뇌의 기능측정(IQ)만으로는 두뇌의 기능을 100% 발휘했다고 보기 힘들며, 공간, 신체운동, 음악, 대인관계, 자기이해, 자연, 실존적 감각 등에 대한 포괄적인 상호관련 속에서 이를 수렴 · 확산시키는 우뇌의 기능까지 포함해야 창의적 사고가 발현되는 것이다. Haward Gardner의 '다면적 접근에 의해 행동의 수준에서 통합된 형태로 제시되는 다중지능이론' 도 바로 이러한 창의력에 근거하여 완성된 것이라고 볼 수 있다.

가드너(Haward Gardner)

Gardner의 '다중지능이론' 은 인간의 지능이 단선적이고, 언어적 지능과 수학적 지능으로 구별되던 전통적 지능이론에 반대하여 지능은 고정된 것이 아니라 다면적인 것이라는 생각에서 출발하였다. 즉 문화적으로 가치 있는 물건을 창조하거나 문제의 해결, 나아가서 그 문화에서 유용하게 쓰일 수 있는 정보를 처리하는 생물, 심리학적인 잠재력을 말한다(한국다중지능교육학회, 2007). 이 지능은 9가지의 지적 능력으로 이루어져 있으며, 상호 독립적이기 때문에 한 영역의 지능이 높다고 해서 반드시 다른 영역의 지능이 높다고 볼 수 없다. 그렇기 때문에 어느 특정영역의 지능만을 평가하여 우수하다고 하기에는 어려움이 있고, 서로 동등한 가치를 지니고 있다. Gardner의 '다중지능이론' 은 〈그림 V-2〉과 같이 도식화할 수 있다.

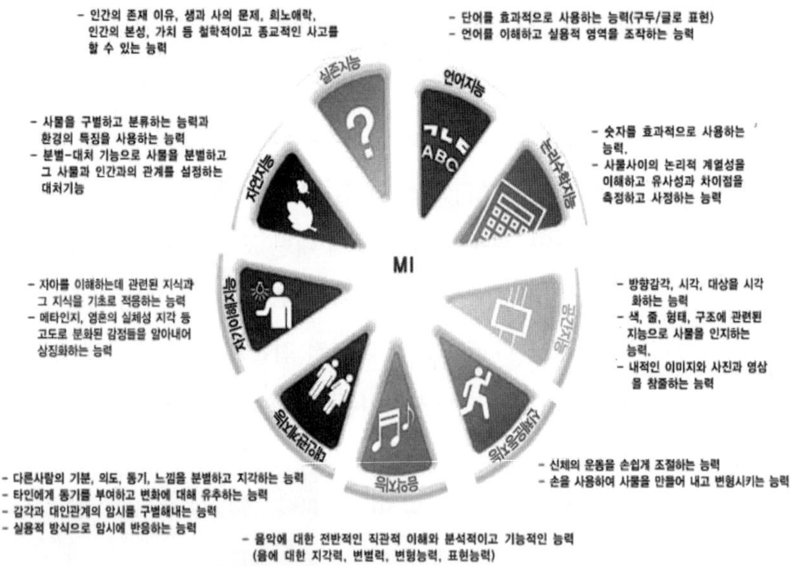

그림 V- 2. Gardner의 다중지능이론

자료 : 한국다중지능교육학회(http://www.kmiea.net)

실제로 어떤 과제가 주어졌을 때 뇌기능은 효율적인 과제수행보다는 각기 뇌기능의 특성에 맞는 처리모형이나 전략에 의해 주어진 과제를 수행하려고 한다. 과제는 우뇌, 좌뇌 어떤 것에 의해서도 수행될 수 있는

데 이는 기존의 방법의 답습인 경우이고, 실제로 주어진 과제는 양쪽 뇌가 서로 다른 모형과 특성적 전략을 사용하여 수행하게 된다. 이러한 과정에서 전혀 다른 새로운 방법이 탄생하게 되는 것이고, 이것이 창의력 발현의 시초라고 알려지고 있다. 따라서 양쪽 뇌 모두 창의성과 연결되어 있음을 알 수 있고, 각각 뇌의 특성적인 전략은 창의적인 활동을 하는데 서로 긍정적인 상승작용을 하게 되는 것이다. 좌 · 우뇌의 다양한 인지기능 및 그 특징은 〈표 V-2〉과 같다.

표 V-2. 좌 · 우뇌의 인지 기능

좌뇌의 기능	우뇌의 기능
언어적, 분석적	비언어적(시간적, 공간적), 관련적
논리적, 부분적, 귀납적, 추상적, 상징적 사고	창의적, 직관적, 구체적, 전체적, 연역적, 확산적 사고
의식적, 시간적, 직선적 정보처리	무의식적, 공간적, 동시적 정보처리
이성적, 인지적	감정적, 예술적

이러한 창의성과 창의적 사고는 체육교과에 중요한 시사점을 제시한다. 창의성은 좌 · 우측 뇌의 통합적 자극으로 향상되고, '운동을 통해 뇌기능을 향상시킬 수 있다(이성주, 2003)' 고 본다면, 체육은 창의성 계발에 지대한 영향을 미칠 수 있기 때문이다. 또한 위에서 말하는 창의성은 향후 정보화 사회를 살아갈 학생들이 필수적으로 습득해야 할 능력이고, 오늘날 교육이 추구하고 있는 패러다임이며, 교육의 한 측면을 담당하고 있는 체육교과도 여기에 주목해야 하기 때문이다. 특히 창의력은 자기의 정체성을 통해 인간의 근원적인 본성에서 발현된다고 본다면, 실존주에 근거한 체육수업은 창의력 교육을 가능하게 한다.

정광복(2002)에 의하면 신체적으로 교육을 받는 인간이란 자기 자신을 표현하고, 탐구하고, 발달시키고, 이해하는 방법이며, 또 자신이 살고 있는 세계와 관계를 이어주는 운동과 관계를 맺어 자신의 모든 잠재적 가능성 및 그 활용능력을 발달시킨 사람이고, 가장 광범위한 형태로서 신체는 곧 실존적 형태의 변모로 나타나며, 운동교육에 관련된 자유로운 선택과 상호관련성을 고려한다면 실존주의 교육에 가장 접근된 개념은 실존주의 체육이다. 즉 인간 움직임과 관련된 신체활동은 창조적 교육의 성과를 유발하기에 충분한 교육적 상황인 것이다. 그렇기 때문에 실존주의자들에게 있어서 체육활동은 독립된 개개인의 주체성을 가진 신체를 경험할 수 있는 기회가 되고, 이는 인간답게 살기 위한 수단으로 작용하게 되는 것이다.

그리하여 체육은 자신의 신체 움직임의 주체적 인식을 통해 자아의식의 발견이나 자기표현 및 실현에 중요성을 부여하고 있다는 점을 부각시키는 활동이 된다. 뿐만 아니라 여기에는 자각과 판단, 기억과 연상능력 등 인간의 다양한 지적활동을 포함하고 있으며, 감정을 포함하는 정서적인 영역까지 포함하고 있다. 체육은 바로 좌뇌와 우뇌의 통합적인 활용을 통한 상승작용이 가능한 교과인 것이다. 특히 '내가 어떤 지식을 많이 알고, 외울 수 있느냐보다는 어떤 지식이 어디에 있고, 어떻게 활용할 수 있느냐' 의 능력이 더욱 중요한 것으로 인정받고 있고, 향후 교육이 유연하고 높은 인지적 능력을 기르는 방향으로 나아가고 있음을 인지한다면 이러한 사실은 더욱 중요하지 않을 수 없다. 현대사회에서 그 특성은 더욱 다대해진다.

현대사회는 강력한 정보력을 중심으로 급속도로 빠른 변화를 보이고 있다. 어제의 지식은 어제의 지식일 뿐 내일의 지식이 될 수 없을 정도로 하루하루 새로운 지식이 창출되고 있다. 정보화 사회에서의 불변의 진리처럼 고정된 전통적인 지식관에 대한 변화를 요구하고 있다. 오늘날 정보화 사회에서 지식의 차원에서는 사실적 지식과 개념적 지식을 넘어 절차적 지식과 메타 인지적 지식을 더 중요시하게 되고, 인지처리 측면에서는 기억, 이해, 적용을 넘어 분석, 평가, 창의성 차원이 강조되고 있다(류태호, 2007). 이런 점에서 볼 때 체육교과는 현대사회의 교육적 요구에 적극 부합할 수 있는 가능성이 있다고 볼 수 있다. 전통적인 인지교과인 과학과 수학에서 조차 사실적 지식을 단순 암기하고 적용하는 것에서 벗어나 논리적 사고와 문제해결능력과 같은 절차적 지식과 메타 인지적 지식을 강조하고 있는 것도 같은 맥락에서 이해할 수 있을 것이다. 매 수업시간마다 심동적 영역을 수단으로 학생들의 정서적 · 인지적 능력의 가능성을 극대화시키는 체육수업은 현실적으로 가장 실천적인 방법을 동원하여 창의성을 극대화 시키는 수단이 된다.

창의성 교육은 학생들이 생각한 것을 마음껏 펼칠 수 있는 수업분위기에서 문제를 해결할 수 있다고 본다면, 체육교과도 수업전반의 분위기가 어떠해야 하는지를 쉽게 가늠할 수 있다. 실제로 체육수업 곳곳에는 학생들의 창의력을 키울 수 있는 요소가 내재되어 있어 이를 가능케 한다. 다양한 놀이활동을 포함하는 '인간 움직임 자체에 대한 교육' 과 현대무용과 같은 '창조적 예술활동' 이 좋은 교육프로그램이 될 수 있을 것이고, 이러한 교육은 학생들의 주도적인 활동이 중심을 이룸으로써 강한 실천력이 발휘되고 있다. 체육을 통한 다양한 감정의 변화와 함께 다양한 정서적 경험은 학생들의 감성적 발달을 꾀할 수 있고, 이는 EQ의 발달과 인지적 자극을 유발해 절차적 지식과 메타 인지적 지식영역의 창의성과 연결될 수 있을 것이다. 그리고 이는 신체 움직임의 주체적 인식을 통해 자아의식의 발견이나 자기표현 및 실현을 가능케 하는 실존철학적 가치의 실천적 모습이기도 하다. 이로써 체육은 또 다른 목표가 생긴 셈이다.

체육의 창의성 수업적용 사례_

구성주의에 기반을 둔 제7차 교육과정은 학생 스스로의 사고과정이 매우 중요하다. 이는 일방적인 교사중심의 수업방법에서 학생중심의 수업방법으로의 전환을 의미한다. 그리고 그 출발은 교사와 학생의 언어적 활동에서 시작되고, 그 언어적 활동에 대한 상호작용은 단순히 지식의 전달과정 뿐 아니라, 사고력을 높이고 문제의 답을 탐색케 하는데 큰 의미가 있다. 이에 특히 중요한 것은 학생들의 자유로운 사고를 도와줄 수 있는 다양한 채널의 교육방법이 적용되어야 하며, 교사와 학생 간의 양방향 상호전달이 가능해야 한다는 점이다.

그렇다고 본다면 사이버 공간은 좋은 교육의 기회가 될 수 있다. 그것은 우리 자신과 공동체와 미래의 방향에 대하여 상상력과 창조성을 시험하는 공간이 될 수 있다(김선희, 2004). 그리고 "철학이 사유의 우월성을 통하여 예술을 규정해 가는 방식에서 벗어나 오히려 철학이 자신의 사유를 새롭게 규정하기 위해서 예술에 의존해야 한다."는 박성수(1998)의 주장처럼 체육도 교육적 가능성의 극대화를 위해 사이버 공간의 활용에 의존할 수 있는 것이다.

다음에 제시되는 다양한 자료들은 사이버 공간을 활용하여 수업하게 됨으로써 학생들의 상상력과 창의력을 깨울 수 있는 사례들이다. 이러한 수업적용 사례들은 교육용 소프트웨어의 개발을 통해 학생들이 인터넷을 활용하여 직접 정보를 찾아 수업 받을 수 있는 교육 자료들이다. 이는 스스로 생각하고 판단해서 스스로 중요한 정보를 찾아냄으로써 정보를 통합하고 공유할 수 있는 공간이기도 하고, 질문방을 통해 교사와 직접 대화가 가능한, 그럼으로써 궁금증을 해결할 수 있는 쌍방향 네트워크가 가능한 공간이기도 하다. 또한 학생들의 흥미를 자극해 적극적인 수업 참여의지를 유발할 수 있는 수업자료이기도 하다.

이러한 작업은 엄정식(2005)이 "애니메이션이 시도하는 목표와 성과로부터 자양분을 얻고 새로운 주제와 방법론을 개발하여 철학을 쇄신하기 위해 더욱 절실하게 요구되는 능력"임을 주장 하는 것처럼 체육의 현장에서도 인터넷과 애니메이션의 방법적 성과를 통해 현장의 교육을 쇄신할 수 있는 수단이 될 수 있는 것이다.

■ 교육용 소프트웨어 개발 활용

• 인터넷을 활용한 교육 자료(http://www.tgedu.net/student/jung_physical2/)

〈사진 V-1〉, 〈사진 V-2〉는 학생들이 인터넷을 활용하여 직접 정보를 찾아 수업 받을 수 있는 교육자료이다. 스스로 생각하고 판단해서 스스로 중요한 정보를 찾아냄으로써 정보를 통합하고 공유할 수 있는 공간이다.

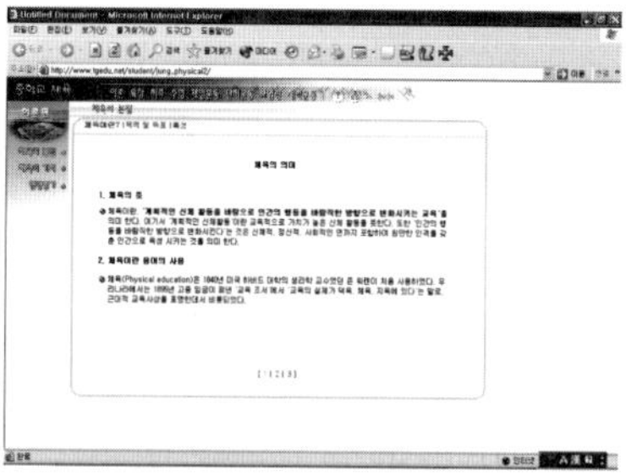

사진 V-1. 이론편

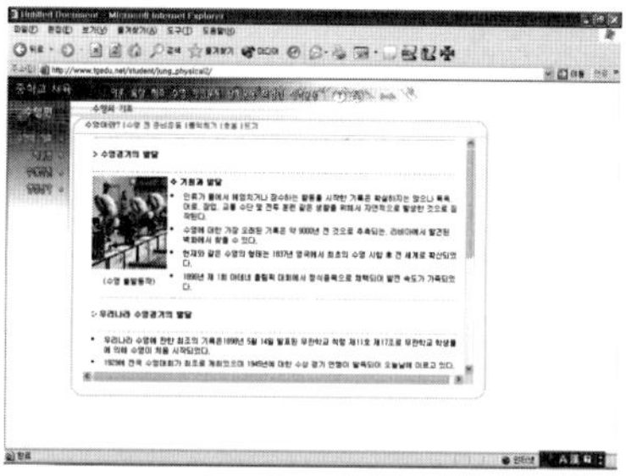

사진 V-2. 실기편(수영)

접속 방법 - http://www.tgedu.net(대구에듀넷) ⇨ 학생마당 ⇨ 주제별 공부방(중학교) ⇨ 체육

• 질문방을 통한 사이버 교사(http://www.semyung.org/main.htm)

〈사진 V-3〉, 〈사진 V-4〉는 질문방을 통해 교사와 직접 대화가 가능한, 그럼으로써 궁금증을 해결할 수 있는 사이버 공간, 즉 인터넷을 통한 쌍방향 네트워크가 가능한 공간이다.

사진 V-3. 조종렬 선생 홈페이지

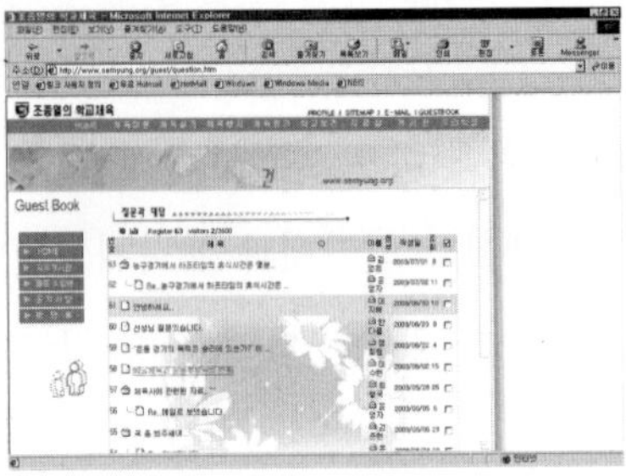

사진 V-4. 질문방

• 애니메이션을 활용한 수업(http://my.dreamwiz.com/park3902/step1.htm)

〈사진 V-5〉, 〈사진 V-6〉은 학생들의 흥미를 자극해 적극적인 수업 참여의지를 유발할 수 있는 애니메이션을 활용한 수업자료이다.

사진 V-5. 재미있는 체육수업 만들기

사진 V-6. 다리벌려 앞구르기

컴퓨터를 활용한 창의성 수업은 학습자의 개별학습 도구로 사용이 가능한 장점이 있다. 수업 시 그림도해, 애니메이션, 동영상 등을 이용하여 학습자의 호기심과 동기유발, 과제 참여도를 높이는데 활용할 수 있어서 학생들의 자발적인 참여를 유도할 수 있고, 개인의 능력에 따른 수업진행이 가능해 적절히 활용만 하면 효율적인 도구가 될 수 있다. 또한 가상의 인터넷 공간을 활용해 학교에서 이루어지지 않았던 묻고 답하기도 가능해져서 비록 기계의 도움을 받고 있지만 의문사항을 직접 질의하여 사이버 교사의 지도를 받음으로써 부족한 부분을 보충할 수 있는 쌍방향 네트워크가 가능하다. 물론 자료방의 자료를 학습자 및 체육교사들이 상호 공유하여 사용할 수 있다면 더욱 효과를 높일 수 있을 것이다. 그리고 이러한 작업은 비록 컴퓨터라는 기계문명의 도움을 받지만 인간에 의해서 이루어지는, 즉 주체성을 가진 '나' 에 의해 '나' 스스로 판단하고 선택하는 것이기에 '나' 라는 존재는 실존에 더욱 가까워질 수 있는 기회로 작용하기도 한다.

■ 생각하는 체육수업 사례

창의적 사고의 함양은 수업의 전 단계에서 신중하게 고려되어야 하고, 특히 학생들의 창의적 사고와 태도를 자극할 수 있는 해법은 교육이 시작되는 시점의 언어적 활동, 즉 발문發問에서부터 시작해야 함을 앞에서 살펴보았다. 그리고 그 언어적 상호작용은 학생들 스스로 문제의 답을 탐색하게 하는 주체적 작용을 하며, 사고의 유연성을 높여 창의적인 수업을 할 수 있는 여건을 마련하는 것이다. 〈사진 V-7〉과 〈사진 V-8〉, 〈표 V-3〉는 단계적 발문을 통해 학생들의 생각을 끄집어내는 '생각하며 즐기는 체육수업' 에 대한 자료이다. 〈그림 V-3〉은 이를 통해 '생각하며 표현하는 체육수업' 으로 마인드맵을 제시한 자료이다.

• 아하! 생각하는 체육수업 - 발문법

사진 V-7. 손기정 선수 출발 장면

사진 V-8. 100m 달리기 출발 장면

표 V-3. 생각하며 즐기는 체육 수업

아하! 생각하며 즐기는 체육			
단 원	단거리달리기	작성자	제1학년 5반 7번 신 혜 진
학습요소	과 제	창의적인 사고 표현	
육상의 특성 및 가치	손기정 선수의 마라톤 장면을 보고 느낀 점은?	정말 힘든 경기인데 열심히 달려서 1등을 향하는 모습이 자랑스러웠지만 주권상실로 인하여 일장기를 달고 달려야 했던 것이 무척 안타깝다.	
	육상경기장을 연상하면 생각나는 것은?	우승자의 환호, 상을 타는 모습, 관중들의 함성, 달리기, 높이뛰기, 멀리뛰기, 포환, 원반, 창던지기 등...	
출 발 법	왜 단거리달리기의 출발법은 크라우칭 스타트를 하는가?	스타팅 블록을 이용하여 순간적으로 힘차게 발을 굴러 반동을 이용하여 앞으로 빨리 나갈 수 있기 때문	

자료 : 신경수(2003). 매호중학교 체육수업 자료.

• 생각하며 표현하는 체육시간 - 마인드맵

마인드맵(mind map : 핵심 단어만을 사용하여 머리에 떠오르는 모든 생각들을 판단하지 않고 모두 적어 여러 가지 생각들이 모여서 결합하여 새로운 아이디어를 만들어 내는 것으로 어떤 최종의 결과라기보다는 과정 자체란 것)을 이용해서 개방적, 비구조화적, 교과지식 및 기술이 포함되어 있는 주제를 제시하고, 이에 학습자들은 자신의 생각들을 비구조적으로 표현하여 정리하는 과정 속에서 정보를 조직화 할 수 있다. 이를 서로 연결시켜 결합시킬 수 있을 뿐만 아니라 자신의 창의적인 아이디어를 더하여 정보를 기억할 수 있을 것이다.

생각하며 표현하는 체육시간			
단 원	핸드볼	작 성 자	제1학년 6반 4번 남 은 경

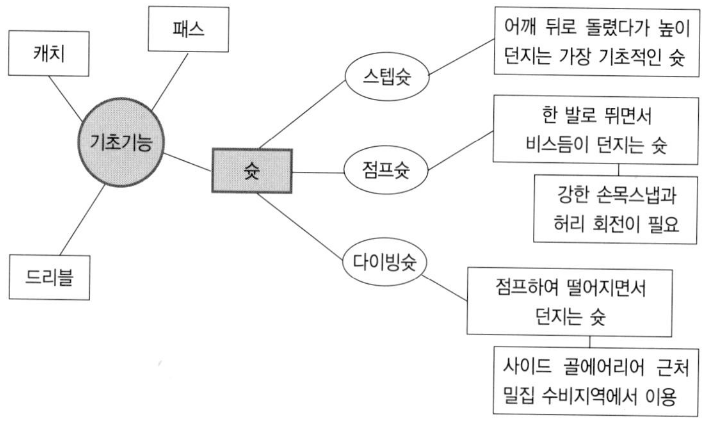

그림 V-3. 생각하며 표현하는 체육수업

자료 : 신경수(2003). 매호중학교 체육수업 자료.

■ NIE를 활용한 체육수업 사례

NIE(newspaper in education : 신문활용 교육)는 21세기형 열린 교육이다. 새로운 기사 내용과 신문구성의 다양함을 활용하여 재미있고 생생한 학습을 추구하는 교육이 NIE이다. '신문은 살아 있는 교과서' 이듯 매일 새로운 내용의 기사가 실려 있어 생생한 체험적 앎embodied knowing의 장이 되고, 이것이 학생들의 창의성 신장에 도움을 주게 된다. NIE는 교과활용은 물론 말하기, 쓰기 등의 언어교육에 주로 사용되기 때문에 국어교과에서 적극적으로 사용되고 있고, 신문제작 과정의 이해, 신문 바로 읽기에 탁월한 교육효과가 인정되고 있는 교수방법이다. 뿐만 아니라 NIE는 창의적, 논리적, 분석적, 비판적 사고능력의 개발, 인성지도와 감성(感性, emotional quotient, EQ)의 계발 등 여러 영역에서의 활용이 가능한 다면적 교육프로그램이므로 점차적으로 다양한 교과에서 활용을 확대시키고 있는 실정이다.

NIE를 통한 교육이 이미 보편적인 교육선진국에서는 글쓰기와 지면 꾸미기 및 편집 등 필요한 정보를 언제 어디서든지 찾아 활용함으로써 창의성이나 사고력 개발을 위한 교수방법으로 오래 전부터 사용되어진 방법이다. NIE 교육의 이러한 면에 관심을 가지고 체육수업에서도 적극적인 활용을 통해 학생들의 체육 · 스포츠에 대한 관심증대와 호기심 자극 및 생활화로 유도할 수 있을 것이고, 나아가서 체육도 창의력 교육에 동참할 수 있는 교과로 거듭날 수 있을 것이다.

〈그림 V-4〉은 경기도 소재 고등학교에서 NIE를 활용한 체육수업의 사례이다. 주제는 성교육이고, 신문기사를 활용하여 학생들의 사고의 폭을 넓혀주며, 편집의 과정을 통해 학생들의 창의력 증대에 활용할 수 있을 것으로 기대된다. 교과서에 제시되는 성교육 단원은 학생들에게 호기심과 관심을 유도할 수 있는 단원인데 비해, 체육교과에서 준비할 수 있는 수업자료는 사실상 한계가 있을 수밖에 없다. 그렇다고 질문과 답변을 통해 진행하기에도 현실적인 어려움이 따른다. 이런 경우 아래 자료를 활용하고, 제작하는 수업은 학생들의 다양한 사고에 의한 긍정적인 판단을 유도함으로써 창의적인 교육이 가능할 것이다. 그리고 그러한 과정은 학생들의 자기주도적 수업을 가능하게 하고, 스스로 편집하며 논리적인 해답을 찾으면서 실존을 완성해 나갈 수 있을 것이다. 그리고 그러한 작업은 '나' 라는 실존이 만들어 가는 '나' 의 또 다른 모습이 될 수 있다.

제호	
• 발 행 일 : 2003년 7월 11일 • 편 집 인 : 이규철, 윤석현, 이철재, 설태민, 김효중 • 발 행 인 : nie 나라 성 문 고 등 학 교	청소년기 성관계에 대한 보도를 접하고서 놀라지 않을 수 없었습니다. 청소년기의 성관계를 논한다는 자체도 놀랍고, 그 설문조사의 결과도 놀라웠습니다. 또 수업시간에 그 설문결과를 언급하고 성윤리에 대한 이야기를 할 때 그 설문결과를 그렇게 충격적으로 받아들이지 않는 학생들의 반응에도 놀랐습니다. 역사적으로 볼 때, 성 타락은 한 국가를 멸망시키는 요인 중의 하나였답니다. 성 개방이 성 타락으로 전락하지 않을까 심히 염려스럽습니다. 여러분, 어떻게 생각하세요?

아니, 10명 중 1명이!

신문 속에서

청소년기 성관계를 가져도 되나

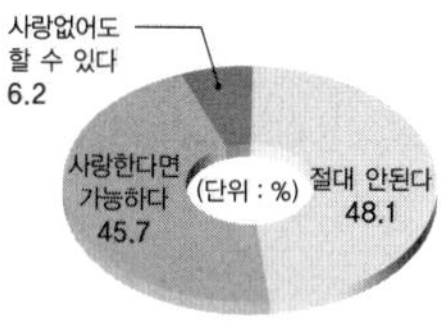

자료 : 서울가정법원소년자원보호자협의회 (2천3백70명 설문)

초·중고생 10명중 1명 "性경험"
전국 2370명 조사

[중앙일보] 2003.07.07

초·중·고교생 절반 이상(53.9%)이 "결혼은 선택"이라고 생각하는 것으로 나타났다. 서울가정법원 소년자원보호자협의회(회장 신기남 민주당 의원)가 지난 4월부터 6월까지 전국 초등학교 5학년~고교 3학년 2천3백70명을 대상으로 설문조사한 결과다. 설문 대상에는 재판에 계류중이거나 교정시설에 수용돼 있는 학생 2백98명(12.5%)도 포함됐다.

조사 결과 "이성 교제 경험이 있다"는 학생(56.7%)이 절반을 넘었다. 처음으로 이성 친구를 사귀는 시기는 중학교(51.2%)때가 많았고, 데이트 장소로 극장(26.2%)과 노래방(21.2%)을 꼽았다.

"혼전 성관계가 가능하다"는 청소년은 3명 중 2명(65.7%)꼴이었다. 일반 학생의 경우 10명 중 1명꼴(10.7%)이 성경험자였으나, 비행소년은 남자의 절반 이상(57.4%)과 여자의 대다수(82.1%)가 성경험이 있었다.

성경험이 있는 4백7명 중 3분의2(2백74명)가 고교생이 되기 전 첫 경험을 했다. 동성애에 대해서는 3명 중 1명 이상(39.5%)이 "동성애자 입장을 존중해야 한다"고 답했다.

음란물을 접해 본 학생(1천5백43명)의 310명 중 1명꼴(4백86명)은 성에 대해 '불결하다'는 느낌이 들었다고 응답, 음란물이 성에 대한 왜곡된 인식을 심어주고 있음이 드러났다. 음란물 이용 경로는 컴퓨터가 압도적(83.3%)이었다.

김현경기자〈goodjob@joongang.co.kr〉

'청소년 성 보고서'
- 10代의 사랑과 性…그 두려움과 갈망

[세계일보] 2003.05.17

"나는 그때 정말 사랑하는 것 같아서 그 애와 성관계를 했다. 그런데 그 애와 관계를 하면 할수록 순수한 사랑이 그리워졌다. 같이 손잡고 공원에 앉아 이야기하거나 아이스크림을 사 먹는… 순수한 시절로 돌아가고 싶었지만 너무 늦었다. 후회가 된다."〈중략〉

"청소년 성보고서"(현문미디어)에 담긴 10대 44명의 성에 대한 진솔한 이야기들은 순수에 대한 가슴 절절한 울음으로, 때로는 못된 어른들의 태도를 향한 비난으로 다가온다. 지난해에 이어 "한국청소년순결운동본부"가 올바른 청소년 성문화 확산을 위해 내놓은 이 책은 10대들이 느끼는 사랑을 그들의 시각으로 담아냈다. 44명의 이야기를 순결, 사이버 시대, 남자친구 여자친구, 가정의 4개 항목으로 분류했다.

이 책은 자신의 삶을 더 큰 시야로 바라보고자 하는 청소년들의 간절함이 느껴진다. 그들은 친구나 주변에 자신의 이야기를 전하면서 "정상적인" 인생의 흐름과 구조에서 엇나가는 것은 아닌가 하는 두려움도 느낀다. 그러나 청소년들의 삶과 성에 대한 진지한 자세는 어른들이 자신들의 잘못을 직시할 수 있도록 도와준다.〈중략〉

이 책은 이처럼 청소년용이지만 자녀와 다음세대에 대한 이해를 위해서도 기성세대의 좋은 교과서가 된다. 물론 어른들이 반성의 도구로 삼는다면 더 좋겠지만…

기성세대가 이 글을 읽다 보면 우리 청소년들이 성에 대해 눈을 뜨는 나이가 매우 빨라졌다는 것을 피부로 느끼게 된다.

자신들이 쳐놓은 그물망에 애처롭게 걸린 청소년에 대한 회개의 마음은 그 다음 단계일 것이다. 그러나 기성세대가 미처 제대로 알기 전에 10대는 이미 낙태와 미혼모 보호시설이라는 주제를 놓고 논쟁을 벌일 만큼 성장한 상태다.

책을 읽는 사람은 누구나 잘못된 기성문화에 걸려 시간을 허비하는 우리 청소년의 가슴에 따뜻한 손을 내밀고 싶은 충동을 느끼게 된다. 결론은 우리 청소년들이 진정 필요로 하는 것은 부모와의 대화라는 사실이다. 청소년들은 미안하면 미안하다고 말하고, 나쁘면 나쁘다고 당당하게 말해 줄 수 있는 어른을 원한다. 그들에게 해줄 것은 아직 많다.

물론 경험담을 들려주는 학생들이 소위 말하는 "모범생"인 경우가 많아 사회문제화 되고 있는 청소년 성문제를 보다 치열하게 전하지는 못한 느낌이다. 그러나 청소년순결운동본부가 전개하는 청소년 글짓기, 순결 서약식 등은 의미가 깊다. 청소년들이 꿈을 잃어버리게 만든 우리 어른들이 지금부터라도 이들을 이해하고 잘못을 바로잡기 위해 노력한다면, 그런 노력이야말로 청소년들에게 할 수 있는 "사과"의 한 방법이 아닐까 싶다. 여고 1년생의 이런 아름다운 다짐이 흐트러지지 않도록.

"내 나이 17세! 이젠 징검다리를 건너듯 조심스럽게, 내 주변의 모든 유혹들이 날 물 속으로 끌어들이지 못하도록, 한 발짝 한 발짝 내딛고 싶다. 그렇게 순결하게, 이 개울 건너편에서 기다리고 있을 아름다운 나의 사랑을 준비하고 싶다."

/박종현 기자

내 생각 펼치기

청소년기의 성관계는 가능한가요, 아니면 절대로 안 되나요? 왜 그렇게 생각하는지 자신의 의견을 적어보세요.

그림 V-4. NIE를 활용한 체육수업 사례(성교육 수업)

■ **다양한 평가기법을 도입한 체육수업 사례**

일반적으로 체육교과의 평가는 어떤 단원의 기초기능을 반복연습하고, 하나의 표준화된 운동기능 검사를 통하여 평가를 하게 된다. 그러나 이러한 표준화된 운동기능 검사방법만으로는 운동기능의 수준을 총체적으로 파악하는데 한계를 지닌다. 예컨대 학습과정에서 이루어지는 학생 개개인의 성실성이나 기록의 향상도, 동작의 정확성 등은 측정의 어려움 때문에 평가에서 제외되고, 최종적인 기록을 가지고만 평가를 하는 경우가 많은 게 사실이다. 이러한 양적量的 평가는 학생의 성실한 학습참여를 평가할 수 없고, 선천적인 체력요인이 평가에 그대로 반영된다. 학습의 과정보다 선천적인 신체능력이 우선하는 경우가 발생하게 되는 것이다.

이러한 평가방법에는 평가의 타당성 문제가 제기된다. 따라서 측정하려고 하는 목적과 내용을 정확하게 측정하기 위해서는 〈표 V-4〉, 〈표 V-5〉, 〈표 V-6〉, 〈표 V-7〉과 같이 전 수업 과정에서 일어나는 학생 개개인의 진보도, 성실성 등과 같은 과정중심의 평가가 함께 이루어져야 할 것이다. 〈표 V-4〉는 학생들의 체육수업에 사용되고 있는 수행평가의 일부로서 수업의 전 영역에 걸쳐 학생들의 참여도를 판단하려고 하는 태도평가에 대한 기준과 기록표이고, 〈표 V-5〉는 자기주도적 수업을 위한 자료로서 자기평가를 위한 실천카드이다. 〈표 V-6〉과 〈그림 V-5〉은 수행평가의 영역으로 중요하게 사용되고 있는 포트폴리오평가에 대한 자료들이고, 〈그림 V-6〉은 학생들의 수행평가로 사용하고 있는 학습지, 〈그림 V-7〉는 창의적인 사고를 돕는 평가지이다.

이러한 평가는 교사의 평가뿐만 아니라 상호평가, 자기평가 등의 학생평가를 결합한 다양한 방법을 사용하여 종합적인 평가가 이루어지도록 해야 한다. 학생과의 상호협의를 통해 객관적인 평가기준을 마련하고, 그 기준에 따른 행동성취능력을 평가할 수 있다. 혹은 사전에 학생들의 평가 시 VTR을 이용하여 녹화하여 평가자 상호 간의 비교, 토론한 후 상호평가를 할 수 있을 것이다. 또한 교사의 평가뿐만 아니라 일정한 평가기준에 따라 학생 스스로 혹은 동료 간의 자기수준을 측정, 평가함으로써 자기주도적 학습능력을 기르며, 학생들의 협동적 학습능력의 배양을 통해 생각하는 체육수업이 가능해 질 것이다. 바로 창의적 사고를 통해 창의성을 육성하는 체육수업이 가능해지는 것이다.

표 V-4. 체육수업 태도 평가기준과 평가기록표

평가항목	배 점	채 점 내 용
준 비 성	상(2점), 중(1점), 하(0점)	수업에 필요한 복장, 수업에 필요한 기구를 수업 전에 준비
참 여 도	상(2점), 중(1점), 하(0점)	수업에 적극적으로 임함, 의문점을 탐구하여 질문함
공 정 성	상(2점), 중(1점), 하(0점)	자발적인 경기규칙 준수, 경기판정을 객관적으로 내림
자 신 감	상(2점), 중(1점), 하(0점)	자신감 있는 동작을 실시, 시간 및 공간 활용을 잘함
협 동 심	상(2점), 중(1점), 하(0점)	수업활동에 적극적인 협력

번호	성명	일시 / 항목	3/10	3/22	4/13	4/25	5/11	5/24	계	합계	등급
1	김영삼	준비성	◎	◎	○	○	◎	×	8	36	C
		참여도	×	×	◎	×	◎	◎	6		
		공정성	◎	×	◎	×	○	○	6		
		자신감	◎	×	◎	×	◎	×	7		
		협동심	○	◎	◎	◎	◎	×	9		

등급	A	B	C	D	E
합계점수	45 - 50점	39 - 44점	33 - 38점	27 - 32점	0 - 26점

자료 : 이상구(2002). 입석중학교 체육수업 자료.

표 V-5. 자기평가를 위한 실천카드 기록표

실천카드 작성 시 유의사항

1. 방법 : 실천카드를 작성하는 목적은 과학적 원리에 입각한 운동연습을 하려는데 있고, 잘 되지 않는 동작들을 다시 한 번 짚어 봄으로써 몸과 마음으로 체득할 수 있는 기회를 얻는데 있습니다. 여러분들 스스로 문제를 찾아내고 해결할 수 있는 능력을 배양하고, 같은 모둠끼리의 감정을 표현함으로써 얻을 수 있는 협동심과 인내력, 사회성을 기르는데 있습니다. "학습과제에 대한 운동과학적 지식을 동원해서 원리를 탐구하는 방향을 주 내용으로 하고, 건의사항 등으로 기록하기 바랍니다.
2. 행정사항
   가. 운동 종목별 A4용지 1매
   나. 종목별 제출 기한 명시
   다. 기한 내 제출치 않으면 1일 1점 감점한다.

멀리뛰기 실천 카드							
멀리뛰기 목표 설정	1	2	3	4	5	6	자기 평가
1. 도움닫기 거리를 설정하는 방법을 알 수 있다.							
2. 도움닫기 거리를 설정하여 유연하게 달릴 수 있다. (3보, 5보, 7보, 15m 이상)							
3. 상승 팔과 반대 각을 유지하면서 팔과 다리를 휘돌려 허리를 넣을 수 있다.							
4. 젖혀뛰기 공중동작을 부드럽게 연결할 수 있다.							
5. 착지에서 다리를 뻗으면서 앞으로 굽혀 밀 수 있다.							
6. 도움닫기 - 발구름 - 공중자세 - 착지 순으로 연결하여 뛸 수 있다.							
7. 개인 기록을 적어 보자.							
표기법 : 목표달성 - ○ 목표 중간 달성 - □ 목표 미달 - ∇							

자료 : 이상구(2002). 입석중학교 체육수업 자료.

표 V-6. 포트폴리오 평가 기록표 : 포핸드 그립으로 개인이 셔틀콕 연속치기 평가

평가구분 / 목표 / 기록 목표	1차 기록	목표설정	2차 기록	목표 설정	3차 기록
	개인 평가		동료 평가		조장 평가
최고 기록 (2회중)					

교사 의견	
자신 의견	
동료 의견	
조장 의견	

자료 : 조한무(1997). 포트폴리오 평가가 체육수업에 미치는 영향. pp. 62-64.

그림 V-5. 포트폴리오 평가 기록표 : 학습 향상 보고서

학 습 향 상 보 고 서

학 생 : 　　　　　　　　　　　　　　　　교 사 :

날 짜 : (∨)1회(1주) 　(∨)2회(2주) 　(∨)3회(3주) 　(∨)4회(4주)

성취됨	향상이 요구됨	성취 노력이 요구됨	신체적인 면
□	□	□	1. 상황에 따라 적절한 그립을 사용한다.
□	□	□	2. 발놀림이 자연스럽다.
□	□	□	3. 타구의 위치 선정이 좋다.
□	□	□	4. 하이클리어 동작의 정확성
□	□	□	5. 드라이브 동작의 정확성
□	□	□	6. 서브 동작의 정확성

학생 의견

교사 의견

성취됨	향상이 요구됨	성취 노력이 요구됨	지적인 면
□	□	□	1. 심판을 볼 수 있다.
□	□	□	2. 코트 규격 및 명칭을 알 수 있다.
□	□	□	3. 발놀림의 방법을 알 수 있다.
□	□	□	4. 서브 동작을 설명할 수 있다.
□	□	□	5. 드라이브 동작을 구분할 수 있다.
□	□	□	6. 하이클리어 동작을 설명할 수 있다.

학생 의견

교사 의견

성취됨	향상이 요구됨	성취 노력이 요구됨	정의적인 면
□	□	□	1. 타인의 권리, 의견, 능력 등을 존중함
□	□	□	2. 상호간의 도움을 주고받음
□	□	□	3. 동료들과 협력하며 참여함
□	□	□	4. 양보와 규칙을 따름
□	□	□	5. 개인이 배드민턴 운동에 대한 가치를 인식함
□	□	□	6. 자발적으로 운동에 참여함
□	□	□	7. 여가 시간을 이용함

학생 의견

교사 의견

자료 : 조한무(1997). 포트폴리오 평가가 체육수업에 미치는 영향. p. 61.

그림 V-6. 창의적인 학습지 : 공이랑 놀자 !

공이랑 놀자 !			
단 원	축 구	작성자	제 학년 반 번 이름 :

우리 대구에는 지난 해 월드컵 개최 도시를 계기로 나타나는 축구에 대한 시민들의 인식전환을 통해서 프로축구팀이 탄생되었습니다. 대구 지역의 미래를 짊어질 청소년들의 활기차고 희망찬 심성 배양 및 애향심 고취와 학교, 실업, 프로로 이어지는 일관성 있는 시스템 구축을 통한 축구발전을 추구하기 위해서 탄생되게 된 것입니다. 그런 의미에서 우리는 우리의 고향 팀에 대해서 자세히 알아볼 필요가 있겠지요?

1. 대구를 연고지로 하는 프로축구팀의 명칭은 무엇입니까? 그 팀의 명칭과 로고를 그려보세요. 그리고 그 팀이 사용하고 있는 전용 경기장이 있다면 그 경기장도 멋있게 스케치해 보세요.
(만약에 응원하고 있는 다른 팀이 있다면 그 팀의 명칭과 로고를 그려도 됩니다)

2. 그 팀 선수 중 내가 응원하는 가장 멋있는 선수는 누구입니까? 그 선수의 이름과 등번호, 포지션에 따른 팀에서의 역할을 조사해 봅시다.

3. 내가 본 축구 경기 중 가장 인상 깊었던 때는 언제입니까? 그 이유를 쓰고, 그 때의 감격과 환희 등 느낌을 한 번 써 보세요. 그리고 그 장면을 그려봅시다.

그림 V-7. 창의적인 사고를 돕는 평가지와 전통적인 평가지

평 가 문 항			
단 원	체력운동	작성자	제 학년 반 번 이름 :

대구 'ㅅ' 중학교 2001학년도 1학기 기말고사

9. 최근 한국 축구 국가대표팀은 강한 체력과 정신력을 바탕으로 한 압박전술로 승승장구를 하고 있다. 이는 '히딩크' 라는 강력한 카리스마의 뛰어난 지도자를 만남으로써 한국의 특징을 살린 축구, 즉 '한국형 축구' 라는 새로운 축구의 형태를 창출함에서부터 출발했다. 여기에는 강력한 체력을 바탕으로 한 압박, 절대 포기하지 않는 강한 끈기, 조국을 위해 뼈가 부서질 때까지 뛰겠다는 강한 정신력이 작용한 결과이고, 여기에 온 국민의 열성적인 응원 등 여러 요소가 작용한 것으로 보인다. 각국의 언론은 한국 축구에 대해 많은 평가를 하고 있다. 특히 한국 선수들의 체력에 대해 많은 평가가 이루어지고 있는데 아래는 과연 체력의 요소 중 무엇을 말하는 것인가?

> 한국 선수들은 독일 자동차와 같다. 쉬지 않고 뛰는데다 고장도 나지 않는다.
>
> – 독일 프로 축구팀 바이에른뮌헨 부단장 –

① 방위 체력 ② 유연성 ③ 지구력 ④ 평형성 ⑤ 근력

※ 전통적인 체육 평가 문항

대구 'ㅇ' 고등학교 2003학년도 1학기 기말고사

야구는 몇 명이 하는 경기인가?

① 5명 ② 7명 ③ 9명 ④ 11명 ⑤ 15명

창의성 중심의 체육에 대한 기대와 한계_

오늘날 우리 교육이 지향하는 방향은 교육을 통해서 자라나는 세대들이 앞으로 닥쳐올 세계화, 정보화 시대를 효율적으로 이끌어 갈 수 있는 능력의 함양과 건강하고 창의성을 지닌 인간을 육성하는데 있다고 할 수 있다. 이것은 단순히 교육만의 문제가 아니라 이 시대가 요구하는 인간상인 것이다. 이에 체육을 통해 개개인의 창조적인 학습경험으로 체력증진과 사고력 신장에 기여할 수 있는 과정은 중요하다 하겠다. 따라서 사이버 공간에서 다양한 입체자료(애니메이션, 운동선수들의 동영상, 과제수행 여부를 측정할 수 있는 형성 평가 문항, 묻고 답하기, 자료방 등)의 활용을 통한 체육수업은 학습자에게 개별학습도구로 이용될 수 있다. 이는 시간과 공간에 구애받지 않음으로써 자기주도적 학습을 가능하게 하여 학생들의 자유로운 상상력 증진에 기여하게 된다.

이의 실현을 위해서는 자유롭고 편안한 수업분위기의 연출로 학생들의 다양한 질문통로를 열어두어야 한다. 질문은 창의적 해결을 가로막을 수도 있는 '가정'을 들어낼 수도 있으며, 다른 시각에서도 생각해볼 수 있게 준비해야한다. 질문에 대한 해답은 새로운 정보를 제공해 주게 되고, 이들이 조합되어 새로운 해결을 얻을 수도 있다. 예를 들어 단거리달리기 단원의 학습요소별 과제에 대한 질문을 하고자 한다면, 답이 여러 가지가 있을 수 있는 질문으로 학습자들의 핵심주제에 대한 창의적 사고력을 요구함으로써 동기유발, 과제참여도를 높여 과제를 이해하고 실천하는데 효과적일 것이다. 또한 마인드맵을 이용해서 여러 가지 생각들이 모여서 결합하여 새로운 아이디어를 만들어 냄으로써 학습자들은 자신의 생각들을 비구조적으로 표현하여 정리하는 과정 속에서 정보를 조직화 할 수 있을 것이고, 이를 서로 연결시켜 결합시킬 수 있을 뿐만 아니라 자신의 창의적인 아이디어를 더하여 정보를 기억할 수 있다.

창의적 수업환경 조성의 과정은 체육의 전 영역에 걸쳐 적용될 수 있다. 예를 들자면 신체적 표현기능, 운동의 기초기능, 건강관련 기초체력을 효과적으로 달성하기 위한 체력운동 부분에서는 체육교구 및 시설을 체육수업에 적극 활용함으로써 체육수업을 보다 활동적, 능률적, 효과적으로 행할 수 있다. 이는 신체활동의 욕구를 충족시켜 주는 보조물로서 학습자의 흥미와 동기를 불러일으키는 역할을 하게 되고, 여기서부터 창의적인 사고를 발생시키기 위한 환경이 시작되기 때문이다.

이러한 창의력은 사회의 몫이다. 다양한 민족, 다양한 문화, 다양한 배경, 다양한 이견異見들이 용납되고 수락되고 상호작용하는 개방사회의 몫인 것이다. 각종 폐쇄성(종교적, 민족적, 지방, 학벌, 문벌 등)은 창의력 신장에 역행할 뿐이다. 진실로 창의력을 원한다면 우리는 심각한 반성이 필요하다. '우리 스스로가 창의적인 사람인가?' 의 반성이 필요한 것이다. 실제로 '창의적인 사람' 은 새로운 것을 찾은 사람, 새로운 보람을 찾은 사람, 새로운 보람 있는 일을 꾸며내는 사람으로서 기존사회에는 없는 것을 꾸며내기 때문에 심각한 창의 · 창조일수록 '기존파괴' 의 위협이 될 수 있다. 그리하여 '창의적인 사람' 의 출현을 바라면서도 '나' 부터 기존질서에 대한 회의자, 반항자, 파괴자의 출현을 두려워하고 있지는 않은지를 심각하게 반성해야 한다.

또한 인간본성에 대한 지나친 낙관에서 비롯되는 낭만적 교육관의 약점, 즉 학생들의 개성존중이 지나침에 의해 야기되는 무질서와 흥미 · 관심을 중요시하게 됨으로써 야기되는 기초학습능력의 경시에 대한 문제 등에 대해서도 고려해야 할 것이다. '앎' 을 경험의 영역에만 국한시켜 이해함으로써 앎의 심미적 가치와 형이상학적 가치영역에 대한 무관심 또한 신중하게 고려되어야 한다. 이러한 노력은 현재의 상황에서 교육의 모든 가능성을 열어두고, 오로지 인간의 '실존적 모습의 회복' 에 최선의 가치를 둠으로써 가능할 것이다. 그럼으로써 실존주의 교육이나 창의성 교육의 가능성과 가치를 극대화할 수 있는 환경을 마련할 수 있다. 그리고 근본적으로 그것은 '나' 만의 존재에서 벗어나 '타자와 공존하고 있는 가운데에서 실존하고 있는 나' 에 대한 교육, 즉 실존주의 교육의 참 모습일 것이다.

홀리스틱 중심의 체육[2]

체육의 새로운 패러다임으로 앞 장에서는 창의성 교육에 대해 살펴보았다. 이 장에서는 또 다른 체육의 교육적 패러다임으로서 통합과 공존의 가능성이 열려있는 홀리스틱 교육을 제시하고, 홀리스틱 교육의 이론적 기초와 교육방법 및 내용 등을 밝혀 체육교과에 접목을 해 보려고 한다. 그리고 교사들이 현장에서 이용할 수 있는 홀리스틱 교육의 실례를 찾아서 새로운 실천적 교육 패러다임에 조심스럽게 접근해 보려고 한다. 특히 "모든 걸 쪼개어 분석하던 환원주의의 20세기가 저물고 통섭의

2
홀리스틱 교육(holistic education)은 원래 '관계성(relationship)' 에 초점을 둔 교육으로서 관계를 깨달음과 함께 그 관계를 보다 적절한 것으로 변용해 가기 위해 필요한 힘과 능력을 얻게 하는 것을 목표로 하는 교육이다. 이는 인간의 본래적인 존재방식으로 돌아가 인간 내부에 있는 실존을 끄집어내어 길러가는 교육, 인간이 태어나면서 갖고 있는 성장의 가능성을 키워가는 것이다. 따라서 주변에 있는 사람들과 사물들과의 관계회복을 통해 사회 속에서의 나, 세계 속에서의 나, 우주와 나의 관계를 보다 풍요롭게 만들어 나갈 수 있는 길을 터득하는 교육으로 정신성 교육을 중심으로 경험을 중시하는 민주시민교육과 지구시민교육, 공생을 위한 생태교육을 중시하게 된다. 이 저서에서는 홀리스틱 교육과 체육의 연관을 찾는 것으로서 지구생태교육보다는 통합교육적 차원에서 접근을 하려고 한다.

21세기가 열릴 것임"(최재천, 2006)을 감안한다면, 교육분야에서의 이러한 작업은 의미 있는 일일 것이다. 그리고 이러한 시도는 전반적인 '관계성 relationship' 에 초점을 두고 시도될 것이며, 이는 인간의 본래적인 존재방식으로 돌아가 인간의 내부에 있는 실존을 끄집어내어 길러가는 살아있는 교육, 생명의 교육, 즉 'educare' 의 용어가 가지고 있는 교육본연의 의미와 임무에 보다 근접하는 작업일 것이다.

홀리스틱 교육에 대한 담론_

인간은 자아의 실현을 위해서나 공동체의 유지, 발전을 위해서 교육을 필요로 한다. 근본적으로 인간은 다른 동물과 달리 아주 무능한 상태로 태어나기 때문에 생존을 위해서라도 학습하지 않으면 안 된다. 따라서 교육은 시대나 사회의 생활조건이나 사회 · 문화적 특성에 따라 전통과 관습, 사물에 대한 인식, 사고방식, 행동방식에 따라 각기 다른 모습으로 전개되어 왔다고 할 수 있다(김수천, 1993). 그리하여 우리가 의사결정을 통해 실생활을 살아가는 데는 그동안 축적된 지식과 삶의 지혜를 총동원해서 통합적으로 활용하게 됨을 망각하고 있는 것처럼, 진정한 전인교육이라 함은 인간에 대한 이해 자체가 부분의 합으로써가 아니라 자체로서 통합된 것으로 인식할 때 가능하다(송민영, 2000). 이러한 이유에서 통합적인 교육, 즉 홀리스틱 교육holistic education이 중요한 것이다.

'조화' 와 '관계' 를 중요시하는 홀리스틱 교육은 학생과 학생, 학생과 교사, 학생과 공동체, 학생과 지구촌 등의 조화까지도 포함하는 것으로서 행동주의를 바탕으로 하는 전통적인 전달학습 뿐만 아니라 상호작용 학습과 이를 통해 학습된 것을 통합하고 변용할 수 있는 능력에 대한 학습까지도 가능하게 된다. 그렇기 때문에 홀리스틱 교육은 학과 간의 지식과 기술이동을 도와주고, 스스로 동기유발을 통해 발전적인 문제해결을 할 수 있는 능력의 배양이 가능하다. 또한 통찰력 있는 학습자, 지혜롭고 직관력 있으며 창의적인 능력을 갖춘 학생을 조력하는데 효과적이다. 이는 개인 삶의 다양한 영역에 접근해 가고, 그 체험적 앎embodied knowing을 통해 개인의 삶이 충실하게 형성되어 가는 것을 다루는 것이기에 '개인의 전체성' 을 불러일으키는 교육이며, 바로 '전인whole person' 의 교육인 것이다. 그리고 그 최종단계는 무엇보다 자아ego와 자기self의 관계를 회복해가는 것이다(김성옥, 2001). 홀리스틱 교육에서 실존주의 교육을 배제할 수 없는 이유도 바로 이 때문이다.

원래 '홀리스틱holistic' 이라는 단어는 '홀리즘적인' 이라는 뜻이다. 홀리즘[3](holism/전일론 또는 전체론)이라는 단어는 1926년 남아프리카의 Jan Christian Smuts에 의해 발표된 『Holism and Evolution』에서 처음으로 사용되었다고 보는 것이 통설이다(Kesson, 1991). 과학과 철학의 융합을 시도하려는 관점에서 시작된 Smuts의 연구는 과학과 철학의 융합husion이야

3
홀리즘이라는 단어의 어원은 그리스어의 '홀로스(holos/전체)' 이다. 이것은 전체(whole), 건강(health), 낫다(heal), 신성한(holy)이라는 단어의 어원이기도 하다(手塚郁惠, 1995/2003). 또한 완전한(complete), 통합적(integral)이라는 의미를 갖는다(Mautner, 1997). 최종덕(1995)에 의하면, 홀리스틱(holistic)이라는 용어는 '옴살적'라는 용어로 부를 수 있는데 순수한 우리말로 '옴살(옴살스럽다 : 모두가 한 몸같이 가까운 사이)' (민중서림, 2000)이라는 단어이다. 현재 우리나라 철학계에서 'holos(온, 모든)' 에서 유래한 holistic, holism, wholeness 등에 대응하는 적당한 말로 '옴살' 이라는 순수한 우리말을 쓰고 있고, 때로는 '전일주의(全一主義)' 로 부르고 있다(김복영, 1998).

말로 종합화를 지향하는 이 우주의 본질과 성향을 잘 드러내는 홀리즘이라는 결론을 얻게 된다(황인숙, 2000).

스머츠(Jan Christian Smuts)

여기에서 Smuts는 "어느 부분을 아무리 쌓아가더라도 결코 전체에 도달할 수 없음"을 주장하게 된다.[4] 전체를 부분으로 분리하게 되면 물리적으로는 분리가 되고, 다시 결합할 수 있지만 분리가 되면서 가지고 있던 '모종의 것'을 잃어버리게 된다. 그것이야말로 그것을 나타내주는 정체성이 되고, 정체성을 잃어버린 후에는 다시 그 전체를 이해할 수 없는 것이기 때문이다. 따라서 분석적인 방법으로는 전체를 이해할 수 없고, 전체는 부분의 총화보다 훨씬 큰 것이라고 할 수 있어서 사실상 전체는 부분의 합으로 환원될 수 없는 것이다(Miller, 1996/2000).

홀리스틱이라는 말은 전체론적이라고 하는 의미에서 유래되었기 때문에 홀리스틱 학습 지도란 다양한 학습유형을 종합지도하기 위해 시도되는 통합 · 전체적 과정이다. 그러므로 인간을 신체, 마음, 지성, 정신 등 전체적 영역으로 보려는 시각은 교육에서 중요한 과제일 수밖에 없다(김유승, 2002). 이러한 이유에서 홀리스틱 교육에서는 교육을 자연의

4
남아프리카 출신의 정치가 · 철학자 · 장군이었던 Smuts에 의해 만들어진 홀리즘(holism)이라는 단어는 당시에 남아프리카에 머물고 있었던 Mahatma Gandhi와 여러 차례 조우(遭遇)한 것으로 보아 Gandhi의 영향도 적지 않았으리라 짐작된다.

근본적인 실재들realities과 연계하려고 시도한다.

홀리스틱적 관점에서 우주만물은 서로 연관되어 있으며, 이들은 다양한 모습과 방법으로 존재할 뿐 궁극적으로는 전체와 부분과의 포섭을 통해 서로 간접적으로 관계를 맺고 있는 것이다. 그럼으로써 인간에게 있어서도 개개인이라는 실존과 타자와의 만남과 연관을 시도하여 상호 발전적인 모습을 기대하게 되고, 홀리스틱 교육은 개개인의 내적 존재에 대한 발견과 자각, 타자와의 연관이 이루어짐으로써 개개인의 고차원적인 발전이 가능해지는 것이다. 그런 의미에서 홀리스틱 교육은 생명의 교육, 사람의 교육이라고 할 수 있다. 특히 20세기 말, 21세기 초 전 세계적인 화두가 '생명' 인 것을 고려한다면(이기상, 2004), 홀리스틱 교육은 '생명과 더불어 교육하기' 의 현재진행형일 수 있다.

따라서 홀리스틱 교육은 '관계성relationship' 에 초점을 둔 교육으로서 논리적 사고와 직관의 관계, 마음과 몸의 관계, 지식과 다양한 영역의 관계, 개인과 공동체와의 관계, 그리고 자기와 내적 자기와의 관계 등 학습자가 이 관계를 깨달음과 함께 그 관계를 보다 적절한 것으로 변용할 수 있는 능력을 얻게 하는 것을 목표로 하는 교육이다(Miller, 1988). 이는 인간의 본래적인 존재방식으로 돌아가 인간의 내부에 있는 실존을 끄집어내어 길러가는 교육, 즉 '끄집어낸다' 는 교육본연의 의미와 임무에 보다 더 근접하는 것이고, 인간이 태어나면서 갖고 있는 성장의 가능성을 키워가는 것이다.

그런데 홀리스틱 교육은 삶의 의미 있는 경험과 관련되어 있기 때문에 단순하게 기본적인 능력들의 통합으로만 정의할 수 없고, 교육의 본질적인 가치는 인간의 천부적인 잠재능력을 깨우치게 촉진하는 것이며, 그런 의미에서 자신의 내면에 있는 가능성을 실현할 능력을 갖추게 하는 것, 즉 자기발견, 자아실현이다(김유승, 2002). 바로 '자기발견의 기쁨' 이고, 홀리스틱 교육은 학습자들이 그들의 삶에 있어서 문화적 · 도덕적 · 정치적 상황을 비판적으로 접근할 수 있게 하여 인간성의 한계와 범위를 넓혀가는 것에 초점을 두고 있다. 그래서 홀리스틱 교육은 교사가 학습자에게 가르쳐야 하는 사실이나 기술을 결정하는데 초점을 두지 않고 아동의 창조적 · 탐구적 흥미를 자극하려는 참다운 학습자중심 교육환경을 만들고자 하는데 초점을 두고 있는 것이다(황인숙, 2000).

Miller(1991)는 이를 '학습자들이 새로운 상황을 알아야 할 필요가 있을 때 즉시 그것을 배울 수 있는 건강하고 창의적인 인간을 교육하려는 것' 으로 표현하고 있다. 따라서 학교는 참여자 전원이 같이 배우고, 실존을 회복함을 통해 전인적으로 성장할 수 있도록 도와주는 곳이 되어야 한다. 나아가서 주변에 있는 사람들과 사물들과의 관계회복을 통해 사회 속에서의 나, 세계 속에서의 나, 우주와 나의 관계를 보다 풍요롭게 만들어 나갈 수 있는 곳이어야 한다.

그러나 이러한 홀리스틱적 사고는 전혀 새로운 것이 아니며, 그 뿌리는 고대의 우주관, 특히 "만물은 유전流轉한다" 고 주장하던 고대 그리스 철학자 Heraclitus의 세계관에 근간하여, 18세기의 계몽주의 시대에 과학적 · 분석적 이성이 서구의 패러다임을 지배했을 당시 인간과 진화(변화와 생성)적인 우주와의 연관을 고려한 낭만주의romanticism 운동에서 찾을 수 있다. Miller(1996)는 홀리스틱 교육의 역사를 Jean Jacques Rousseau, Johann Pestalozzi, Friedrich Fröbel의 '낭만적 교육이론' 에 그 기원하고 있음을 주장하고, 이는 발도르프교육waldorf education, 합류교육confluent education, 인본주의교육humanistic education, 초개인교육transpersonal education, 정신통합교육psychosynthesis education이 영역에 포함된다. 도움이 되는 것은 무엇이나 살려가려고 하는 교육인 것이다(手塚郁惠, 1995/2003). 이렇듯 유럽에서 시작된 낭만주의적 교육사조는 당시 원자론적 세계관, 결정론적 우주관으로 세상을 이분법적으로만 보던 당시 유럽사회에 커다란 반향을 일으키게 되었고, 이후 미국으로 건너가 낙관적인 경험의 세계를 인정한 실용주의pragmatism를 탄생시키게 된다.

그렇기 때문에 홀리스틱 교육은 새로운 것이 아니라 근대의 한계를 넘으려고 하는 여러 가지 기존 교육학의 주장을 수렴하여 기계론적 패러다임에서 홀리스틱적이고 생태학적인 패러다임으로 전환하고자 하는, 또 그것을 포괄할 수 있는 입장과 일관된 견해를 산출하는 것에 그 의의가 있다(김유승, 2002). 그러므로 홀리스틱 교육은 교육에 있어 하나의 방향성을 제시하는 것으로서 '이것이 홀리스틱 교육이다' 라고 정해진 것은 아무 것도 없다. 자신의 생각만 옳다고 하는 절대화는 가장 홀리스틱적이지 않은 것이다(手塚郁惠, 1995/2003).

홀리스틱 교육을 위해서는 어느 특정의 방법이 있는 것이 아니라 매우 다양하며, 특히 한정된 일이 없다. 이미 개별적으로 이용되어 왔던 방법을 적절하게 조합하여 포괄적으로 도입하는 것이 홀리스틱 교육의 방법인 것이다. 그럼으로써 홀리스틱 교육은 끊임없이 새로운 교육형태를 만들어 가게 된다. 각 방법은 특정한 영역에 고정되지 않고, 오히려 다양한 맥락 중에서 유연하게 적용될 수 있다. 교육원리에서의 '관계성' 이 방법에서도 적용되어 방법의 고립화나 고정화를 막고, 방법의 사이에도 '관계' 를 만들어 가는 것이다. 그렇기 때문에 홀리스틱 교육은 방법이 다양함으로 인해 많은 사항에 대응할 수 있고, 개인차를 고려하여 각 개인에 맞는 방법을 선택함으로써 그 사람의 개성이나 경향에 맞는 독자적인 교육형태를 만들어갈 수 있다. 특히 기존 교육의 언어나 기능 등 외향적 측면의 강조에 그치지 않고, 몸이나 이미지 등 비언어적 측면이나 자기 내면적 작용을 중시해 표층과 심층, 외면과 내면의 균형을 맞출 수 있을 것이다.

홀리스틱 교육은 특정의 결과보다 오히려 과정 지향적이기 때문에 반드시 평가를 필요로 하는 것은 아니다. 과정자체가 평가이기 때문이다. 평가를 하는 경우도 기존의 평가방식에서 벗어나 관찰, 자기평가, 상호평가, 질문지, 인터뷰, 레포트 작성, 포트폴리오, 일기, 비디오(동영상) 제작, 신문작성, 출판, 연극 등 다양한 방법이 이용될 수 있다. 그리고 평가자체가 각 과제를 달성하는 중에 피드백되고, 그 속에 통합되어 질 것이다.

이상을 살펴본 결과 홀리스틱 패러다임은 전통적인 기계론적 패러다임과 극명한 대조를 보이고 있다. 전통적인 기계론적 패러다임은 Descartes의 인식론에 기반을 둔 합리적, 실증적 성향이 강해 모든 자연현상을 고정화, 경직화하려는 경향이 강하게 나타나는데 반해, 홀리스틱 패러다임은 초개인 심리학이나 영원의 철학을 바탕으로 다양성을 인정하고, 상호의존적이다. 또한 전통적인 기계론적 패러다임은 적자생존에 의해 강한 것만이 살아남을 수 있는 지극히 폐쇄적이고 닫혀있는 반면에, 홀리스틱 패러다임은 화합과 조화를 중요시 여기며, 공존과 통합의 원리에 의해 유연한 사고로 상호보완을 통해 자기갱신이 가능한 개방적인 패러다임이다. 그렇기 때문에 전통적인 기계론적 패러다임이 합리적 사고와 보편적 진리를 중요시하는 반면, 홀리스틱 교육은 기술이나 교육과정이 아니라 전인교육을 추구하는 교육 패러다임이라고 할 수 있고, 자신의 내면에 있는 가능성을 실현할 능력을 갖추게 하는 교육적 패러다임이라고 할 수 있다.

이상의 홀리스틱 패러다임을 김성옥(2001)은 〈표 V-7〉와 같이 제시하고 있다.

표 V-7. 기계론적 패러다임과 홀리스틱 패러다임의 비교

기계론적 패러다임	홀리스틱 패러다임
주도적인 과학 · 사상	
데카르트적 인식론 · 세계관, 고전물리학, 행동주의심리학, 테크놀로지	양자역학, 일반 시스템이론, 생태학, 비평형계열학, 초개인심리학, 동양전통의학, 신비사상, 동양사상 등
기본적 존재론 · 인식론	
① 주객의 분리, 이원론, 객관적 묘사 가능	① 주객의 미분, 일원론, 관찰자 주관의 참여
② 실체의 제일차성, 독립 지존의 가시적 실체	② 관계의 제일차성, 관계, 장소, 사이
③ 전체는 분할 가능한 기본적 요소로 구성	③ 전체는 모든 부분의 총화 이상의 것, 상호 의존 연관
④ 절대적인 시공간, 국소적 위치	④ 상대적인 시공간, 살 수 있는 시공간, 비국소적 편재
⑤ 보편적인 궁극의 기본물질의 인과법칙적 제어	⑤ 양단의 열린 '홀론'의 다중연관적 층상질서
강조되는 제 원리	
① 기본적 요소의 특성, 분할, 환원주의적 이해	① 전체관련 · 상호 관계의 모습, 총합, 전체파악
② 선형적 · 직선적 인과 관계, 결정론적	② 비선형, 연관의 순환적 연쇄, 우연성의 관여
③ 지적, 합리적, 분석적, 좌뇌적	③ 직관적, 이미지적, 미적, 전체知, 우뇌적
④ 호환성, 가역적, 재현가능, 일반적	④ 유일성, 불가역적, 재현불가능, 일회적, 개성적
⑤ 균질성, 평형, 질서	⑤ 다양성, 비평형, 난잡성, 요동을 통한 질서
⑥ 닫힌계, 고정적, 경직화	⑥ 열린계, 다른 것과의 상호작용, 유연성
⑦ 자극-반응, 수동적, 외적조작	⑦ 자발적 활성, 자기조직화 · 자기갱신
⑧ 적자생존, 생존경쟁, 우승열패	⑧ 상호의존, 공생진화, 화합조화, 협조 속의 경쟁
⑨ 메시지, 명백한 눈에 보이는 원리	⑨ 문맥, 암묵이 포함된 원리
⑩ 양적, 측정, 정량화, 법칙의 수학적 기술	⑩ 질적, 시적, 산문적 기술
가치관 · 생활양식에 대한 영향	
① 팽창 · 확대 · 무한의 진보	① 조화, 지속성, 적정규모, 상호 한정
② 자연/신체의 대상화, 지배, 수단시	② 자연/신체와의 대화 · 공생
③ 양적, 남성적, 자기주장적, 공격적	③ 음적, 여성적, 경청적, 수용적
④ 일원적 통제, 중앙집권, 힘에 의한 지배	④ 상호부조, 피드백, 분권
⑤ 효율성, 목적지상주의 과정의 생략	⑤ 결과보다 과정, 과정 자체에도 목적
⑥ 대량생산, 표준화, 규격화, 대량소비	⑥ 수공품, 독특성, 개성, 단순한 삶
⑦ 부작용, 다른 것에 대한 영향 경시	⑦ 전체적 · 장기적인 영향의 배려

자료 : 김성옥(2001). 홀리스틱 교육관과 대안교육 교육관의 비교 연구. p. 28.

홀리스틱 교육은 신체, 감정, 이미지, 사고, 정신 등의 분야에서 다양하게 접근할 수 있고, 협동학습, 게임 등의 공동작업으로도 접근할 수 있다. 또한 홀리스틱 교육은 정해진 절차나 방법이 없는 까닭에 이런 여타의 다양한 접근방법의 통합적인 접근으로도 가능할 것이다. 홀리스틱 교육의 다양한 방법적 원리는 〈표 V-8〉과 같이 제시될 수 있다.

표 V-8. 홀리스틱 교육방법

1. 신체적 접근
• 영화, 댄스, 오이리트미 • 신체적 활동-알렉산더기법, 펠덴크라이스법, 감각적 인식, 주의 집중, 롤핑, 바이오에너제틱스 등 • 긴장이완, 호흡법, 각종 느낌(감정), 노래 등 • 요가, 기공, 태극권, 합기도, 노구치체조 등 • 이웃도어 활동
2. 감정적 접근
• 라이히안 치료, 바이오에너제틱스, 게슈탈트 치료, 재탄생의 기법(reversing) • 르라이마르 치료, 이너 차일드, 카타트시스, 그리프 워크, 예술 활동 등
3. 이미지적 접근
• 시각화, 이미지 워크, 능동적인 상상력, 아트 워크, 드림 워크, 정신통합, 게슈탈트, 합류교육, 발도르프교육, 최면치료 등 • 시청각자료(음악, 각종 필름 등)의 이용
4. 사고적 접근
• 이야기하기, 이야기창작, 신화, 문학, 몽상(fantasy), 일기, 생활 작문, 창조적 문제 해결, 은유, 가속학습, • 신경언어 프로그래밍, 신념시스템워크, 논리요법, 가치명료화, 도덕적 충격, 로고치료, 일반의미론, GDM교수법, 총체적 언어
5. 정신적 접근
• 인식, 주의집중 • 명상-비파사나, 선(禪) • 프로세서 워크, 홀로트로픽 요법, 신 샤머니즘 • 초개인 정신통합, 신화적 접근 • 요가, 탄트라, 도교
6. 공동 작업
• 협동학습, 필드 워크, 사회활동 프로그램, 지역사회 프로그램 • 대화적 접근, 대면, 심리극, 교류분석, 가족요법, 게임 등
7. 종합적 접근
• 정신통합, 발도르프교육, 합류교육, 센테링, 뉴타운슬링, 원주민교육, 드라마, 사는 보람 요법, • 통합학습(평화, 폭력, 환경, 에이즈, 빈곤, 인구, 민족문제 등)

자료 : 김성옥(2001). 홀리스틱 교육관과 대안교육 교육관의 비교 연구. p. 32.

지각에 뿌리를 박고 있을 수밖에 없는 모든 앎은 결코 절대적일 수 없고, 언제나 상대적인 것으로 남게 마련이다. 다시 말해서 우리는 어떤 사물이나 현상을 결코 있는 그대로 알 수 없다. 왜냐하면 사물이나 현상은 가장 원초적인 앎의 형태인 지각에서 주체를 떠나서 객관적으로 존재하는 그대로 나타나지 않기 때문이다(김홍식, 1994). 그렇기 때문에 홀리스틱 교육에서는 교육을 자연의 다양한 근본적인 실재들realities과 연계하려고 시도한다. 우주만물은 서로 연관되어 있으며, 이들은 다양한 모습과 방법으로 존재할 뿐 궁극적으로는 전체와 부분과의 포섭을 통해 서로 간접적으로 관계를 맺고 있는 것이다. 인간에게 있어서도 개개인이라는 실존과 타자와의 실재들 간의 만남과 연관을 시도하여 상호 발전적인 모습을 기대하게 된다. 그럼으로써 교육은 개개인의 내적 존재에 대한 발견과 자각, 타자와의 연관이 이루어짐으로써 개개인의 고차원적인 발전을 가능하게 하는 것이다.

흔히 21세기를 지식기반 사회로 규정하고 있는 오늘날에 있어서 지식은 '앎을 축적한다.' 는 의미보다는 하나의 변화되어지는 과정에 한 시점을 의미하는 개념으로 변화되어가고 있다. '쌓아두고 필요할 때 꺼내 쓰는 지식' 의 개념이 아니라 끝없이 흘러가는 바람과 같이 끝없이 나타나는 새로운 상황 속에서 지식은 적시성適時性 및 적합성, 그리고 구체적 맥락성을 중심으로 재구조화를 요구하고 있는 것이다. 따라서 그때그때 필요한 지식을 찾아 나서야 하는 지식 탐색자로서의 위치가 요구되고 있고(김유승, 2002), 이는 세계에서 가장 영향력 있는 경영의 대가이자 최고의 사회사상가로 알려진 Peter F. Drucker(2002)가 "미래사회에서는 컴퓨터

독해력보다 정보 독해력이 더 중요함"을 주장하는 것과도 동일한 선상에서 이해될 수 있다. 폭발적으로 증가하는 지식과 정보 중 자신에게 필요한 것들을 선택하여 적절히 이용할 수 있는 능력이 요구되는 것이다.

드러커(Peter F. Drucker)

이러한 사실은 해결하고자 하는 과제의 중심에서 맥락적 관계를 통해 삶과 관련된 내용을 위한 교육적 통합과 창조, 재창조의 과정을 말하는 것으로서 바로 통합적 학습을 의미한다. 그리하여 체육에서 지식으로 중요하게 인식되는 체험은 다양한 사회적 관계와 현상, 교사와 학생간의 관계, 학생과 학생간의 관계 등 다양한 맥락적 관계 속에서 주체적으로 선택되고 창조되는 것이므로 의미 구현체로서 체육활동을 통한 스포츠 체험은 자아와 타자의 상황과 목적에 따라 다양한 의미를 형성하게 된다. 바로 홀리스틱적 관점에서의 접근이 필요한 것이다.

이런 이유에서 Miller는 홀리스틱 교육을 전반적인 '관계성'의 자각에 초점을 둔 교육으로 정의하고 있고(황인숙, 2000), 논리적 사고와 직관의 관계, 마음과 몸의 관계, 개인과 공동생활과의 관계, 지식의 다양한 분야와의 관계, 개인과 공동체와의 관계 등을 깨달음과 함께 그 관계를 보다 적절한 것으로 변용해 가기 위해 필요한 힘을 얻게 하는 것을 목표로 하는 교육이다(Miller, 1996). 그리고 그 최종단계는 무엇보다도 자아ego와 자기self의 관계를 회복해 가는 것이다(김성옥, 2001). 이는 인간의 본래적인 존재방식으로 돌아가 인간의 내부에 있는 실존을 끄집어내어 길러가는 교육본연의 의미와 임무에 보다 더 근접하는 것이고, 인간이 태어나면서 갖고 있는 성장의 가능성을 키워가는 것이다. 홀리스틱 교육에서 체육활동을 매개로 한 실존주의 교육을 배제할 수 없는 이유도 바로 이 때문이다.

따라서 학교는 실존의 회복을 통해 전인적으로 성장할 수 있도록 도와주는 곳이 되어야 한다. 나아가서 주변에 있는 사람들과 사물들과의 관계회복을 통해 타자와 나의 관계를 보다 풍요롭게 만들어 갈 수 있는 곳이어야 한다. 바로 여기에서 체육이 그 역할을 감당할 수 있는 영역이 될 수 있다. 특히 몸을 통한 움직임의 다양한 경험과 의미의 체득이 중요한 단서가 된다. 그리고 무엇보다 중요한 것은 "유기체로서 몸은 다른 신체들과 관련되어 있고, 몸은 우주의 한 부분이며, 정신은 오직 하나의 몸에만 관련되어 있기 때문에 세계, 다른 신체들, 다른 정신들과 직접적으로 관련되어 있지 않다(Straus, 1966)"는 것이다.

그런데 신체주체는 '지각' 자체만으로 신체를 주체로서 판단하지 않는다. 궁극적으로 모든 판단들은 그 신체주체의 세계에 관한 생생한 체험 위에 의존하는 것이고, 이러한 신체주체는 언제나 '거기에' 있는 것 이상의 것을 지각한다. 또한 신체주체는 이미 그 자체 속에 '의미들 meanings'을 품고 있는 하나의 세계와 대면하게 된다. 여기에 그가 대면하게 되는 것에 대해 새로운 '의미들'을 부여할 수도 있는 것이다(김홍식, 1994). 박현우(2004)는 이를 '사회적 상징체계로써의 몸'이라고 표현하고, 이러한 과정을 거침으로써 신체는 Merleau-Ponty가 말하는 '의미-부여 활동의 가능성possible of a meaning-giving activity'이 된다. 바로 체험의 과정을 말하는 것이고, 이는 체육에서 몸을 수단으로 체득體得하는 또 하나의 지식知識, 체험적 앎embodied knowing, 즉 '체육적 앎'을 말하는 것이다.

체육교과도 바로 이러한 교육원리에 주목해야 한다. 시수의 축소와 평가방법의 비합리성, 내신에서 제외되었다는 위기의식을 느꼈다면 여기에 안주하지 않고, 더 나은 교육을 위한 패러다임의 전환을 모색해야 한다. 체육의 교육적 가능성의 탐색과 동시에 사회적인 요구를 적극 수용해야 하는 것이다. 삶의 다양한 영역이나 차원을 포함하는 교육, 지금까지 개척되지 않은 영역, 감추어져 있던 심층 등에 접근하는 교육, 개인의 주체성과 실존의 회복을 도와주는 교육, 그럼으로써 교육을 더욱 풍요롭게 만드는 교육에 주목해야 한다. 바로 홀리스틱 교육이 체육교과에서도 요구되고 있는 것이다.

물론 여기에는 체육교과 내에서의 목표간 통합이 전제되어야 한다. 기존의 인지적 영역의 지식知, 심동적 영역의 기능體, 정의적 영역의 태도德라고 하는 목표분류를 지양하고, '체험, 수행, 이해' 로 체육의 목표를 진술할 수 있어야 한다. 이러한 진술방식은 각각의 목표에 이 세 영역의 목표들이 녹아들어가서 '체험하기' , '수행하기' , '감상하기' 로 발휘될 수 있다. 체육과가 통합적 인간상을 추구하기 위해서는 이와 같은 방식의 교육목표가 진술될 수 있음이 전제되어야 한다(유정애, 2003, 2005).

이러한 맥락에서 위와 같은 통합적 체육목표의 논리에 따른 새로운 체육목표 진술방식과 삼분법적인 목표분류의 관계는 〈그림 V-8〉, 〈그림 V-9〉과 같이 제시될 수 있다.

가 치	내재적 가치 외재적 가치	▶	신체 활동 가치 (활동적이고 건강한 삶)
목 적	인지적 영역(지식) 심동적 영역(기능) 정의적 영역(태도)	▶	신체 지각 및 인식 능력 신체 표현 능력 신체 문화 비평 능력
역 할	전인 교육	▶	신체 활동의 지속적인 참여 올바른 신체 문화의 창조

그림 V-8. 체육과 성격의 개선 방향

자료 : 유정애(2003). 체육. p. 39.

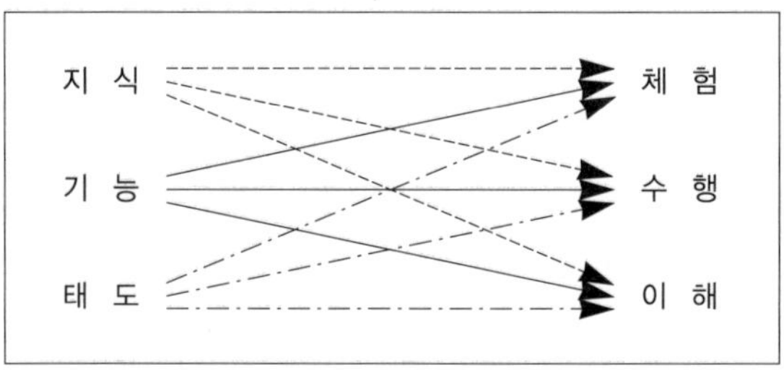

그림 V-9. 삼분법적인 목표 분류와 통합적 목표 분류와의 관계

자료 : 유정애(2003). 체육수업비평. p. 15.

앞에서 홀리스틱 교육은 '관계성을 중시한다' 고 했다. 나와 타인과의 관계, 나와 사물, 나와 자연, 나와 세계 등과의 관계가 중요한 것이다. 그러기 위해서 반드시 전제되어야 할 것은 '나' 에 대한 발견, '나' 라는 실존에 대한 발견과 이의 실현이다. 때문에 홀리스틱 교육을 실현하기 위해서는 자아발견이 반드시 전제되어야 한다. 그만큼 자아발견과 자아실현은 밀접한 관계를 가지고 있는 것이다. 자아발견이 자신의 현 실태를 파악하는 것이고, 자아실현은 가능태를 향한 끊임없는 탐구과정이라고 볼 때 양자는 연속성 속에 있음을 알 수 있다. 이러한 자아발견과 자아실현의 관계를 김홍식(1994)은 〈그림 V-10〉과 같이 나타내고 있다.

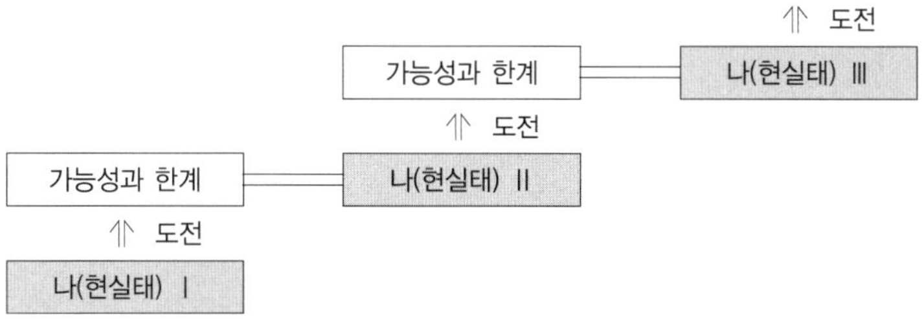

그림 V-10. 자아발견과 자아실현의 순환적 관계

자료 : 김홍식(1994). 스포츠 체험의 체육적 의미. p. 44.

최근 위기에 처한 교육계의 대안은 '감성교육' 이다. 서구 합리주의 상징인 '이성' 의 한계에 직면한 인류는 최근 인간의 '감성' 영역에 관심을 집중하게 되었다. 따라서 체육에서 학습자들의 감성을 향상시키고 유지하기 위해서는 학습자들이 성패를 떠나 자기만족을 위한 체육수업과 창의적인 수업방식을 받을 수 있도록 하는 교육이 요구된다(이학준, 1997). 홀리스틱 교육적 관점에서 본다면, 체육활동에 참여하게 됨으로써 참여자는 자아발견에 있어 지각적, 근운동 감각적, 그리고 심미적 느낌을 제공받고, 이런 감각과 관계함으로써 인간은 자기 자신의 정체성을 발달시키고 체험할 수 있는 것이다(최충환, 1993). 참여자로 하여금 신체 움직임의 체험이라는 독특한 방식으로 자신의 가능성과 한계에 대한 현실인식의 계기를 제공하게 된다. 이는 직접적인 자기이해이며, 자아도전, 자아실현의 토대가 된다고 할 수 있다(김홍식, 1994). 따라서 '감성교육' 을 통한 홀리스틱 교육이 체육에 있어서 중요한 수단이 될 수 있는 것이다.

홀리스틱 교육적 관점에서의 체육활동은 독립된 개개인의 주체성을 가진 신체를 체험할 수 있는 기회가 되고, 자신의 신체 움직임의 주체적 인식을 통해 자아발견이나 자기실현이라는 가치를 실현시킬 수 있다. 체육활동이 곧 인간답게 살기 위한 수단이 되는 것이다. 체육활동을 통해 인간이 자신을 표현하고, 탐구하고, 이해하는 잠재적 가능성을 실현시킬 수 있으며, 신체체험과 실천이라는 행위 속에서 우리 삶의 의미를 찾을 수 있게 된다. 그러한 가운데 홀리스틱적 교육의 가능성은 더욱 굳건해 진다.[5]

현실을 올바로 인식하지 못하고, 현실을 외면하는 사람은 자신의 고유한 인격을 보존할 수 없다(정영수, 1995). 이런 까닭에 주제를 중심으로 한 학습경험의 통합을 목적으로 하는 통합교육과정이 필요하고(유정애, 2003, 2005 ; 최의창, 2003), 이를 근거로 한 홀리스틱 교육과정은 학습자의 자아와 인격의 통합을 궁극적인 목적으로 삼는다. 자아와 인격의 통합성을 증진시키려는 교육적 노력의 일환으로서 현대사회가 미래사회에 대비한 학교교육 문화의 새로운 전환을 요구하게 되면서 논리적 사고와 직관의 관계, 마음과 몸의 관계, 자아와 자기와의 관계를 깨달음과 함께 적절하게 변용해가기 위해 필요한 힘을 얻게 할 홀리스틱 교육의 필요성이 부각되고 있다(황인숙, 2000). 머리와 가슴과 손의 조화로운 발달, 다시 말해 지, 덕, 체의 조화로운 교육이 필요한 시대인 것이다(정윤경, 2004). 그렇기에 홀리스틱 교육은 기억보다는 개념화에 초점을 맞추게 된다(김재복, 2000).

5
체육의 통합적 접근은 1970년대 이후 미국의 체육연구자들에 의해서 초등학교 수준에서 조금씩 관심을 보이기 시작했다. 여기에는 교과간 통합뿐만 아니라 체육학 세부 학문분야의 개념이 함께 가르쳐지는 연구, 운동기능과 함께 비판적 사고능력을 향상시키려는 연구, 운동능력과 함께 정의적 영역의 특성들을 함양시키려는 연구 등이 있다. 다시 말해서 학생들에게 단지 운동기능, 스포츠, 체력운동 등을 따로따로 가르치지 않고 그 이상을 가르치려는 의도적이고 계획적인 노력인 것이다(최의창, 2003). 그리고 그것은 인간의 통합적 특성대로 가르치는 것이고, 실패한 전인교육에 대한 체육의 목표를 새롭게 실현시키는 방법이기도 하다. 그리고 그것은 운동기능과 학문, 지적기능, 정의적 영역의 통합을 말하는 교과내 통합과 타교과와의 공통분모를 찾아내어 공유하는 교과간 통합의 연속선상에서 진행되어야 할 것이다.

이상의 논의를 통해 본다면, 통합교육을 통해 관계성을 깨닫는 인간, 그 곳에서 자신을 찾는 교육, 바로 체육의 홀리스틱 교육적 접근이 요구되는 시점이다. 물론 움직임을 통한 실존적 자기인식과 자기이해, 자아실현의 가능성이 내재된 체육이야말로 가장 적합한 교과일 것이다.[6] 그리고 그것은 학교체육의 교육방향이 통합적인 접근으로 선회하는 세계적인 추세를 따르는 것이기도 하다. 또한 그것은 '몸' 이라는 또 다른 학습도구를 사용하여 사고기술과 학습양식들의 형태, 즉 교육의 통합적인 구조를 통해 사고기술(분석, 종합, 평가, 문제해결, 의사결정 능력 등)과 학습양식(언어적, 수학적, 운동 감각적, 공간적 능력 등)의 패턴을 형성(Capra, 1996)할 수 있는 기회가 된다. 체육도 이제 변화의 시도가 필요한 시점이다. 그 변화의 방향은 〈그림 V-11〉, 〈그림 V-12〉과 같이 진행될 수 있다.

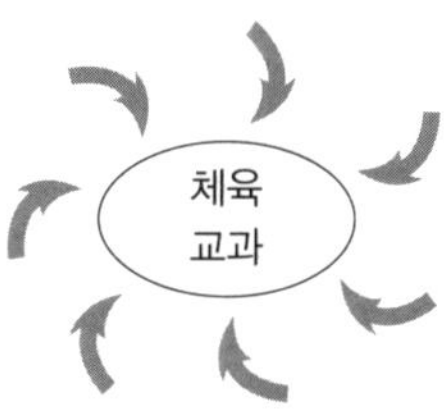

그림 V-11. 체육교과를 중심으로 한 타 교과 영역의 통합

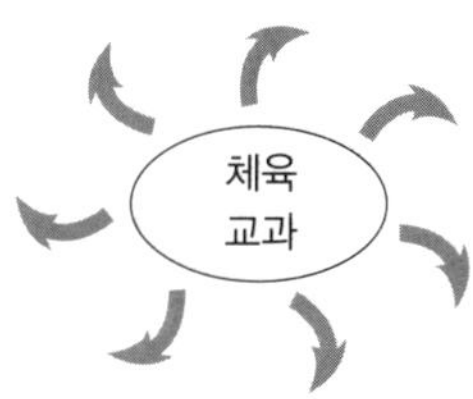

그림 V-12. 체육교과와 타 교과 영역간의 통합

6
체육의 통합적 접근은 최근 Corn, Werner, Corn & Wood 등에 의해 저서가 발간되기도 해 다양한 방식으로 체육교과를 통합형 교과에 활용하고 있다(노화교육, 다문화교육 등). 그러나 이들의 제안은 질적 측면의 다양한 모습일 뿐, 아직 통합 교육과정의 아이디어를 본격적으로 연구하지 못해 중등학교 수준에서 체육교과를 통합적 교과로 활용하지 못하고 있는 실정이다(Placek, 1992).

이러한 작업은 구체적으로 체육교과 내에서 운동기능과 학문 간의 통합, 운동기능과 지적 기능의 통합, 운동기능과 정의적 영역의 통합으로 가능할 것이다. 또한 타 교과와 연관해서 체육수업에 타 교과 내용의 통합, 타 교과 수업에 체육교과 내용을 통합함으로써 가능하게 된다. 이러한 과정은 시대 또는 사회의 생활조건이나 사회 · 문화적 특성에 따라 서로 다른 방법으로 진행되어 온 교육방법의 통합적 차원에서 추진되어야 하고, 나아가서 '학습' 이라는 공통의 목적을 위해 상호공존의 가능성을 모색하는 차원에서 진행되어야 할 것이다.

이는 자아와 인격의 통합성을 증진시키려는 교육적 노력의 일환으로서 미래사회를 대비한 학교교육 문화의 전환적 차원에서 진행되어야 하며, 논리적 사고와 직관의 관계, 마음과 몸의 관계, 자아와 자기와의 관계를 깨달음과 함께 적절하게 변용해가기 위해 필요한 힘을 얻게 할 홀리스틱 교육의 핵심이기도 하다. 그리고 그 중심에 움직임을 통한 실존적 자기 인식과 자기이해, 자아실현의 가능성이 내재된 교육, 그 곳에서 자신을 찾는 교육, 즉 체육이 있고, 그것은 '몸' 이라는 또 다른 학습도구를 사용하여 사고기술과 학습양식들의 통합적 교육을 통해 가능하게 된다. 그리고 이러한 작업은 '체육이 교육분야에서 리더로서 자리매김하고, 교육을 선도할 수 있다.' 는 자신감을 갖기에 충분할 것이다.

체육의 홀리스틱 수업적용 사례_

■ 교과 내 통합

앞 장에서 다양한 타자들 간의 맥락적 관계를 통해 교육적 통합과 창조, 재창조의 과정을 거듭하는 학습이 바로 통합적 학습임을 살펴보았다. 그리고 체육교과 내에서 동일한 목표를 중심으로 여러 영역 간의 통합이 필요함도 알아보았다. 따라서 본 장에서는 적용할 수 있는 수업사례들을 찾아 실제수업에는 어떻게 적용하고, 진행할 수 있는가를 살펴보기로 한다. 그리고 이러한 작업은 새로운 교육철학적 이론의 적용이라는 측면에서 의의를 가질 수 있을 것이다.

• 운동기능과 학문 간의 통합

〈그림 V-13〉는 앞구르기 수업을 통해 운동기능과 학문 간의 통합을 시도한 수업이다. 앞구르기는 회전하는 물체의 회전력과 관성능률 등과 직접적인 연관이 있다. 바로 역학에 관련된 원리가 작용하는 것이다. 따라서 물리학에서 말하는 역학적 원리의 설명과 함께 수업이 진행되면 학생들의 이해도가 향상된 상태에서 수업이 진행될 것이다.

◈ 앞 구 르 기 ◈

① 발에서 50~60cm 정도에 두 손을 짚고, 그 사이로 머리를 숙여 넣는다.

② 무릎을 굽혀 가슴에 닿도록 하여 몸을 공처럼 둥글게 한다.

③ 회전을 할 때는 두 손으로 무릎 아랫부분을 잡고 뒷머리, 목, 어깨, 등 엉덩이 순서로 부드럽게 굴러 일어선다.

⇒ 원심력과 회전력을 이용할 줄 알게 되면서 인체의 기계적(물리적) 원리를 이해할 수 있다. 바로 생체역학이나 운동역학, Biomechanics가 담당하는 영역과의 통합이 가능해진다.

그림 V-13. 운동기능과 학문 간의 통합

• 운동기능과 지적 기능의 통합

〈그림 V-14〉는 다리벌려 앞구르기 수업을 통해 운동기능과 지적 기능 간의 통합을 시도한 수업이다. 다리벌려 앞구르기는 회전하는 물체의 회전력과 관성능률 등과 직접적인 연관이 있다. 그리고 무게중심과 기저면과의 관계도 여기에 중요하게 작용한다. 따라서 이들 간의 역학적 원리의 설명과 함께 수업이 진행된다면 학생들은 이론적으로 보다 더 체계적인 수업을 듣게 되는 것이고, 교사는 수업에 대한 신뢰도를 더 높일 수 있을 것이며, 실기와 이론의 통합, 운동기능과 지적 기능의 통합이 가능하게 될 것이다.

◈ 다리벌려 앞구르기의 역학적 원리 ◈

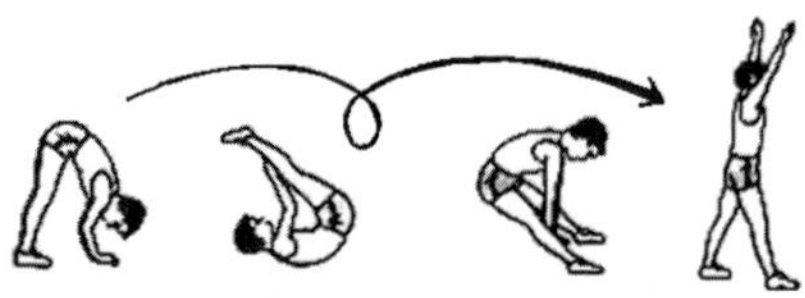

① 앞구르기와 동일한 자세에서 중심만 조금 더 높여준다(회전력을 높이기 위해서).

② 몸을 둥글게 한 상태에서 다리를 벌리고 무릎을 곧게 편 상태에서 손을 몸 안쪽으로 가지고 온다(기저면을 넓혀 주기 위해서).

③ 두 다리를 넓혀 바닥에 뒤꿈치를 먼저 닿게 한 뒤 이어 발끝을 안쪽으로 모아 기저면을 넓게 해준다. 이때 무게중심을 기저면 안쪽으로 가져오려면 턱을 당겨 머리를 계속 숙여 줘야만 회전력에 의해 몸을 부드럽게 일으킬 수 있다.

④ 평형을 유지하면서 일어선다.

⇒ 앞구르기를 통해 원심력과 회전력을 이용할 줄 알게 되면서 인체의 기계적(물리적) 원리를 이해할 수 있게 된다. 이를 통해 몸이 구르면서 순간적으로 무게중심을 앞쪽으로 기울여야 하는 시점, 턱을 당겨야 하는 시점, 그리고 손을 짚고 일어서야 하는 시점 등에 대한 판단을 스스로 내릴 수 있다. 그리고 이의 반복연습을 통해 문제해결력 등 지적 기능과의 통합을 가능하게 한다.

그림 V-14. 운동기능과 지적 기능의 통합

• 운동기능과 정의적 영역의 통합

〈그림 V-15〉은 다리벌려 앞구르기 수업을 통해 운동기능과 정의적 영역 간의 통합을 시도한 수업이다. 모든 체육수업이 동일하게 추구하는 목표는 신체적 발달과 함께 정의적 영역일 것이다. 다리벌려 앞구르기 수업을 통해 신체의 역학적 원리에 대한 이해와 함께 기능적 발달이 가능할 것이고, 아래에 제시되는 것처럼 자기주도적 학습을 통해 스스로, 혹은 동료들과 상호 평가하여 모둠별로 이동수업을 하게 됨으로써 모둠 구성원들 간의 관계형성이 가능할 것이다. 이러한 수업은 바로 실기와 정서적 영역(태도)과의 통합적인 수업을 가능하게 한다.

◈ C조 : 숙련 단계(앞구르기 + 다리벌려 앞구르기) ◈

① 매 연습 시 수업 과제 수행 전 올바른 동작에 대한 안내를 이해 후 그 안내에 따라 과제를 수행합니다(과제학습-과제 포스터 이용).

② 과제 수행 후에는 안내에 따라 스스로 자기 평가를 실시하고, 친구들과 함께 자신의 동작을 교정 해 봅니다. 그리고 거울을 통해 자신의 동작을 수정할 수 있습니다.

③ 완전히 숙달되었다고 생각되면 다음 단계로 이동합니다.

④ A → B → C 모둠 간 자율적 이동 가능

⇒ 앞구르기와 다리벌려 앞구르기 과제에 대해 사전 형성평가를 통해 학생들의 수준을 파악한다. 이후 그 수준에 따른 모둠을 만들어주고, 연습을 통해 스스로, 혹은 친구들과 자세의 수정을 통해 운동 기능을 향상시킬 수 있다(challenge 모형). 스스로 판단을 내려 보다 높은 단계의 모둠으로 이동을 하게 해 스스로의 판단력에 책임을 지울 수 있으며(책임감 모형), 동료들과의 협동과 팀워크, 자기존중감, 자신감 등을 길러 줄 수 있어 운동기능과 정서적 영역을 통합시킬 수 있다.

그림 V-15. 운동기능과 정의적 영역의 통합

■ **교과간 통합**

• 체육수업에 타 교과 내용의 통합

〈그림 V-16〉은 체육수업과 사회(국사) 수업의 통합을 보여주는 수업이다. 故 손기정 선수의 '1936년 제11회 베를린올림픽' 출전장면을 통해 체육교과서 이론편에 나오는 일제 침략기의 체육사 수업을 진행할 수 있다. 막연하게 일제 침략기 체육의 특성을 설명하는 것보다 당시의 동영상과 함께 사회(국사)과에서 시대상황, 역사적 배경, 민족적 자존심 등의 교육을 동시에 실시한다면 일제 침략기 체육사수업은 이 한편의 동영상으로도 가능해진다. 사회(국사)교과의 협력은 체육수업의 내용 이해도를 보다 충실하게 해 줄 것이다.

◈ 체육의 역사(체육사) + 사회(국사) 수업의 통합 ◈

① 체육의 역사적 이해 부분(우리나라 체육의 발달)에서 일본침략기 체육의 특징 수업

② 손기정의 생애와 베를린올림픽 마라톤 제패에 대한 수업진행을 통해 당시 우리 민족이 일본에 가지고 있던 저항정신과 민족애 등을 가르칠 수 있는 좋은 기회가 된다.

③ 당시 시대 상황이나 우리 민족이 처한 현실, 국제관계 등 사회(국사)과와 사전 협조로 공통의 분모를 찾아내어 수업함으로써 사회(국사)교과의 보다 정확하고 실감나는 이론과 체육과의 전문성, 친밀성을 통해 보다 높은 교육의 질을 추구할 수 있다.

⇒ 일제 침략기 당시의 시대 상황이나 우리 민족이 처한 현실, 당시 국제 관계 등은 아무래도 체육교과에서 수업하기란 쉽지 않다. 사회(국사)교과에서 민족정신 교육은 아무래도 이론적인 면에서 그칠 가능성이 많아 현실감이 떨어진다. 체육교과와 사회(국사)교과의 사전 협조를 통한 통합 교육은 이론적인 면에 그칠 수 있는 민족정신 교육이 사회(국사)교과를 통해 보다 풍요로워 질 수 있고, 체육교과를 통해 보다 더 현실에 와 닿을 수 있는 교육이 될 수 있다.

그림 V-16. 체육수업과 사회(국사) 수업의 통합

〈그림 V-17〉은 체육수업과 음악수업의 통합을 보여주는 수업이다. 지루하고, 힘든 체력운동을 스스로 편집한 음악을 이용해서 안무를 짜게 함으로써 학생들의 동기를 유발시켜 체력운동의 가치가 달성될 수 있을 것이다.

◈ 체조 + 체력운동 + 음악 + 컴퓨터 수업의 통합 ◈

〈영남중〉

① 음악과 컴퓨터 게임을 활용한 중등학교 체조수업과 체력운동 수업(펌프체조를 이용한 심폐지구력 강화 운동)

② 체력운동을 단순히 훈련의 과정이고, 의례적으로 해야만 하는 과정으로 생각하는 학생들의 사고방식은 체력운동의 중요성과 가치를 퇴색시킨다. 그래서 수업의 효율은 떨어지게 되고, 체육교사들은 더욱 힘들다. 그래서 일방적으로 시키거나 평가를 무기로 강제하고 있다.

③ 학생들이 좋아하는 음악, 그리고 컴퓨터 게임을 활용하여 펌프체조는 학생들의 흥미를 자극할 수 있고, 모둠별 다른 음악과 작품을 요구함으로써 체육수업을 통해 얻을 수 있는 사회성과 창의성을 극대화할 수 있다. 여기에 사용되는 음악은 학생들이 스스로 선택하고, 스스로 편집해서 일련체조를 완성하게 됨으로써 보다 적극적인 수업으로 학생들을 유도할 수 있을 것이다.

⇒ 아무래도 체력운동이나 체조수업은 학생들의 흥미가 떨어질 수밖에 없고, 효율적인 수업이 쉽지 않다. 이때 한동안 유행하던 컴퓨터 게임인 '펌프'를 이용하여 학생들의 수업을 보다 풍요롭게 만들 수 있다. 음악교과와의 협조로 적절한 음악의 선택이 이루어지고, 컴퓨터교과와의 협조로 학생들이 준비해 온 음악을 컴퓨터 상에서 편집해 이용하게 된다. 여기에 모둠별로 협의해서 적절한 손, 발 움직임과 몸 움직임을 추가하면 좋은 펌프체조의 동작이 완성된다. 쉽지 않은 수업에 학생들의 흥미를 유발해 보다 적극적인 수업 참여를 기대할 수 있다.

그림 V-17. 체육수업과 음악, 컴퓨터 수업의 통합

〈그림 V-18〉는 체육수업과 미술수업의 통합을 보여주는 것이다. 단순한 체조수업도 조형의 원리와 스케치를 통해 모둠 학생들 스스로 동작을 수정하고 설계함으로써 자기주도적 수업으로 학생들을 이끌 수 있어 수업자체의 효율을 극대화시킬 수 있을 것이다.

◈ **체조 + 미술수업의 통합** ◈

〈영남중〉

〈작품명 : 배〉

〈작품명 : 거리의 방황아〉

① 미술교과의 조형원리를 이용한 중등학교 꾸미기 체조수업

② 체조 수업을 학생들은 국민체조나 맨손체조, 아니면 힘든 기계체조 동작을 따라 연습하는 과정으로 생각하고 있어 체조수업을 통해 기초체력를 기르기란 쉽지 않다. 또한 그러한 과정에서 자신을 극복하고, 또 다른 나를 찾기란 쉽지 않다.

③ 우선 모둠별로 무슨 조형물을 만들 것인가를 협의한 후 학생들이 좋아하는 그림 그리기(스케치)를 먼저 하게 하고, 그 그림에 의미를 부여해서 모둠별로 그림대로 조형물을 만들어 가는 과정이다. 학생들 스스로 주제를 정하고, 수정하며, 작품을 완성함으로써 체조수업을 보다 적극적으로 이끌 수 있을 것이다.

④ 이 수업은 남 · 여 학생들의 합반수업에도 적극 활용할 수 있고, 성 역할을 스스로 알게 해 주며, 협동심과 희생정신까지 생각할 수 있는 여지가 마련될 수 있다.

⇒ 체조수업은 학생들이 선호하는 수업이 아니다. 대부분 맨손체조의 일련 동작들을 연습하거나 어렵고, 힘든 기계체조 동작의 연습이 대부분을 차지하고 있기 때문이다. 이때 미술 수업의 조형의 원리를 활용한 체조수업(꾸미기 체조)은 TV 서커스에서나 볼 수 있는 동작들을 스스로 연출한다는 것만으로도 학생들의 흥미를 유발시킬 수 있다. 적절한 균형과 작품의 완성도를 높이려면 우선 미술 수업의 조형의 원리를 이용하여 작품 스케치를 해야 하고, 모둠별로 연습해서 조형물을 만들어 가는 과정이 필요하다. 모둠 스스로 주제를 정해 완성함으로써 자기주도적 수업이 가능하고, 남 · 여 합반 수업에도 적극 활용할 수 있어 보다 효율적인 체조수업을 기대할 수 있다.

그림 V-18. 체육수업과 미술수업의 통합

• 타 교과 수업에 체육교과 내용을 통합

〈그림 V-19〉은 국어수업에 체육수업과 윤리수업의 통합을 보여주는 수업이다. 보건영역에 해당하는 성교육은 아무래도 현실적인 벽에 부딪친다. 이 때 체육과에서 질병에 대한 사전 교육 후 도덕수업을 통해 올바른 판단을 하고, 그것을 국어수업 시 학생들 간의 토론을 통해 논리적으로 올바른 비판을 할 수 있다면 이 현실적인 벽은 낮아질 것이다.

◈ 체육(보건) + 윤리(도덕) +국어(논술)수업의 통합 ◈

청소년기 성관계를 가져도 되나

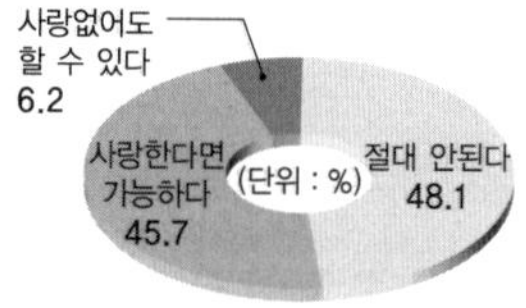

자료 : 서울가정법원소년자원보호자협의회 (2천3백70명 설문)

① 국어수업(논설) 중 토론 과제를 체육교과의 보건 영역에 있는 전염병에 대한 부분으로 결정해서 수업을 할 수 있다.

② 국어, 윤리(도덕) 교과와 사전 협의를 통해 먼저 체육 교과에서 전염병의 경로와 원인, 해결 방법 등을 미리 교육한다. 이후 윤리교과에서는 윤리 · 도덕적인 접근을, 국어교과에서는 청소년기 성 관계에 대한 논리적 접근으로 수업을 하게 된다.

③ 3과목의 사전 협의를 통해 교사 간(교과 간) 신뢰감도 높일 수 있고, 보다 정확한 지식에 의한 교육이 가능해진다. 비슷한 시기에 교육이 가능하기 위해서는 비슷한 시기에 동일한 주제를 교육할 수 있는 준비가 필요하다.

⇒ 동료 교사간 이질적인 학문적 상황을 이해할 수 있는 기회가 되기도 할 것이고, 교과 상호간 신뢰도를 높이는데 상당한 효과가 있을 것이다. 근본적으로 체육교과에서는 질병에 대한 교육을 막연하게 할 수밖에 없었는데 통합교육을 통해 사전 예방 및 건전한 청소년기 생활교육에도 상당한 효과를 얻을 수 있다. 윤리(도덕)교과에서는 이론에 그칠 수 있는 청소년기의 가치관 혼란과 도덕적 비판능력을 기르는데 현실적 도움을 얻을 수 있을 것이고, 국어교과에서는 성 관계의 윤리적 · 신체적 사전 교육을 통해 논리적 접근이 한층 더 깊어질 수 있다. 따라서 체육교과와 윤리(도덕)교과, 국어교과의 사전 협조를 통한 통합 교육은 이론적인 면에 그칠 수 있는 주제에 대해 다각적인 접근을 시도함으로써 올바른 판단을 내리게 하고, 사회적 책임감까지 길러주게 해 올바른 청소년 문화를 만들어나가는 교육을 가능하게 해준다.

그림 V-19. 국어수업에 체육수업과 윤리(도덕)수업의 통합

홀리스틱 중심의 체육에 대한 기대와 한계_

교육에 대한 인간의 노력은 자아의 실현을 위해서나 공동체의 유지, 발전을 위해서라는 거창한 목적을 말하지 않더라도 생존을 위해서라도 반드시 필요한 과정이다. 시대 또는 사회의 생활조건이나 사회 · 문화적 특성에 따라 교육은 각기 다른 모습으로 전개되어 왔고, 최근에는 과학화의 바람을 타고 교육환경 및 교육방법에도 커다란 변화를 요구하고 있다. 즉 서양의 합리적 논리 · 실증주의의 맹신에 의해 야기되는 비인간화와 단편화, 주체성 상실과 인간소외, 공동체와 세계에 대한 부조화 등에 대한 교육환경과 방법의 유연성을 필요로 하고 있는 것이다. 자아와 인격의 통합성을 증진시키려는 교육적 노력으로서 미래사회를 대비한 학교교육 문화의 새로운 전환이 요구되면서 논리적 사고와 직관의 관계, 마음과 몸의 관계, 자아와 자기와의 관계를 깨달음과 함께 적절하게 변용해가기 위해 필요한 힘을 얻게 할 홀리스틱 교육의 필요성이 부각되고 있다.

하지만 현재 학교교육은 전인을 육성한다는 교육의 목적이 무색하게도 개별 교과에 초점을 맞추는 교육의 단편화 현상에 의해 각 교과에서는 자신의 방법만을 요구하고 있고, 그동안 축적된 지식과 삶의 지혜를 총동원해서 통합적으로 사고해야 함을 망각하고 있다. 이러한 이유에서 통합적인 교육, 즉 '조화'와 '관계'를 중요시하는 홀리스틱 교육이 중요하다. 홀리스틱 교육은 학과 간의 지식과 기술이동을 도와주고, 스스로 동기유발을 하고 발전적인 문제해결을 할 수 있는 능력배양, 통찰력 있는 학습자, 지혜롭고 직관력 있으며, 창의적인 능력을 갖춘 학생을 조력하는데 효과적이다. 개인 삶의 다양한 영역에 접해 가고, 그 체험을 통해 개인의 삶이 충실하게 형성되어 가는 것을 다루는 것이기에 '개인의 전체성'을 불러일으키는 교육이며, 바로 '전인whole person'의 교육인 것이다. 체육교과도 바로 이러한 교육원리에 주목해 더 나은 교육을 위한 패러다임의 전환을 모색해야 한다. 따라서 이 단원은 홀리스틱 교육의 이론적 기초와 교육방법 및 내용 등을 밝혀 체육교과에 접목을 해 보려고 하는 시도이다.

홀리스틱이라는 말은 원래 전체론holism적이라고 하는 의미에서 유래되었기 때문에 홀리스틱 학습지도란 다양한 학습유형을 종합지도하기 위해 시도되는 통합 · 전체적 과정으로 이해된다. 그러므로 교육학 분야에서 인간을 신체, 마음, 지성, 정신 등 전체적 영역으로 보려는 시각이다. 이러한 이유에서 홀리스틱 교육에서는 교육을 자연의 근본적인 실재들realities과 연계하려고 시도한다. 인간에게 있어서도 개개인이라는 실존과 타자와의 실재들 간의 만남과 연관을 시도하여 상호 발전적인 모습을 기대하게 되는 것이다. 그럼으로써 홀리스틱 교육은 개개인의 내적 존재에 대한 발견과 자각, 타자와의 연관이 이루어짐으로써 개개인의 고차원적인 발전이 가능해진다.

홀리스틱 교육holistic education은 전반적인 '관계성relationship'에 초점을 둔 교육으로서 논리적 사고와 직관과의 관계connection, 마음과 몸과의 관계, 지식과 다양한 분야 영역의 관계, 개인과 공동체와의 관계, 그리고 자기와 내적 자기와의 관계 등을 깨달게 됨으로 인해 그 관계를 보다 적절한 것으로 변용 해 가기 위한 힘과 능력을 얻게 하는 교육이다. 이는 인간의 본래적인 존재방식으로 돌아가 인간내부에 있는 실존을 끄집어내어 길러가는 'educare'의 의미와 임무에 보다 더 근접하는 것이다. 나아가서 주변에 있는 사람들과 사물들과의 관계회복을 통해 사회 속에서의 나, 세계 속에서의 나, 우주와 나의 관계를 보다 풍요롭게 만들어 나갈 수 있는 교육이다. 그러므로 홀리스틱 교육은 인격교육적 함의를 내포할 수 밖에 없고, 경험교육이나 민주시민교육, 지구시민교육, 공생을 위한 생태교육, 정신성 교육에 목표를 두고 있다.

이러한 의미에서 홀리스틱 교육은 오늘날 교육에 시사하는 바가 크다 하겠다. 최근 위기에 처한 교육계의 대안은 감성교육이다. 서구 합리주의 상징인 '이성'의 한계에 직면한 인류는 최근 인간의 '감성'의 영역에 관심을 집중하게 된 것이다. 머리와 가슴과 손의 조화로운 발달, 다시 말해 지, 덕, 체의 조화로운 교육이 필요한 시대인 것이다. 그렇기에 기억보다는 개념화에 초점을 맞춘 교육적 대안이 필요한 시점이다. 움직임을 통한 실존적 자기 인식과 자기이해, 자아실현의 가능성이 내재된 체육, 그 곳에서 자신을 찾는 교육, 바로 체육의 홀리스틱 교육적 접근이 요구되는 시점이다. 그것은 '몸'이라는 또 다른 학습도구를 사용하여 사고기술과 학습양식들의 통합적 교육을 통해 가능할 것이다.

그러나 학생들의 관계성을 중요시 여기고, 감성적인 측면을 자극하여 홀리스틱적 교육관에 의해 실시되는 체육수업은 실제로 현실적인 문제에 의해서 체육을 통한 '조화로운 인간 만들기' 작업이 쉽지 않은 것이 사실이다. 교육적 가능성에 대한 논의는 제쳐두고서라도 오늘날 교육의 현실은 새로운 교육을 받아들일 준비가 전혀 되어있지 않아 보인다. 학생들의 자유의지는 입시 속에 갇혀 버린지 오래되었고, 학생들의 감성은 지적 능력에 가려져 버렸다. 이런 상황에서는 감성교육을 통한 학생의 주체성과 관계성 찾기가 어쩌면 '입시'라는 현실의 목표를 좇는 학생의 입장에서 사치일지도 모른다. 또한 아직 확고한 교육프로그램이나 지도서가 마련되어 있지 않으며, 애매한 교육 목표는 홀리스틱 교육의 현장적용을 어렵게 하고 있다. 정신과 태도를 강조하게 됨으로써 '실존의 회복' 을 통해 교육의 목적을 달성하고자 하는 암묵적 교육은 '교육의 가시적 효과가 보이지 않는다.' 는 사실에서 가질 수밖에 없는 취약성을 떨쳐버릴 수 없는 것 또한 사실이다. 이러한 현실들이 실존적 교육의 가능성에 대한 확신을 가지기 어렵게 하여 실존적 입장에서의 홀리스틱 교육의 현장적용을 힘들게 하고 있다. 이런 요인들이 홀리스틱 교육을 과거의 낭만주의 교육관, 자유주의 교육관의 연장이라는 한계에서 머물게 할 가능성이 있는 것이다.

그러나 이를 '문제제기' 수준에서 끝내지 않고 실천적 체계를 모색하는 것이 실존주의적 입장이라고 본다면, 체육도 이제 변화의 시도가 필요한 시점인 것만은 분명하다. 그리고 그것은 학교체육의 교육방향이 통합적 접근으로 선회하는 세계적 추세를 따르는 것이기도 하고, 이러한 작업은 방향을 잃어 흔들리고 있는 교육분야 전체에 시사하는 바가 크다 할 것이다. 특히 홀리스틱 교육은 인간교육적 가능성이 존재하고 있는 체육 분야에 새로운 길을 모색하고 방향성을 제시하여 쉼 없이 나아갈 수 있는 항로航路의 역할을 기대하기에 충분한 대안이 될 수 있을 것이다.

그런 의미에서 지금 당장은 홀리스틱 교육의 현장적용과 교육적 성과에 대한 낙관이 쉽지 않더라도 '일신우일신日新又日新' 의 의지로 조금씩 노력하는 실존주의자의 자세가 체육교사에게 요구되는 시점이다. 어려운 교육적 현실에 대한 책임론을 따지기보다는 진정한 교육자로서의 자기 성찰을 통해 현실을 극복하려는 진정한 실존주의자의 자세가 절실한 시점이다. 이것이야말로 진정으로 '체육을 살리는 길' 이 될 수 있을 것이다.

• 위 내용은 김상헌이 발표한 "실존주의 체육교육의 인간교육적 가능성 탐색"(한국체육철학회 춘계학술세미나)을 수정 보완한 것임.

chapter 06

실존주의 사상에 근거한 체육의 제 모습 찾기

서구 합리주의와 실증주의 철학에 의해 사상적 기반을 다진 과학이 낳은 혜택으로 인해 인류는 물질적 풍요를 누리게 되었지만, 그 이면에는 인류가 개개인의 독특한 특성을 잃어버리고 오직 객관화로 치닫게 만들어 인간 스스로 존엄성을 잃어버리는 문제들이 나타나게 되었다. 이의 해결은 인간행동 자체에 조작을 가해 인간 스스로 자신을 돌아보며, 겸허히 반성하는 자정自淨의 방법, 즉 '교육' 을 통해서 가능할 것이다. 그런 의미에서 예절교육과 도의교육을 병행하여 훈육함으로써 올바른 인격체를 지닌 인간을 육성하려는 '전인교육' , 다시 말해 인간 스스로 자신을 돌아보아 주변의 영향에도 흔들리거나 변하지 않는 독립된 실체로 존재하는 자아를 만들어 가는 '실존적 교육' 이 중요한 시점이다.

이에 체육도 그 자체가 갖는 한계를 극복하여 교육의 주도적 기반을 마련하기 위해서는 정규체육을 통하여 삶의 참가치 회복과 삶에 적용시키려는 실천적 교육관의 재정립이 요구된다. 이는 바로 실존주의 사상의 체육에로의 접목을 의미하며, 이 시대 체육이 안고 있는 최대의 과제가 아닐 수 없다.

이런 관점에서 시작된 이 저서는 인간이 만물의 척도라는 기준에서 실존주의적 관점으로 체육의 궁극적인 문제를 찾아 그것을 해결하고자 하였다. 그 첫 시도는 다른 사람들과 맺는 관계의 출발점이자 귀착점인 인간의 몸에 대한 개념의 재발견에서 시작해야 한다고 보았다. 이를 통해 실존적 입장에서 인간의 몸과 움직임에 대한 재해석을 시도하고, 또 그것을 통해 체육적 삶에 결정적 단서가 되는 인간 움직임의 의미를 밝혀 실존철학적 의미를 부여하려고 하였다.

결국 실존주의적 견지에서 총체적 난국에 빠진 교육현장을 살펴보아 인간교육이 주체가 될 수 있는 체육의 교육적 정체성을 타진하고, 학교현장에 산재한 체육의 문제점들을 탐색하여 체육이 교육본연의 '인간다운 인간형성' 이라는 본질적 목표에 합치될 수 있는 가능성을 탐색하려고 하는 것이 바로 이 저서의 출발이었다. 나아가서 체육의 정체성 타진을 통해 시대적 조류에 어울리는 체육의 교육적 이상을 찾아 체육이 향후 우리나라 교육의 리더로 자리매김할 수 있는 현실적인 대안을 찾으려고도 시도했다. 이를 위해서는 체육이 향후 추구해야 할 교육적 기본방향, 구체적인 실천과제를 설정함으로써 교육본연의 '인간다운 인간형성' 이라는 본질적 목표에 합치될 수 있는지에 대한 검토가 병행되어야 할 것이다.

이러한 결과는 정규체육이 추구해야할 참 가치의 방향성을 모색하는데 긍정적인 영향을 미칠 수 있을 것이고, 체육의 최우선적인 가치인 '인간의 존재의미를 더욱 빛나게 하려는 실천철학적 가능성' 을 발견할 수 있을 것이다. 이상의 목적수행을 위해 실존주의와 실존주의 교육사상, 그리고 실존주의적 사상에 근거한 체육의 존립근거를 찾아보았다.

다음의 내용들은 위의 입장에서 시작되어 향후 체육이 수행할 수 있는 교육방법론적인 연구를 통해 얻은 결론이다.

첫째, 살아있는 신체는 인간의 움직임을 토대로 이루어지고, 이를 통해 자아를 인식할 수 있으며, 체험에 의미를 부여할 수 있어서 신체는 인식의 주체가 된다. 즉 인간은 몸을 통해 신체활동에 주체성을 가지고 참여함으로써 교육적 가치기반을 제공할 수 있다.

움직임을 통한 신체경험은 타자가 대신해 줄 수 없으며, 타자의 경험을 내가 대신 할 수도 없고 오직 나만이 나의 움직임을 실행할 수 있다.

그리하여 신체와 신체를 통한 움직임, 그리고 그것을 토대로 학습하게 되는 체육적 앎은 내가 누구인가를 의미 있게 하는 것으로 이해된다. 움직임이야말로 내가 경험하고 있는 세계 안에서 삶의 방식에 대한 애착심을 갖게 하는 수단이고, 전의식적 지각능력을 가지는 주체성으로 존재하게 하는 중요한 역할을 한다. 이러한 체육적 앎은 모든 인간의 움직임을 토대로 살아있는 신체에 의해 이루어지기 때문에 스포츠 활동의 주체인 인간에 대하여 신체와 정신을 분리하는 이원론을 극복하고, '살아있는 신체lived body'를 탐구함으로써 실존적 존재인 '세계-내-존재'로서 스포츠를 경험하는데 의의가 있다. 때문에 움직임은 필수적인 자아를 포함한 표현의 형식이고, 의사전달의 형식이며, 움직이는 주체가 움직임을 통해 느끼는 질적 경험은 수행자의 내적 자아inner-self라고 할 수 있다. 그리고 그것은 바로 체험주체가 갖는 체험의 교육적 가치기반을 제공할 수 있다. 바로 몸을 통해서만 가능한 것이다.

> 둘째, '체육적 앎'은 인간의 몸과 움직임을 수단으로 하는 '~를 할 줄 안다'라는 실천적인 앎으로서 몸 전체로 구현하는 체험적인 앎이고, 정신적인 지성과 다양한 지적활동과 함께 정서적인 영역까지 포함하고 있는 앎이며, 이는 실존주의 교육에 있어서 중요한 수단이 된다.

인식주체로서 신체가 존재함은 다양한 경로로 입수되는 체육적 앎의 세계가 있어 가능하고, 움직임을 통해 실천적 지식으로의 통합이 적용가능하며, 이는 체육적 앎의 근거가 된다. 그리하여 체육적 앎은 내가 누구인가를 되돌아볼 수 있음으로 인해 실존적 의미에서 개인에게 새로운 의미를 발견할 수 있는 기회가 될 수 있다. 이와 같이 체육적 앎은 체육에 중요한 시사점을 주고 있다. 왜냐하면 신체적으로 교육을 받은 인간은 자신을 표현하고, 탐구하고, 이해하는 잠재적 가능성을 발달시킨 사람이기 때문이다. 결국 체육도 움직임을 통해 시작되고, 완성됨을 볼 때 몸은 오직 실천이라는 행위 속에서 의미를 가지며, 그러한 가운데 몸의 질이 향상되는 것을 통해 몸 사상의 긍정적 가치를 발견할 수 있다. 따라서 실존주의자들에 있어 체육활동은 독립된 개개인의 '주체성을 가진 신체' 를 경험할 수 있는 기회가 되고, 인간답게 살기 위한 수단으로 작용하게 된다. 즉 체육은 Sartre가 말하는 '자기 자신의 신체 움직임의 주체적 인식을 통해 자아의식의 발견이나 자기표현 및 실현에 중요성을 부여하고 있다는 점을 부각시키는 활동' 이며, Nietzsche가 말하는 큰 이성이다. 이는 오직 몸의 의미와 행위의 의미를 통해서만 자아가 의의를 갖게 되는 것을 의미한다. 그리하여 체육활동은 실존주의 교육에 있어서 중요한 수단이 되는 것이다.

셋째, 체육은 '체육적 앎' 을 통해 독립된 개개인의 신체체험을 토대로 개인의 실존을 가능하게 하므로 잠재적 가능성의 발달을 도모하는 인간교육적 가능성이 존재하는 교과이다. 따라서 체육의 정체성은 '교육' 에서 찾아야 한다.

체육의 실존적 교육가능성과 체육교과의 실존적 교육방안을 모색하기에 앞서 우선 고려되어야 할 점은 체육의 정체성을 타진하는 일이다. 아울러 체육은 역사적 측면과 대중들의 요구와 주체성을 고려한 측면에서도 그 교육적 가치를 버릴 수 없다. 근본적으로 체육은 인간교육적 가능성이 존재하는 교과이고, 신체 체험적 앎을 통해 자신을 표현하고 이해하며, 자신의 잠재성을 발달시킬 수 있기 때문이다. 즉 신체체험과 체육적 삶은 독립된 개인의 주체성을 가진 신체를 경험할 수 있으며, 이는 인간답게 살 수 있는 삶의 기저가 된다. 이러한 여러 가능성은 체육이 실존적 교육의 수단으로 기능하게 하기도 한다. 특히 자신의 신체움직임의 주체적 인식을 통해 자아의식의 발견이나 자기표현 및 실현에 중요성을 부여하고 있음이 작용한다. 그리고 이러한 작업은 근본적으로 이 시대가 요구하는 교육의 역할이기도 하다. 따라서 체육의 정체성에 대한 논의는 현재 우리나라에서 일어나고 있는 모든 현상에서 출발해 일반대중의 동의를 얻어야 하고, 여기에 체육의 직접적인 개별자, 즉 교사에 의한 주체적 인식이 필수적이다. 그리하여 체육의 정체성을 회복하기 위한 노력은 바로 '교육'에서 찾아야 한다. 이는 교육의 최종 목적이고, 체육이 진정으로 이루려고 하는 '전인全人의 육성'과도 일맥상통하는 것이다.

넷째, 체육의 제 모습은 체육의 목표, 체육수업, 체육평가, 체육교사, 학교간 경기 등의 변화를 통해 실현할 수 있고, 이를 가능하게 해 주는 체육의 새로운 패러다임은 실존주의를 바탕으로 한 '창의성 교육'과 '홀리스틱 교육'이 될 것이다.

앞 장에서 체육의 제 모습을 구현하기 위해 비실천적이며, 신세대 학생들의 요구와 동떨어진 체육의 목표를 살펴보고, 그에 대한 현실적인 대안을 찾아보았다. 그러한 결과로서 건강추구의 목표, 신체단련의 목표, 사회적 경험의 목표, 도덕심 배양의 목표, 두뇌발달(감성지수 발달)의 목표, 놀이(유희, 해방)의 목표, 스포츠 경험(몰입, 절정)의 목표, 창의성 계발의 목표, 통합교육, 생태교육, 그리고 이의 통합적인 교육 등을 제시하였다. 그리고 불합리한 체육의 목표, 체육적 앎이 배제된 체육수업, 기능위주의 평가, 수동적 체육교사, 파행적인 학교간 경기 등에 대한 제 모습 찾기도 시도하였다. 이상의 논의를 바탕으로 체육의 제반 문제들에 대한 새로운 패러다임으로서 체육의 실존적 교육가능성을 타진해 보고, 그 교육방식으로서 '창의성 중심의 체육', '홀리스틱 중심의 체육' 등을 제안하였다.

다섯째, 창의성은 정보화 사회 학생들의 필수적인 능력으로서 현대교육이 추구하는 패러다임이다. 그리고 체육활동을 통해 얻어지는 정서적 경험은 감성적 발달을 꾀할 수 있어 창의성과 연결될 수 있다. 또한 현대교육은 자연의 다양한 근본적인 실재들과 연계한 생활교육을 필요로 하고 있는데 이는 인간과 다양한 사물(세계)과의 관계맺음에서 출발해 그 최종 단계인 자아ego와 자기self의 관계를 회복해 가는 홀리스틱 교육을 의미하는 것이다. 체육을 통한 '체육적 앎'의 체득은 의미 구현체로서 자아와 타자의 상황과 목적에 따라 다양한 의미를 형성하게 된다. 그리고 '몸'이라는 또 다른 학습도구를 사용하여 창의적인 사고기술과 학습양식들의 통합적 교육을 가능하게 한다.

창의성은 정보화 사회의 학생들이 필수적으로 습득해야 할 능력으로서 오늘날 교육이 추구하고 있는 패러다임이며, 체육도 실존주의적 접근을 통해 창의력 교육이 가능하다. 신체가 실존적 형태의 변모로 나타나며, 운동교육의 자유로운 선택과 상호관련성에 의해 체육은 창조적 교육의 입장에서 신체활동이 이루어지는 것이다. 그리하여 실존주의자들에게 있어서 체육활동은 독립된 개인의 주체성을 가진 신체를 경험할 수 있는 기회가 되고, 자각과 판단, 기억과 연상능력 등 인간의 다양한 지적

· 정서적 활동을 포함하는 창조적 움직임도 경험하게 된다. 체육교과는 창의성에서 중요한 좌뇌와 우뇌의 통합적인 활용을 통한 상승작용이 가능한 교과이고, 체육활동을 통해 얻어지는 다양한 감정의 변화와 함께 정서적 경험은 감성적 발달을 꾀할 수 있고, 이는 EQ의 발달을 유도해 창의성과 연결될 수 있다.

이에 체육을 통해 개인의 창조적인 학습경험으로서 체력증진과 사고력의 신장에 기여할 수 있는 과정은 중요하다. 따라서 사이버 공간에서 다양한 입체자료(애니메이션, 운동선수의 동영상, 과제수행 여부를 측정할 수 있는 형성평가 문항, 묻고 답하기, 자료방 등)의 활용을 통한 수업은 학습자에게 개별 학습도구로 이용될 수 있다. 이는 시간과 공간에 구애받지 않음으로써 자기주도적인 학습을 가능하게 하여 학생들의 자유로운 상상력의 증진에 기여할 것이다.

창의성이 개인적인 문제라면 홀리스틱은 개인과 사회적 요구가 만들어낸 교육적 상황이다. 지각에 뿌리를 박고 있을 수밖에 없는 모든 앎은 결코 절대적일 수 없고, 언제나 상대적인 것으로 남게 마련이므로 홀리스틱 교육에서는 교육을 자연의 다양한 근본적인 실재들realities과 연계하려고 시도한다. 관계맺음에서 출발해 그 최종단계는 자아ego와 자기self의 관계를 회복해 가는 것이 홀리스틱 교육이며, 이는 인간의 본래적인 존재방식으로 돌아가 인간의 내부에 있는 실존을 끄집어내어 길러가는 교육, 즉 '끄집어낸다'는 교육본연의 의미와 임무에 보다 근접하는 것이고, 인간이 태어나면서 갖고 있는 성장의 가능성을 키워가는 것이다. 바로 이러한 점에서 체육이 그 역할을 감당할 수 있는 영역이 될 수 있다. 특히 몸을 통한 움직임의 다양한 경험과 의미의 체득이 중요한 단서가 되며, 의미구현체로서 체육적 앎의 체득은 자아와 타자의 상황과

목적에 따라 다양한 의미를 형성하게 된다. 바로 홀리스틱적 관점에서의 접근이 필요한 것이다. 또한 머리와 가슴과 손의 조화로운 발달, 다시 말해 지, 덕, 체의 조화로운 교육, 즉 감성의 교육이 필요한 시대임을 감안한다면 체육의 홀리스틱 교육적 접근이 요구되는 시점이다. 그것은 '몸'이라는 또 다른 학습도구를 사용하여 사고기술과 학습양식들의 통합적 교육을 통해 가능할 것이고, 그리하여 체육도 이제 변화의 시도가 필요한 시점이다. 그리고 이는 학교체육의 방향이 통합적 접근으로 선회하는 세계적 추세를 따르는 것이고, 체육의 교육적 패러다임의 전환은 목표를 잃고 방향을 잃어 흔들리고 있는 체육분야에 새로운 항로의 역할을 하기에 충분한 대안이 될 수 있을 것이다.

이러한 사실에 입각해 교육의 새로운 패러다임으로서 창의성 교육과 생명과 통합, 공존의 교육으로서 홀리스틱 교육을 제안하였다. 이는 체육의 정체성과 향후 추구해야 할 구체적인 실천의 문제인 '인간다운 인간형성' 이라는 체육의 본질적 목표에 근접하려는 노력의 일환으로 이해되어야 할 것이다. 그리고 그것은 '체육이 살아남기 위한 대안' 이라는 실천철학적 의미가 함축되어 있는 것으로도 이해되어야 한다. 다시 말해서 '실존적 교육의 가능성을 찾기 위해 시도되고 있는 현장의 다양한 목소리' 로 이해되어야 하는 것이다.

이상의 논의를 통해 세계를 지배하고 있는 자본주의, 무한 경쟁사회에 지배당하는 인간, 무너져 가는 인간상에 대한 해결은 그 자체로 실체가 없고, 허무와 침묵에 불과한 정신에만 의존할 수 없어 몸을 중심으로 한 인간의 움직임과 타인과의 어울림에서 실마리를 찾을 수 있다. 그리고 그 인간의 움직임은 바로 몸에 의미를 부여할 수 있는 결정적 단서가 될 수 있으며, 특히 움직임이 이루어지는 몸은 '내면으로부터 체험하는 신체' 라는 점에서 '신체가 곧 주체' 라는 입장, 즉 실존적 차원에서 존재함을 발견할 수 있다. 그럼으로써 '몸의 움직임 활동 = 체육 · 스포츠', '몸의 교육 = 체육' 이라는 결론을 도출할 수 있다. 바로 체육은 실존주의적 차원에서 그 교육적 가치를 극대화 할 수 있으며, 실존주의 교육사상에 근거한 체육의 가치실현이 이 시대 체육이 안고 있는 최대의 과제임을 발견할 수 있다.

체육의 주체성을 찾고자 시도한 이러한 작업을 통해 주지적 지식의 전달만을 담당하는 타 교과와 달리 인간의 본성을 깨우는 교과로서 체육이 존재함을 발견함으로써 체육만의 주체적 분야를 찾을 수 있고, 이러한 결과는 향후 체육이 당당히 교육의 주체로 다시 설 수 있다는 자신감을 가질 수 있다. 이미 다각도의 방법으로 진행되고 있는 현장 체육교육자들의 이러한 노력은 인간행동 자체에 자극을 가하여 인간 스스로 자정自淨의 방법을 취하고자 하는 노력의 일환으로서 적극적인 '실존주의적 교육' 이 시작되고 있다고 보아도 될 것이다. 체육은 근본적으로 몸과 움직임을 통해 체육적 앎의 세계를 체득하게 됨으로써 '나' 만의 존재에서 벗어나 '타자와 공존하는 가운데서 실존하고 있는 나' 를 깨우는 교육, 즉 '내가 누구인지를 뒤돌아보게 해 주는 실존주의 교육의 참 모습' 으로 이해될 수 있다. 그리고 그것이야말로 진정으로 '체육을 살리는 길' 이고, '체육이 살아남는 길' 이 될 수 있을 것이다. 그리고, 그것이야말로 '체육의 제 모습' 일 것이다.

참 고 문 헌

강대석(1993). *니체와 현대철학*. 서울 : 한길사.

강대석(1991). *현대철학의 이해*. 서울 : 한길사.

강만길(1996). *역사를 위하여 - 강만길 역사에세이*. 서울: 한길사.

강선보(2000). 한국에서의 실존주의 교육철학의 수용과 전개. *교육과정평가연구*, 3(1), 17-31.

강선보(1999). *마르틴 부버의 만남의 교육*. 서울 : 양서원.

강신복, 최의창(1991). 체육 학문화 운동과 체육교과의 성격 : 학문성 강조 체육교과교육 모형의 탐색. *체육연구소논집*, 12(2). 1-11.

강유원, 김이수(2006). 소학에 나타난 몸에 대한 의미와 체육. *한국체육학회지 인문 · 사회과학편*, 45(4), 61-70.

강유원(2002). 실존주의와 체육. *학교체육과학회지*, 11(2), 23-31.

강유원(2001). 스포츠의 현상학적 연구 고찰. *한국체육과학회지*, 10(2), 37-45.

고근호(1997). *Kinetic Art에 있어서 움직임에 관한 연구*. 미간행 석사학위논문. 조선대학교 교육대학원.

고병권(2003). *니체의 위험한 책, 차라투스트라는 이렇게 말했다*. 서울 : 그린비.

교육부(2007). 초 · 중등학교 교육과정. 교육인적자원부 고시 제2007-790호.

교육부(2001). *고등학교교육과정 해설*. 서울 : 교육인적자원부.

교육부(1999). *중학교교육과정 해설(IV)*. 서울 : 교육인적자원부.

교육부(1998a). *체육과 교육과정*. 서울 : 교육인적자원부.

교육부(1998b). *체육 계열 고등학교 전문 교과 교육과정, 25*. 서울 : 대한교과서주식회사.

교육부(1998c). *초등학교교육과정 해설(V)*. 서울 : 교육인적자원부.

교육부(1997). *중학교교육과정 해설*. 서울 : 교육인적자원부.

구강본(2002). *신자유주의 학교체육의 전개양상과 과제*. 미간행 석사학위논문. 영남대학교 대학원.

권기헌(1999). *정보사회의 논리*. 서울 : 나남출판.

권욱동, 임승현, 남경완(2006). 시대별로 살펴본 체육 정의적 관점의 개념. *움직임의 철학 : 한국체육철학회지, 14(3)*, 13-27.

권욱동(2004). *스포츠와 몸의 철학적 이해*. 서울: 이회문화사.

권욱동(2002). 스포츠를 통한 몸의 주체성 회복. *움직임의 철학 : 한국체육철학회지, 10(1)*, 133-150.

김남중, 강홍준(2003a, 1월 9일). 학부모 사교육 부담 덜기 처방. *중앙일보*, 25면.

김남중, 강홍준(2003b, 4월 10일). 중 · 고교 예체능 과목 점수 · 석차 폐지 추진. *중앙일보*, 1면.

김대식, 김영환, 신현군(1993). *체육철학*. 서울: 나남출판.

김대진(2005). 체육과 교육과정 개정 시안에 대한 의견. 연구자료 ORM 2005-59 체육과 교육과정개정 시안. 한국교육과정평가원. pp. 127-134.

김동구(1988). *교육철학*. 서울 : 문음사.

김동규, 김상헌(2006). 체육적 앎에 대한 실존적 고찰. *움직임의 철학 : 한국체육철학회지, 14(1)*, 1-17.

김동규, 김상헌(2003). 실존주의 체육사상 ; 체육 제 모습 찾기. *한국체육학회지, 42(6)*, 53-64.

김동규(2000). *체육원리의 제 문제*. 경북 : 영남대학교 출판부.

김동규(1999). 세계체육사 : 고대 동방 · 서양사. 경북 : 영남대학교 출판부.

김동규, 이정식(1997). 신체활동의 내재적 가치발현을 위한 과외스포츠 활동의 의의와 목표. *학교교육연구*, 1(1), 69-90.

김동규(1992). *현대 휴머니즘을 중심으로 한 체육 · 스포츠의 본질 및 목표설정에 관한 연구*. 미간행 박사학위논문. 한국체육대학교.

김두범, 유평수, 조준수, 최태식(1999). *교육학의 이해*. 서울 : 도서출판 학이당.

김미숙(2000). 슈타이너의 교육예술론과 체육의 방향. *움직임의 철학 : 한국체육철학회지, 8(1)*, 105-122.

김미옥(2005). http://cyber.chongju.ac.kr/~whimel/re%20siljon.htm

김복영(1989). 홀리스틱 유아교육과정의 이론과 실제. *열린유아교육연구, 3(1)*, 317-335.

김상헌(1999). *한국 엘리트스포츠의 진단과 과제 연구*. 미간행 석사학위논문. 영남대학교 대학원.

김상헌(2006). *실존주의 체육사상에 근거한 체육교육 제 모습 찾기*. 미간행 박사학위논문. 영남대학교 대학원.

김선희(2004). *사이버시대의 인격과 몸 - 사이버자아의 인격성 논의를 중심으로*. 서울 : 아가페.

김성배(2002). *초등 체육 교육에 있어서 암묵적 지식의 의미*. 미간행 석사학위논문. 인천교육대학교 교육대학원.

김성옥(2001). *홀리스틱 교육관과 대안교육 교육관의 비교 연구*. 미간행 석사학위눈몬. 한국교원대학교 대학원.

김수천(1993). 서양의 교육과정사 : 삶과 교과의 관계를 중심으로. *교육연구*, 3, 69-109.

김영갑(2005). 주체성의 표현형식 : 몸, 도덕, 그리고 스포츠. *움직임의 철학 : 한국체육철학회지, 13(1)*, 35-44.

김영건(2000). *철학과 문학비평, 그 비판적 대화*. 서울 : 책세상.

김영환, 김동규, 신현군, 함정혜, 안용규, 권욱동(2002). *체육철학*. 서울 : 연세대학교 출판부.

김유승(2002). *홀리스틱 교육(Holistic Education)의 인격교육적 특성 연구*. 미간행 석사학위논문. 서울대학교 대학원.

김윤희(2004a). 신체경험에 관한 현상학적 연구의 이론적 및 방법론적 근거. *움직임의 철학 : 한국체육철학회지, 12(2)*, 252-266.

김윤희(2004b). *신체체험의 Somatic 차원 : 현상학적 연구의 비판*. 미간행 박사학위논문. 숙명여자대학교 대학원.

김인상(2000, 4월 4일). 학교공동체간 불신의 원인 조사. *조선일보*, 특집 9면.

김인효(1996). *창의력 신장 교수법이 인지적 정의적 행동에 미치는 영향*. 미간행 석사학위 논문. 고려대학교 교육대학원.

김재복(2000). *통합교육과정*. 서울 : 교육과학사.

김재은(2003). myhome.naver.com/ssang/chang-00.htm

김정현(1995). *니체의 몸철학*. 서울 : 문학과현실사.

김정환, 강선보(2003). *교육철학*. 서울 : 박영사.

김정환(1987). *교육철학*. 서울 : 박영사.

김종우(1990). *스포츠에 있어서 Buber의 「나-너」사상의 적용에 관한 연구*. 미간행 석사학위 논문. 전남대학교 대학원.

김창우(2002, 3월 19일). 인문 · 어문계 폐강 속출. *조선일보*, 30면.

김청훈, 윤여탁(1999). 스포츠 수행에 따른 체험의 본질과 의미화에 관한 실존 현상학적 접근. *움직임의 철학 : 한국체육철학회지, 7(1)*, 63-82.

김호권, 이성진, 이상주(2000). *학교가 무너지면 미래는 없다*. 서울 : 교육과학사.

김호상(1999). *여가경험의 실존현상학적 고찰*. 미간행 석사학위논문. 연세대학교 교육대학원.

김홍식(2002). 체육과 교육과정에서 목표의 위치와 역할에 관한 검토. 한국교육과정개발원. *체육과 목표 및 내용 체계의 새로운 방향 설정 세미나*(pp. 3-15). 서울 : 한국교육과정개발원.

김홍식(2000). *체육의 내재적 가치에 관한 선험적 정당화론 비판*. 미간행 박사학위논문. 서울대학교 대학원.

김홍식(1994). *스포츠 체험의 체육적 의미*. 미간행 석사학위논문. 서울대학교 대학원.

나재주(1996). *실존주의의 교육개념과 교사상의 구성*. 미간행 석사학위논문. 경북대학교 교육대학원.

남경희(2005, 7월 19일). 〈포럼〉학력증진 위한 논의 활성화해야. *문화일보*, 31면.

남명호(1995). 수행평가의 타당성 연구 : 과학 실기 평가, 실험 보고서, 컴퓨터 시뮬레이션 평가의 비교. *교육평가연구, 8(2)*. 115-143.

남중웅(2003). 스포츠현상에서 테크놀로지적 몸에 관한 담론. *한국체육학회지, 42(4)*, 83-91.

남중웅, 김상헌(2003). 체육의 정체성 회복과 실천목표에 관한 연구. *한국사회체육학회지, 19(1)*, 63-74.

대구광역시교육청(2007). *학교 · 생활체육활성화를 위한 2007 학교체육 기본방향*(pp. 21-30). 대구 : 대구광역시교육청.

대구에듀넷(2003). http://www.tgedu.net

류태호(2007). 체육 · 예술 교과의 본질과 학교교육. *한국체육학회보*, 7, 29-36.

명지원(2000). *홀리스틱 교육에 의한 통합교육과정 구성*. 미간행 박사학위논문. 동국대학교 대학원.

민중서림(2000). *국어대사전*. 서울 : 민중서림.

박만준(2000). 문화의 개원 : 겔렌의 문화이론을 중심으로. *대동철학*, 11, 93-114.

박성수(1998). *들뢰즈와 영화*. 서울 : 문화과학사.

박영만, 조한무, 정문성, 송민영, 김복영, 최유현, 김정희, 이철환, 송순재, 류청산 공저

(2002). *홀리스틱 교육의 원리와 방법*. 서울: 도서출판 엘리트.
박의수, 강승규, 정영수, 강선보(1994). *교육의 역사와 철학*. 서울 : 동문사.
박이문(2006). *나는 왜 그리고 어떻게 철학을 해왔나*. 서울 : 삼인.
박정미(2004). 발문을 통한 창의적 수업의 실제. *창의적 교육의 현장정착을 위한 중학교 교사 연수교재, 연수자료 중 102*(pp. 24-41). 대구 : 대구광역시동부교육청.
박찬희(1997). 스포츠 경험의 교육적 의미. *움직임의 철학 : 한국체육철학회지, 5(2)*, 215-230.
박철홍(2004). 경험개념의 재이해 : 듀이의 연구에 대한 반성과 교육학적 과제. *현대사회와 교육의 이해 : 교육철학의 최근 동향*, 271-327. 서울 : 교육과학사.
박철홍(2003). 경험의 창조적 재연으로서 학습의 의미 : 경험중심교육과정관의 재발견. *아시아 교육연구, 4(2)*, 169-191.
박현우(2004). *개항기 '몸' 담론의 의미 구조와 그 변화에 관한 연구*. 미간행 석사학위논문. 서울대학교 대학원.
박현우(1997). 체육학에서 스포츠학에로. *한국체육학회지, 36(4)*, 56-71.
박홍식(1986). *체육의 철학적 탐구*. 서울 : 성신여자대학교 출판부.
방 곤(1983). *實存主義는 휴머니즘이다*. 서울 : 문예출판사.
배소심, 최경실(2005). 몸의 현상학을 통한 춤예술의 존재론적 본성. *한국체육학회지, 44(6)*, 1059-1069.백소용(2006, 9월 20일). "취업 안되는데…" 문학 · 역사 · 철학 폐강 속출. *세계일보*, 8면.
백승균(1987). *실존철학과 현대*. 대구: 계명대학교 출판부.
서경희, 주동진(2005). Delsarte와 Dalcroze의 움직임이론과 현대무용의 등장. *움직임의 철학 : 한국체육철학회지, 13(2)*, 243-253.
서배식(1999). *실존철학들의 같은 점과 다른 점*. 서울 : 문음사.
소홍렬(1983). *과학과 사고*. 서울 : 경문사.
손승아, 안경숙(1997). 창의성 증진을 위한 뇌기능의 향상 방안. *숙명여자대학교 논문집, 5*.
손인수(1996). *교육사 교육철학의 이론과 실재*. 서울: 도서출판 문음사.
송민영(2000). *21세기의 새 교육 비젼 홀리스틱 교육. 홀리스틱 교육의 기본 원리와 운영을 위한 탐색*. 서울 : 학지사.
송재희, 신동윤, 박영주(1995). *정보화사회가 오면 난 어떻게 되지? 사이버 세계의 놀이와 아름다움*. 서울 : 지식공작소.
신경수(2003). 창의성과 체육. 대구광역시동부교육청. *대구광역시 동부교육청 창의성 수*

업 연수발표회. 대구 : 대구광역시동부교육청.
신오현(1985). *사르트르의 철학*. 서울: 민음사.
아트센터(2006). http://www.artcenter.co.kr
안대열(1994). *무용경험의 실존주의적 가치와 교육적 중요성*. 미간행 석사학위논문. 숙명여자대학교 교육대학원.
안병욱(1986). *휴머니즘*. 서울 : 삼육출판사.
안양옥(2004). 통합적 재검토를 통한 초등체육과 교육과정의 발전 방향 모색. *한국스포츠교육학회지, 11(2)*, 1-23.
안용규(1994). *중등학교 체육과 목표비교를 통한 체육의 발전방향 연구*. 미간행 박사학위논문. 한국체육대학교 대학원.
안재훈(1998). *지혜를 얻는 철학여행*. 서울 : 도서출판 새날.
양근만(2007, 1월 25일). '그들만의' 교육과정 개편. *조선일보*, 34면.
양성숙(2007년 8월 10일자). 기본예절, 스포츠로 배워요. *한국교직원신문*.
양종이(1996). *체육원리신강*. 서울 : 형설출판사.
엄정식(1995). 인간교육과 현대적 상황. *교육제주, 87*, 22-26.
엄정식(2005). 현대사회와 애니메이션 : 철학적 성찰. *철학논총, 40(2)*, 205-226.
오정석(1994). *'체육적 앎' 에 관한 연구*. 미간행 박사학위논문. 서울대학교 대학원.
유성건(2001). *실존주의 사상에 의한 체육*. 미간행 석사학위논문. 경북대학교 교육대학원.
유정애(2005a). 교사수준의 체육과 교육과정 개발 과정 및 내용. *한국스포츠교육학회지*, 12(1). 31-56.
유정애(2005b). 국가수준 체육과 교육과정 목표와 내용의 반성과 발전 방안. *체육, 55*. 서울 : 전국체육교사모임. 30-50.
유정애(2003). *체육수업비평*. 서울 : 도서출판 무지개사.
윤성진(2001). *니체 다시 읽기*. 서울 : 서광사.
이규일(2004). 체육을 이해하는 철학적 기반과 체육적 앎. *체육, 52*. 서울 : 전국체육교사모임. 12-39.
이기상(2004). *이 땅에서 우리말로 철학하기*. 서울 : 살림.
이기상(1987). *실존철학*. 서울 : 서광사.
이돈희(1995). *교육철학개론*. 서울 : 교육과학사.
이돈희(1993). *교육적 경험의 이해*. 서울 : 교육과학사.
이상구(2002). 제7차 교육과정에 의한 체육수업의 평가 및 남녀공학수업의 저해요인. *제*

7차 교육 과정에 따른 교과별 수업 개선사례. 장학자료 중 66(pp. 63-79). 대구 : 대구광역시동부교육청.

이성주(2003, 11월 17일). 운동 꾸준히 하면 뇌기능 높아진다. *동아일보*, A29면.

이성진(1991). *교육 난국의 해부*. 서울 : 나남.

이술이(1997). *열린 교육의 가치에 대한 교육철학적 고찰*. 미간행 석사학위논문. 경희대학교교육대학원.

이정학(2005). 니체 사상에 대한 체육 철학적 이해. *한국체육학회지, 44(3)*, 89-99.

이진수(2001). *한국체육사상사*. 서울 : 한양대학교 출판부.

이진수(1995). *스포츠의 철학적 모색*. 서울 : 교학출판사.

이진수(1989). *체육 · 스포츠 철학*. 서울 : 교학출판사.

이진우(2000). *지상으로 내려온 철학*. 서울 : 푸른숲.

이태기(1996). 실존주의의 교육적 의의. *공주교대 논문집 3*, 25-33.

이학준(1997). *스포츠맨십 거듭나기 : 사회윤리학적 접근*. 미간행 석사학위논문. 고려대학교 대학원.

이호갑(1999, 10월 25일). 기억력 뛰어난 아이 창의력도 '반짝반짝'. *동아일보*, X47면.

장성수(2005). 본질론을 중심으로 한 체육의 정체성 정립을 위한 제언. *한국체육학회지, 44(6)*, 135-145.

장숙재(2001). 체육과 학교교육과정의 현장 적용. *제7차 교육과정에 따른 수업 및 평가의 개선을 위한 교사 연수 교재. 연수자료 중 45*(pp. 87-91). 대구 : 대구광역시동부교육청.

장용규(1997). 서구의 합리주의적 교육관에 따른 체육의 한계와 새로운 방향탐색. 미간행 박사학위논문. 서울대학교 대학원.

전국체육교사모임(2006). http://mom.njoyschool.net/club/service/cl_main.asp?gid=10000050

재미있는 체육수업만들기(2003). http://my.dreamwiz.com/park3902/step1.htm

전 철(1999). 주체성, 타자성, 연대성. *한신논총, 9*. 한신대학교 대학원.

정광복, 김재호(2002). 실존주의 철학에서 본 신체본질에 관한 연구. *한국체육과학회지, 11(1)*, 15-20.

정금선(1995). *실존주의의 본래성과 그 교육적 의의*. 미간행 석사학위논문. 경북대학교 대학원.

정동호(1983). *니이체 연구*. 서울 : 탐구당.

정범모(2001). 사고력은 기를 수 있는 것인가?. *대구교육, 34*. 대구 : 대구광역시교육청.

26-33.
정범모(1991). *"미래의 인간과 교육." 교육 난국의 해부*. 서울 : 나남.
정상원(2000). 최근의 교육환경 변화에 따른 학교체육의 발전적 학습방향과 실제적 방안 모색. *한국사회체육학회지, 13*, 61-81.
정영수(1995). *인간교육의 탐구*. 서울 : 동문사.
정윤경(2004). *발도르프 교육학*. 서울 : 학지사.
정윤경(1999). 발도르프학교교육과 한국의 대안교육. *한독교육학연구*, 3, 237-246.
정응근(1984). 실존주의 철학과 체육. *서울대학교 체육연구소논집, 5(1)*, 31-35.
정응근(1990). *메를로 퐁띠의 인식주체적 신체가 갖는 체육적 의의*. 미간행 박사학위논문. 서울대학교 대학원.
정재걸(2001). *만두모형의 교육관 - 한국의 전통교육*. 서울 : 한국교육신문사.
정청희(1997). *스포츠심리학*. 서울 : 도서출판 태근.
정화열(1996). *몸의 정치*. 서울 : 민음사.
조 벽(2005). *나는 대한민국의 교사다*. 서울 : 해냄.
조미혜, 오수학(2004). *체육과정과 평가*. 서울 : 도서출판 무지개사.
조병훈, 김상관(1998). 고등학교 운동선수의 수업실태. *경남체육연구, 3(1)*, 2-4.
조종렬(2003). http://www.semyung.org/main.htm
조한무(1997). *포트폴리오 평가가 체육 수업에 미치는 효과*. 미간행 박사학위논문. 한국체육대학교 대학원.
주용중(2006, 5월 12일). 〈논설〉 죽음준비교육. *조선일보*, A34면.
차건희(2000). 형이상학적 경험. *철학, 73*, 149-170.
최성모(1998). *정보사회와 정보화정책*. 서울 : (주)나남출판.
최의창(2003). *스포츠교육학*. 서울 : 도서출판 무지개사.
최의창(2002). *인문적 체육*. 서울 : 무지개사.
최의창(1999). *체육교육탐구*. 서울 : 태근문화사.
최의창(1996). *체육과정탐구*. 서울 : 태근문화사.
최재천(2006, 11월 23일). '비빔밥 정신' 이 21세기 이끈다. *조선일보*, A34면.
최종덕(1995). *부분의 합은 전체인가*. 서울 : 소나무.
최충환(2001). 포스트모더니즘과 체육. *한국사회체육학회지, 15*, 169-181.
최충환(1993). *체육의 현상학적 접근*. 미간행 박사학위논문. 한양대학교 대학원.
탁석산(2000). *한국의 정체성*. 서울 : 책세상.

한국 니체학회, 이연수(2001). *니체의 '초인'은 현대에도 태어나는가. 니체와 현대의 만남*. 서울 : 세종출판사.

한국교육과정평가원(2005). 체육과 교육과정 개선 방안 연구. *한국교육과정평가원 연구보고 RRC 2005-8*. 서울 : 한교육과정평가원.

한국교육과정평가원(1999). 수행평가 정책 시행 실태 분석과 개선 대책 연구. *한국교육과정평가원연구보고 CRE 99-2*. 서울 : 한교육과정평가원.

한국다중지능교육학회(2007). http://www.kmiea.net

한명희(1981). 교육의 과정에 대한 미학적 조명 - 지식과 가치의 관계에 대하여. *교육학연구, 19(1)*, 14-31.

홍성표(1999). 학교체육의 강화 및 체계적 관리 방안. *한국 체육 정상화를 위한 토론회*, 발제 3. 전국체육단체연합.

홍은숙(1999). *지식과 교육*. 서울 : 교육과학사.

황미숙(2002). 현상학적 관점으로 본 춤 움직임에서 몸의 특성. *한국무용학회지, 2*, 39-47.

황용길(2001). *부자 교육 가난한 교육*. 서울 : 조선일보사.

황용길(1999). *열린 교육이 아이들을 망친다*. 서울 : 조선일보사.

황의종(2005). *홀리스틱 교육이론을 기반으로 한 학습 시스템의 설계 및 구현*. 미간행 석사학위논문. 한국교원대학교 대학원.

황인숙(2000). *질문중심의 홀리스틱 통합학습이 아동의 다중지능에 미치는 효과*. 미간행 석사학위논문. 인천교육대학교 교육대학원.

황정규(1998). *학교학습과 교육평가*. 서울 : 교육과학사.

Buber, M.(1994). *하시디즘과 현대인*. (남정길 역.). 서울 : 현대사상사. (원저 1991년 출판).

Miller, J. P.(2000). *홀리스틱 교육과정*. (김현재, 김명자, 김복영, 송민영, 박현주, 박성혜 공역.) 서울 : 책사랑. (원저 1996 출판).

手塚郁惠(2003). *홀리스틱 교육의 이해 - 지금 왜 홀리스틱 교육인가*. (송민영, 김현재 공역.). 서울 : 책사랑. (원저 1995 출판).

佐藤臣彦(2005). *신체교육을 철학한다*. (권오륜 역.). 서울 : 무지개사. (원저 1993 출판).

Carr, E. H.(1993). *역사란 무엇인가*. (박종국 역.). 서울 : 육문사. (원저 1975 출판).

Drucker, P. F.(2002). *Next Society*. (이재규 역.). 서울 : 한국경제신문사. (원저 2002 출판).

Grupe, O.(2004). *문화로서의 스포츠*. (박남환, 송형석 공역.). 서울 : 무지개사. (원저 1987 출판).

Heinemann, F.(1989). *실존철학*. (황문수 역.). 서울 : 형설출판사. (원저 1980 출판).

Kockelmans, J. J.(2000). *후설의 현상학*. (임헌규 역.). 서울 : 청계. (원저 1978 출판).

Lakoff, G., Johnson, M.(2002). *몸의 철학 - 신체화된 마음의 서구사상에 대한 도전*. (임지룡, 윤희수, 노양진, 나익주 역.). 서울 : 박이정. (원저 1999 출판).

Manabu, S.(2001). *교육 개혁을 Design 한다 - 교육의 공공성과 민주주의를 위하여*. (손우정 역.). 서울 : 공감. (원저 1999 출판).

Sartre, J. P.(1993). *실존주의는 휴머니즘이다*. (왕사영 역.). 서울 : 청아출판사. (원저 1946 출판).

Siedentop, D.(2002). *스포츠 교육*. (조미혜 역.). 서울 : 대한미디어. (원저 1994 출판).

Stevenson, L.(1996). *인간의 본질에 관한 일곱가지 이론*. (임철규 역.). 서울 : 종로서적. (원저 1988 출판).

Whitehead, A. N.(1998). *이성의 기능*. (김용옥 역.). 서울 : 통나무. (원저 1971 출판).

Bennett, B.(1971). *The history of physical education*. Ohio : Ohio State University.

Bollnow, O. F.(1977). *Existanzphilosophie Und P dagogik*. Stuttart : kohlhmmer.

Capra, F.(1996). *The Web of Life : A New Scientific Understanding of Living Systems*. New York : Pan-American Copyright.

Clark, E. T.(1993). Guidelines for Designing a Holistic School. *Holistic Education : rinciples, Perspectives and Practices, A Book of Readings Based on Education 2000 : A Holistic Perspective*, University of South Carolina, 80-85.

Clark, E. T.(1990). The Search for a New Educational Paradigm : The Implications of New Assumptions about Thinking and Learning. *In New Directions in Education Review*, R. Miller(ed.), Brandon, Vermont, Holistic Education Press, 16-37.

Defina, A. A.(1992). *Portfolio assessment : Getting started*. New York : The MacMillan Co..

Freeman, W. H.(1977). *Phisical Educaton in a changing Society*. Boston : Houghton Milfflin Co..

Gandhi, M. (1980). *All men are brother : Autobiographical reflections*. Krishna Kripalani(Ed.). New York : Continuum International Publishing Group.

Gehlen, A. & Mensch, D. (1971). *Seine Natur und seine Stellung in der Welt*. Frankfurt : Athenäum Verlag.

Huizinga, J.(1950). *Homo Ludens, A Study of The Play-Element in Culture*. Boston : The Beacon Press.

Jewett, A. E., Bain, L. L., and Ennis, C. D. (1995). The Curriculum Process in Physical Education (Second Edition). Madison, Wisconsin : WCB Brown and Benchmark.

Kesson, K.(1991). *The Unfinished Puzzle : Sustaining a Dynamic Holism.* Brandon : Holistic Education Press.

Kleinman, S.(1970). *Existentialism and Phenomenology - Physical Education : An interdisciplinary Approach.* New York : The MacMillian Co..

Kretchmar, R. S. (1994). *Practical Philosophy of Sport.* Massachusetts : Human Kinetics.

Laben, R. V. (1975). *Modern Educational Dance.* London : MacDonald & Evance.

Lenk, H. (1979). *Social Philosophy of Athletics : A Pluralistic and Practice-Oriented philosophical Analysis of Top Level Amateur Sport.* Illinois : Stripes Publishing Company.

Merleau-Ponty, M.(1978). *Phenomenology of Perception*, Trans. by Colin Smith, New Jersey : The Humanities Press.

Metheny, E.(1975). *Moving and Knowing in Sport, Dance, Physical Education.* Los Angeles : Peek Publications.

Miller, J. P.(1996). *The Holistic Curriculum (Revised and expanded ed.).* Toronto : Oise Press.

Miller, R.(1991). *Philosophical foundations : Introduction.* New directions in education : Selections from holistic education review. Brandon : Holistic Education Press. 6-8.

Nietzsche, F.(1959). *The fortable Nietzsche.* Ed. and Trans. Walter Kaufmann. New York : Penguin Books.

Penny, D. & Chandler, T.(2000). *Physical Education : What future? Sport, Education, and Society*, 5(1), 71-87.

Pike, R. W.(2003). *Creative Training Technique Handbook : Tips, Tactics, and How-To's for Delivering Effective Training.* New York : Human Resources Development.

Placek, J.(1992). Rethinking middle school physical education curriculum : An integrated, thematic approach. *Quest*, 44, 330-341.

Polany. M.(1964). *Personal Knowledge.* New York: Harper Torchbook.

Reich, W.(1974). *Listen, Little Man!.* New York: HarperCollins Ltd..

Ryle, G.(1949). *The Concept of Mind.* London: Hutchinson.

Sartre, J. P.(1957). *The Transcendence of Ego*, trans. by F. Williams & R. Kirk Patrick.

New York : Noonday Press.

Sartre, J. P.(1956). *Being and Nothingness*, trans. by Hazel E. Barnes. New York : Washinton Square Press.

Siedentop, D.(1990). *Introduction to Physical Education, Fitness, and Sport*. California : Mayfield Publishing Company.

Siedentop, D.(1972). *Physical Educatiom : Introductory Analysis*. Dubuque, Iowa : Wm. C. Brown Co..

Slusher, H.(1967). *Man, Sport and Existence : A Critical Analysis*. Philadelphia : Lea & Febiger.

Steiner, R.(1924). *Eurythmy : The Art of Movement*. London: Anthroposophical Pub..

Stevenson, H. W.(1994). *Learning Gap : Why Our Schools Are Failing And What We Can Learn From Japanese And Chinese Education*. New York : Touchstone.

Straus, E. W.(1966). *Phenomenological Psychology*. New York : Basic Books.

Toffler, A.(1990). *The Third Wave*. New York : Bantam Books.

Toynbee, A. J.(1987). *A Study of History Abridgement of Volumes I-VI by Igor Dolutsky today!*. New York : Oxford University Press.

부 록

부록 Ⅰ : 수업안, 슬라이드

부록 Ⅱ : 학생질문지

【부록 Ⅰ】

지금부터 소개되는 수업안과 슬라이드 자료는 주 저자 김상헌이 실존주의적 체육사상에 근거해 실시한 수업의 일부로서 2000년도 '열린교육 시범교과 수업공개 및 학교공동체 장학의 날' 공개수업으로 발표한 내용을 발췌한 것이다. 창의성과 통합교육을 통해 학생들의 자기주도적 수업을 이루려고 했고, 이를 통해 '나'와 '내 주변'의 관계맺음을 통해 보다 적극적인 학교생활을 영위 할 수 있는 기본적인 자질의 체득을 기대하고 진행된 수업이다. 이는 체육수업에서 인식된 '실존'을 통해 인간교육을 실현하고, 나아가 '나의 정체성 찾기'를 목표로 한 수업이며, 그것은 바로 실존주의적 체육을 이루고자 한 것이다.

2000학년도

열린교육 시범교과 수업공개 및 학교 공동체 장학의 날

체 육 과 수 업 안

단 원	체 조 (마 루 운 동)
대 상	1학년 6반(39명)
일 시	2000년 9월 19일(화), 5교시 13 : 50 ~ 14 : 35
수 업 장 소	문 화 체 육 관
발 표 자	김 상 헌

성 명 여 자 중 학 교

체 육 과 수 업 안							지도교사
							김 상 헌
단 원	제 조	소단원	마루운동	학습대상	제1학년	학습기간	2000. 8 ~ 9.

단원의 성격

I. 교재관

1. 단원설정의 취지

최근 우리는 생활이 윤택해지고 전반적인 생활여건이 개선되어 물질적인 풍요 속에서 생활하고 있다. 그러나 풍요로운 생활은 생활 전반에 나태를 가져오게 되었고, 특히 학생들은 움직임 그 자체를 힘들어해 심한 운동을 회피하려는 경향을 보이고 있다. 학생들에게 있어 불균형적인 영양 섭취와 함께 상대적으로 부족한 운동은 몸의 비대를 가져와 학생들의 체력은 낮은 수준에 머물게 되었다. 여학생에게 있어서 이러한 현상은 더욱 심하다. 그래서 학교에서는 우수한 체육 프로그램 개발과 학생들의 자발적 참여를 유도하여 부족한 체력의 육성과 함께 심신의 조화로운 발달을 도모해야 한다.

그런데 '체조'는 누구나 쉽게 접할 수 있는 운동이고, 특히 '기계체조'는 최근 올림픽 금메달 유망종목으로 각광받고 있어 그 관심도도 상대적으로 다른 체조종목에 비해 높을 것으로 사료된다. 이러한 관점에서 '기계체조'는 체육교육이 추구하는 목적을 달성할 수 있는 우수한 매개체가 될 수 있다. 따라서 '기계체조'를 이용한 우수한 체육 프로그램 개발과 이를 바탕으로 하는 자발적인 참여를 통해 체육교육이 추구하는 목적을 실현할 수 있을 것이다.

이러한 '기계체조' 단원은 내장 기능의 활동을 왕성하게 하여 급속한 발육 · 발달을 도모하고 있는 오늘날 청소년들의 체력요소를 고르게 발달시켜주고, 신체를 조화롭게 발달시켜 균형 잡힌 강건한 신체를 만들어 줄 수 있으며, 신체적성(도약력, 조정력, 교치성, 유연성 근력)의 지배능력을 육성할 수 있는 단원이다. 또한 정신면으로는 자신감, 극기심, 판단력 등을 기르는데 도움을 주며, 동작의 표현을 통한 미적 감각을 기를 수 있는 단원이다. 뿐만 아니라 서로 도와주고, 안전에 유의하는 등 민주시민의 자질 함양에도 일익을 담당하는 적합한 단원이라 사료된다.

따라서 이번 기계 체조 수업을 통해 기구운동에 대한 공포감을 해소하여 자신감을 고취시킬 수 있을 것이고, 중학교 여학생에게 적당한 균형 잡힌 신체를 육성할 수 있을 것이다. 또한 마루운동을 통해 운동에 대한 흥미를 유도하여 평생체육으로의 연계를 꾀할 수 있을 것이고, 여학생들이 꺼려하는 신체 접촉과 땀을 흘려 봄으로써 자칫 부족하기 쉬운 동료애와 사회성(협력, 단결, 봉사심 등)을 육성할 수 있을 것이다. 나아가 이것은 바람직한 여가활동을 영위할 수 있는 분위기 조성에도 영향을 미칠 수 있을 것으로 생각되어진다.

이러한 학습은 체조에 대한 올바른 이해와 보다 나은 수행능력 향상은 물론 성숙된 체육문화 형성에도 좋은 기회가 될 것으로 생각된다.

단원의 성격

2. 단원의 특성

'체조'라고 하는 말은 고대 그리스의 Gymnas(나체)에서 유래되어 고대 그리스의 'GYMNOS'(나체)에 어원을 두고있는데 Gymnastics(영어), Gymnastic(독일어)이라고도 한다. 짐네스틱스는 달리기 · 던지기 · 레슬링 등과 판클에이션이라는 격투기 등으로 되어 있고, 고대 중국에서는 기원전 2689년 질병을 치료하는 방법으로 쿵후라는 의료적 보건체조가 있었으며, 이집트에서는 기원전 2500년경에 봉을 이용한 운동이 있었는데 이것이 기계체조의 기원이라 할 수 있다.

이와 같이 고대부터 행하여지던 체조는 교정적이고 의료적 효과에 그 목적을 두고 발달하였고, 우리나라 조선시대 이황의 활인심방도 그러한 맥락에서 이해할 수 있다. 그러나 오늘날에 와서는 신체의 조화적인 발달을 도모하고 근력과 유연성을 양성하여 그것을 잘 활용하는 몸을 만들며, 조정력을 높여 자연스런 움직임을 할 수 있는 신체를 만드는 등의 합리적인 신체 발달을 촉진시키는데 그 목적을 두고 있다.

체조가 현재와 같이 조직적인 형태로 발전한 것은 18세기 후반부터 비롯되었다. 그 중에서도 특히 얀(Jahn, F. L. ; 1778-1852)의 독일체조, 링(Ling, P. H. ; 1776-1839)의 스웨덴 체조, 나흐테갈(Nachtegall, F. ; 1778-1852)의 덴마크 체조 등이 발전되어 왔다.

제1회 아테네 올림픽대회부터 실시된 체조는 철봉, 평행봉, 안마, 링, 줄오르기 4개 종목의 경기를 가졌고, 여자경기는 1928년 제9회 대회 때부터 실시되었다. 세계 체조 대회는 4년마다 열리는 올림픽 대회와 2년마다 행하는 세계 선수권 대회, 북미 선수권 대회 등이 있고, 우리나라에는 1927년 1월 중앙 기독청년회 주최로 최초의 체조대회가 개최되어 전국적으로 보급되었다.

3. 단원의 구성

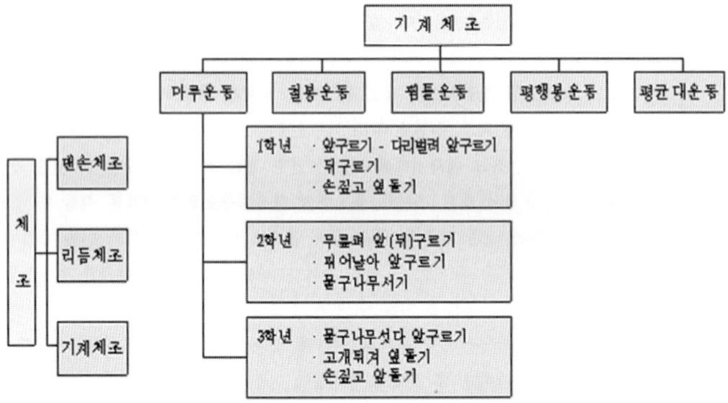

단원의 성격

Ⅱ. 학생관

체육교육은 학생들의 흥미를 중시하고, 심 · 신의 조화로운 발달을 통해 바람직하고 건전한 민주 시민의 자질을 육성하기 위하여 짧은 수업시간에 최대의 성과를 올리도록 교육하고 있다. 여기에 새로운 교육 분위기는 학생들의 체력과 체위의 변화에 부합하는 수업, 학생들의 흥미와 자발적 참여를 중시하는 수업을 요구하고 있어 체조, 육상, 개인 및 단체 운동, 구기 운동 등 학생들의 수요를 사전에 조사하여 최대한 반영, 실시토록 하고 있다. 그 결과 학생들의 체육수업에 대한 참여도 및 수업의 흥미도는 과거에 비해 높아진게 사실이다. 그러나 과거 몇 년 전과 비교하면 요즘 학생들의 체격은 급격히 비대해 졌으나, 체력 향상은 그에 비례하지 못하고 있는 것 또한 사실이고, 수업에 대한 자발적인 참여 정도도 일부 학생에 국한되어 열심히 하는 학생들만의 체육수업이 되고 있는 것 또한 사실이다. 이러한 사실은 여학교에서 더욱 두드러져 한 학급에서 20% 가량은 비만 등 신체의 불균형 현상이 나타나고 있는게 사실이다.

이러한 관점에서 기계체조는 기초체력을 기르는데 가장 알맞은 대근육운동 종목으로서 인간의 기본동작을 조화 있게 발달시킬 수 있는 운동으로 각광받고 있다. 그럼에도 불구하고 효과가 즉시 가시화 되지 않는다는 것과 위험하고, 동작이 어렵다는 점 등에서 학생들의 자발적 참여와 흥미를 이끌어 내는데 극히 애로가 많은 종목이기도 하다. 그러므로 학습 지도에 있어서 기계체조의 장점을 잘 이해시키고, 또한 이 운동이 인간 생활에 어떤 효과가 있는가를 인식시켜 학생들의 동기유발에 의한 자발적 참여의 방법을 연구해야 한다. 따라서 이상의 단원을 중학교 1, 2, 3학년에 배우게 되는 내용과 잘 연계를 시킨다면 학생들이 가장 흥미를 가지고 있고, 하고 싶어하는 기계체조 종목을 통하여 최대의 체육교육 효과를 거둘 수 있을 것으로 생각된다.

아무리 좋은 내용의 수업과 좋은 결과가 있다할지라도 학생들의 자발적인 참여가 없다면 그 수업은 교사 혼자만의 수업, 즉 '이론적인 수업 모형'이 되고 만다. 그렇기 때문에 수업이 학생들에게 영향을 미쳐 적절한 효과를 거두려면 무엇보다도 우선 학생들의 자발적인 참여가 선행되어야 한다. 따라서 기계체조의 장점을 잘 이해시키고, 또한 이 운동이 인간 생활에 어떤 효과가 있는가를 인식시켜 학생들의 동기유발에 의한 자발적인 참여의 방법을 모색해야 하며, 그 전에 학생들의 요구와 의견수렴은 선행조건이 된다. 따라서 본 단원의 효율적인 교수 · 학습을 위해 1학년 6반 39명을 대상으로 총 7개 항목으로 구성된 배경문항(학습 단원별 흥미도, 운동종목별 흥미도, 기계체조 종목별 흥미도, 흥미있는 종목 선택의 이유, 마루운동에 대한 흥미도, 마루운동을 싫어하는 이유, 마루운동 종목별 흥미도)을 자기평가기입법(self-administration) 방식으로 사전조사를 실시하여 다음과 같은 결과를 얻었다.

단원의 성격

<그림 1>의 단원별 흥미도에 대한 조사 결과 무용(14명 - 36%), 체조(7명 - 18%), 단체운동(7명 - 18%), 수영(5명 - 12%), 개인운동(3명 - 8%), 육상(3명 - 8%)의 순으로 나타났다. 이러한 결과는 학생들이 힘들고, 어렵게 생각하는 운동(육상, 구기, 투기 등)은 기피하고, 흥미 있고, 힘 안들이고 쉽게 할 수 있는 운동과 율동으로 표현할 수 있는 종목을 선호하는데서 기인하는 것으로 보인다. 이러한 결과가 무용에 대한 가장 높은 선호로 나타날 수 있었던 것으로 보인다.

따라서 학생들을 지도함에 있어 학생들의 흥미도와 접근의 용이성, 여학생이라는 특수성 등을 고려한 수업이 이루어져야 할 것으로 보인다.

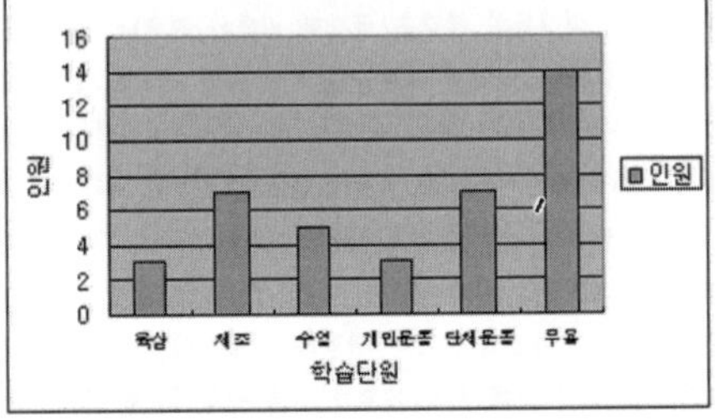

<그림1> 학습단원별 흥미도

<그림 2>의 운동 종목별 흥미도에 대한 조사 결과 기계체조(23명 - 59%), 리듬체조(14명 - 36%), 맨손체조(2명 - 5%)의 순으로 나타났다. 이러한 결과는 국민체조, 청소년체조로 대변되는 맨손체조는 너무 단조로워 학생들의 흥미를 유발하기에 역부족하고, 대신 음악이 가미된 리듬체조와 최근 올림픽 입상 유망종목으로 각광받고 있는 기계체조는 빠르고 변화가 많은 동작으로 청소년들에게 쉽게 접근할 수 있었던 것으로 사료된다.

따라서 학생들을 지도함에 있어 변화, 율동, 음악이 가미된 동작으로 지도하여 학생들의 흥미도에 쉽게 접근할 수 있어야 할 것으로 보여진다.

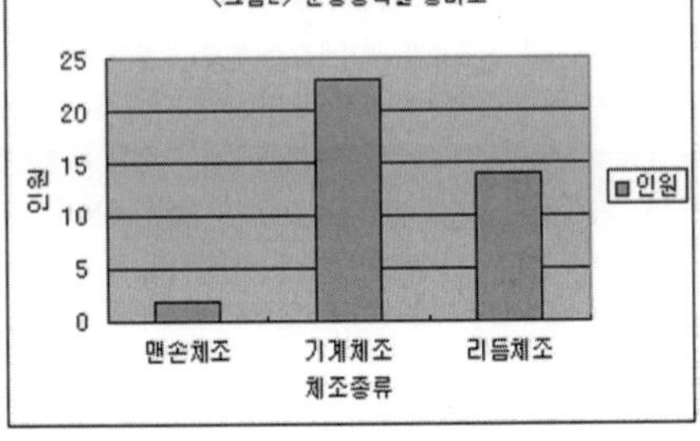

<그림2> 운동종목별 흥미도

단원의 성격

<그림 3>의 기계체조 종목별 흥미도에 대한 조사 결과 마루운동(15명 - 39%), 평균대(11명 - 28%), 뜀틀(6명 - 15%), 철봉(4명 - 10%), 평행봉(2명 - 5%), 링(1명 - 3%)의 순으로 나타났다.

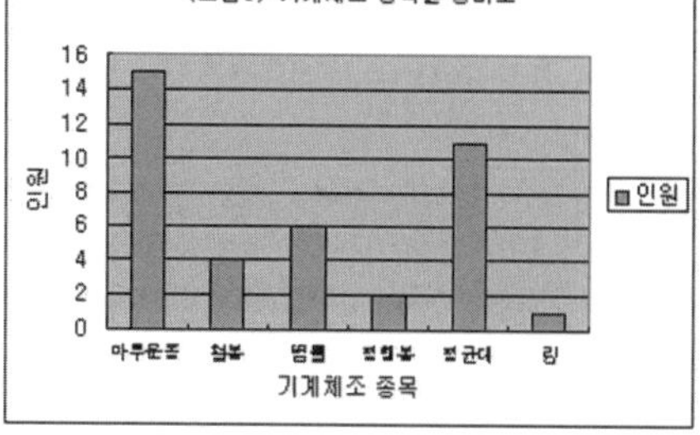

<그림3> 기계체조 종목별 흥미도

계속되는 질문으로 그 종목을 선택한 이유에 대한 물음에 대한 답변으로 <그림 4>와 같이 사전 경험(18명 - 46%), 동작의 쉬움(13명 - 34%)으로 나타났다. 이러한 결과는 아무래도 여학생이라는 특성 때문에 학생들의 평소에 가장 접하기 쉽고, 쉬우면서도 안전한 동작, 그러면서도 우아한 미적 감각을 볼 수 있는 마루운동과 평균대 운동에 관심을 가지고 있기 때문으로 사료된다. 따라서 학생들을 지도함에 있어 안전하고, 쉬운 동작이어야 하며, 음악과 함께 미적 감각을 표출할 수 있는 교수방법의 개발이 있어야 할 것이다.

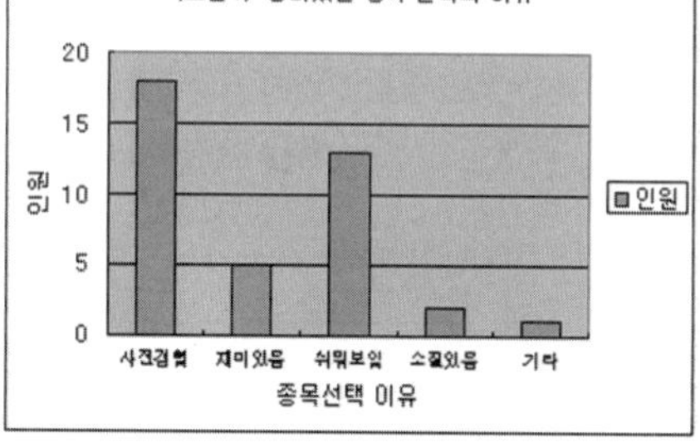

<그림4> 흥미있는 종목 선택의 이유

<그림 5>의 마루운동 흥미도에 대한 조사 결과 좋아함 8명(20%), 보통 14명(36%), 싫어함 17명(44%)으로 나타났다. 이는 마루운동에 대해 좋아하는 학생들이 겨우 8명에 불과한 것으로써 신체활동과 접촉을 싫어하는 오늘날 학생들의 추세이기도 하지만 그 전에 연간계획에서 많은 비중을 차지하고 있는 체조종목을 가르침에 있어 과연 '잘 가르쳤나?'를 생각하게 하는 중요한 단서가 된다. 체조수업의 올바른 이해, 학생들의 흥미와 동기유발, 신체활동의 수준 및 선호도가 무시된 일방적인 교수-학습의 결과로 생각된다.

단원의 성격

<그림5> 마루운동에 대한 흥미도

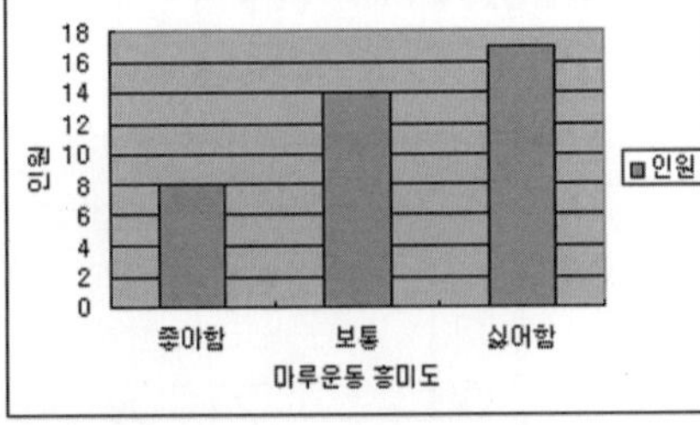

이와 연관하여 '학생들의 마루운동에 대한 흥미도가 왜 낮은가?'에 대해 보다 자세한 이유를 도출하기 위한 조사의 결과 아래의 <그림 6>과 같이 나타났다. 학생들은 마루운동 종목을 싫어하는 이유로는 재미없다(16명 - 41%), 어렵다(9명 - 24%), 힘이든다(5명 - 12%), 유연성 부족(3명 - 8%), 미경험(2명 - 5%), 기타(4명 - 10%)으로 조사되었다. 이러한 결과는 그 동안의 마루운동 수업이 학생들의 이해와 적당한 동기유발 없이 어려운 동작의 강요로 인한 수업이었음이 반영된 결과로 사료된다.

따라서 마루운동의 지도는 학생 개별성에 대한 교사의 이해와 수업에 대한 학생들의 올바른 이해와 동기유발 및 상황에 따른 적절한 보상이 있으면 학생들의 흥미 유발이 용이하여 보다 효과적인 수업이 될 수 있을 것이다. 여기에 다양한 학습자료와 음악이 함께 하는 수업이 된다면 수업의 효과가 한층 더 할 것이다. 기타 의견으로 제시된 샤워시설 부족(2명)과 매트리스의 청결상태(2명)도 고려한다면 더 좋은 분위기의 수업이 될 것이다.

<그림6> 마루운동을 싫어하는 이유

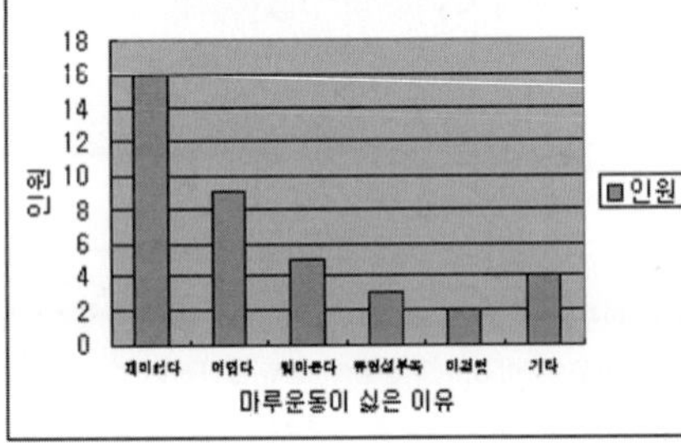

단원의 성격

그렇다면 학생들이 마루운동을 하게된다면 어떤 종목을 하고 싶은가에 대한 질문에 대한 조사 결과 <그림 7> 마루운동 종목별 흥미도와 같이 나타났다.

<그림7> 마루운동 유형별 흥미도

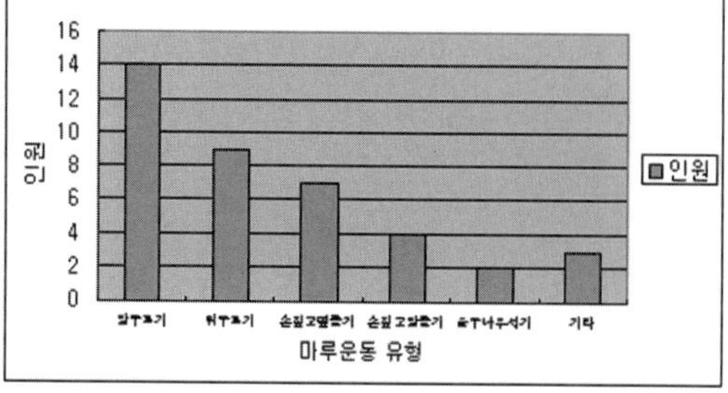

학생들은 마루운동 운동 유형 중에서 가장 선호하는 운동으로 앞구르기(14명 - 36%), 뒤구르기(9명 - 24%), 손짚고 옆돌기(7명 - 17%), 손짚고 앞돌기(4명 - 10%), 물구나무서기(2명 - 5%), 기타(3명 - 8%) 순으로 나타났다. 이러한 결과는 가장 쉽고, 많이 접할 수 있으며, 연습의 용이성에서 기인한 것으로 사료되는데 학생들의 선호종목인 앞구르기와 뒤구르기는 중학교 1학년 과정에서 성취 정도가 다소 쉬운 과제인 듯 하다. 따라서 학생들이 선호하는 운동과 함께 다소 어려워하고, 힘에 겨워하는 운동을 같이 선택하여 학생들의 요구보다 조금 더 높은 단계의 기술 수준을 성취하게 함으로써 마루운동을 통해 얻을 수 있는 신체적인 가치 외에 뚜렷한 성취감도 함께 가질 수 있는 기회를 주어야 한다. 따라서 중학교 1학년 여학생의 마루운동 종목으로 앞구르기와 다리벌려 앞구르기 운동을 실시고자 한다.

이와 같은 과정을 통해 학생들은 '체조'라는 운동을 함으로써 부족한 기초체력의 육성과 균형 잡힌 신체의 발달과 함께 실습 시 동료와의 도움으로 사회성을 길러주어 더불어 사는 삶의 지혜를 배울 수 있는 고귀한 기회를 가질 수 있을 것이다.

단원의 성격

Ⅲ. 지도관

체조 운동은 육상 운동과 함께 인간 생활의 기본이 되는 활동으로 구르기, 뛰기, 버티기, 물구나무서기 등을 기본동작으로 한다. 그래서 체조 운동은 육상 운동과 함께 모든 운동의 기본이 되며, 인간 생활의 일부라고 해도 과언이 아니다. 또한 체조 운동은 내장 기관의 기능 향상에 영향을 미치며, 특히 자라나는 청소년들의 올바른 자세 유지와 교정에 탁월한 효과가 있어 학교 체육 활동에서 중요한 몫을 담당하고 있다.

그러나 체조 운동은 오늘날 유행하고 있는 스포츠에 비해 흥미가 적고, 동작도 비교적 어려워 성취목표를 달성하기에 쉽지가 않다. 또한 연습과정이 단순한 동작의 반복으로만 이루어져 끈기를 잃기 쉽고, 연습 장소 선택에 어려움이 있어 그 필요성에 비해 수요자가 적은 편이다. 따라서 체조 운동은 신체의 균형적 발달에 이바지하고, 체력의 전면적인 발달에 영향을 미치며, 자신감, 극기심, 판단력 등을 향상시킬 수 있는 단원으로 지도 해야한다.

이를 위해 지도교사의 꾸준한 연구와 아래의 몇 가지 지도점에 유의한다.

1. 학습목표를 제시를 명확히 하고 그 가치에 대한 이해를 하도록 하여 설명 - 시범 - 반복연습 - 교정의 단계로 학습능률을 향상시킨다.
2. 개인차와 학습과제에 적합하도록 학습도구를 개발·활용하고, 학생들의 흥미와 동기유발을 위해 학습량과 수업방법을 조절하여 학습효과를 높인다.
3. 낮은 학습의욕을 난이도에 따라 학습단계를 만들어 지도함으로서 학습의욕을 고취시키고, 할 수 있다는 자심감을 심어준다.
4. 바르고 정확한 동작을 기본으로 하여 독창적, 창의성 함양에 힘쓴다.
5. 신체적성(근력, 유연성, 순발력, 평형성, 조정력 등)의 육성과 협동심, 극기심, 판단력, 질서의식 함양에 힘쓴다.
6. 각 분단별로 연습의 효과를 높이기 위하여 규칙을 세우고, 계획적으로 질서 있게 운동하는 태도를 길러준다.
7. 기구를 점검하여 안전에 대한 능률을 높이고 위생생활을 습관화하여 뒷정리를 잘 하는 습관을 길러준다
8. 평가기준을 제시하여 학습결과를 스스로 평가 할 수 있도록 자율학습의 분위기를 조성한다.

단원의 학습 목표 및 전개 계획

Ⅳ. 단원의 학습 목표 및 전개 계획

1. 단원의 학습 목표

단원		지 식	이 해	적 용
마루운동	앞구르기 및 다리벌려 앞구르기	· 발이 놓인 위치에서 50-60 cm 정도 거리에 두 손을 어깨 너비로 짚는다. · 두 손 사이로 머리를 숙여 넣는다.	· 무릎을 가슴에 닿도록 하여 몸을 공처럼 둥글게 한다. · 회전을 할 때는 두 손으로 최대의 원심력을 이용한다.	· 매트 위에서 뒷머리, 목, 어깨, 등, 엉덩이의 순서로 부드럽게 굴러 일어선다.
	뒤구르기	· 무릎을 굽힌 자세로 앉고, 두 손을 어깨 너비를 굽혀 어깨 위로 든다. · 몸을 뒤로 눕혀 앞구르기의 반대 순으로 구른다.	· 몸이 비틀어지지 않도록 하고, 구를 때 몸이 펴지지 않도록 한다. · 일어설 때는 두 팔로 매트를 힘차게 밀고 일어선다.	· 매트 위에서 앞구르기와 반대로 엉덩이, 등, 어깨, 목, 뒷머리의 순서로 부드럽게 굴러 일어선다.
	손짚고 옆돌기	· 가상한 일직선 위에 왼손과 오른손을 차례로 짚으면서 오른쪽 다리를 차올려 옆으로 물구나무서기를 한다. · 왼손을 떼고, 오른쪽 다리를 딛고, 오른손을 떼고, 왼발을 딛고 두 손을 들어 착지한다.	· 두 손과 두 발의 위치가 일직선이 되도록 한다. · 회전을 할 때는 다리를 충분히 벌리되 무릎이 굽혀지지 않도록 한다.	· 왼손과 오른손을 차례로 짚으면서 오른쪽 다리를 차올려 물구나무서기를 하고, 회전한 후에는 왼손과 오른손으로 매트를 힘차게 밀면서 착지한다.

단원의 학습 목표 및 전개 계획

2. 단원의 전개 계획

단원	주 제	교수·학습내용	지도상 유의점	차시	학습자료	학습형태
마루운동	기계체조 운동의 내용과 방법	· 기계체조 운동의 기원 및 발달과정 소개 · 기계체조 운동의 특성, 운동 종목 · 마루 운동의 특성, 운동 종목	· 기계체조 운동의 기원 및 발달과정을 이해 · 기계체조 운동의 특성과 운동 종목을 이해 · 마루 운동의 특성과 여러 운동 종목을 이해	1	교재 및 부교재 ppt 자료 VTR 자료	일제학습
	앞구르기 및 다리벌려 앞구르기	· 양 손, 발의 위치 · 머리 숙여 넣기 · 무릎을 굽혀 가슴에 붙이기 · 다리 펴 넓게 벌리기 · 몸의 회전 · 착지 자세	· 양 손과 발의 정상적인 위치를 안다. · 몸의 회전을 통하여 최대한의 원심력을 얻을 수 있도록 한다. · 머리와 목의 부상 방지	2~3	매트 ppt 자료 VTR 자료 녹음기 및 음악 Tape	일제학습 분단학습 개별학습
	뒤구르기	· 양 발과 두 손의 위치와 모양 · 머리 숙여 넣기 · 무릎을 굽혀 가슴에 붙이기 · 몸의 회전 · 착지 자세	· 몸의 회전을 통하여 최대의 원심력을 얻는다. · 굴러 일어설 때는 두 팔을 힘차게 밀고 일어선다. · 머리와 목의 부상 방지	4~5	매트 ppt 자료 VTR 자료 녹음기 및 음악 Tape	일제학습 분단학습 개별학습
	손짚고 옆돌기	· 두 손과 발의 위치와 매트에 닿는 순서 · 팔과 다리를 펴고, 물구나무서기 · 몸의 회전 · 착지 자세	· 물구나무서기 자세 유지 시 두 팔로 버티기 · 몸의 균형 유지 · 팔과 다리를 편다. · 부상 방지	6~7	매트 ppt 자료 VTR 자료 녹음기 및 음악 Tape	일제학습 분단학습 개별학습
	수행평가	· 수행평가 기준	· 객관도, 타당도, 신뢰도가 양호한 평가	8	매트	일제학습 개별학습

V. 본시 학습 모형

학습단계	중 심 요 소	학 습 내 용
준 비	▶ 학습목표 인지 ▶ 관련지식 기능 ▶ 이해 습득	▶ 학습 목표 확인 ▶ 단계별 요소 기능 ▶ 이해숙지
탐 색	▶ 요소기능 탐색 숙지 ▶ 비디오 명상 학습 ▶ 시범관찰	▶ 단계별 요소 기능 숙지 ▶ 단계별 요소 기능 탐색, 체득
발 견	▶ 기능습득의 반복 ▶ 자세교정 ▶ 동작수정	▶ 상호자세 교정 ▶ 동작보조 활동 ▶ 부진 집단 지도
YES ⇩ ⇧ NO		
정 착	▶ 기능 습득 확인 ▶ 평가 ▶ 학습정리	▶ 기능 습득 및 동작의 확인 ▶ 차시예고

Ⅵ. 단원의 수행평가 계획

유형 \ 구분		평가관점	평가기준 A	평가기준 B	평가기준 C	평가기준 D	배점
심동적 영역	기능평가 1 앞구르기 + 다리벌려 앞구르기	뒷머리, 목, 어깨, 등, 엉덩이 순서로 구르기를 하여 원심력을 이용해 부드럽게 일어선다.	앞구르기와 다리벌려 앞구르기를 완전한 자세로 할 수 있다.	앞구르기와 다리벌려 앞구르기를 하나 다리가 굽혀져 일어설 수 있다.	앞구르기를 하고, 다시 굴러 다리를 벌리고 앉을 수 있다.	매트 위 양 손 사이로 머리를 넣고 구르기를 할 수 있다.	A(10점) B(9점) C(8점) D(7점)
	기능평가 2 뒤구르기	앞구르기의 반대 동작으로 원심력을 이용해 부드럽게 일어선다.	굽혔던 두 팔을 힘껏 밀어 중심을 잡고 일어설 수 있다.	다소 불안한 자세로 일어설 수 있다.	중심을 잡고, 뒤로 구를 수 있다.	양 손을 머리 위로 들고, 뒤로 누울 수 있다.	A(10점) B(9점) C(8점) D(7점)
	기능평가 3 손짚고 옆돌기	물구나무서기 자세를 거쳐 원심력을 이용해 회전하고, 매트를 밀면서 착지한다.	완전한 자세로 손짚고 옆돌기를 하고, 착지할 수 있다.	팔과 다리를 완전히 펴지 못하고, 중심이 불안하다.	다리를 차올려 원심력을 이용해서 착지 할 수 있다.	두 손을 차례로 매트에 닿고, 다리를 차올릴 수 있다.	A(10점) B(9점) C(8점) D(7점)
인지적 영역	지식평가	지식평가는 중간고사와 학기말 고사로 평가한다.					
정의적 영역	태도평가	수업 준비성, 적극성, 질서유지 및 협동성을 파악·기록하여 평가한다.	불량사항 지적이 0 ~ 1회	불량사항 지적이 2 ~ 3회	불량사항 지적이 4 ~ 5회	불량사항 지적이 6회 이상	A(5점) B(4점) C(3점) D(2점)

* 실기고사에 불응한 자

결석과 질병으로 기능평가에 불응한 자는 일정한 시기에 응시하도록 하고, 불응 시에는 해당 종목 최하점의 차하점으로 처리한다.

* 지체부자유 학생의 실기평가는 아래와 같은 기준에 의거 처리된다.

- 실기 평가를 원칙으로 한다.
- 실기를 전혀 할 수 없어 실기평가에 임할 수 없는 지체부자유 학생은 필답고사에서 각자가 획득한 점수를 실기점수로 환산하여 반영한다(단 해당계열, 해당교과 최고점수를 초과하지 못한다).

체육과 본시 수업안

지도교사	김 상 헌					
단원	기 계 체 조	주제	마루운동 - 앞구르기와 다리벌려 앞구르기	차시	3/8 차시	
대상	(1)학년 (6)반	일시	2000 . 9. 19. (5)교시	장소	문 화 체 육 관	
수업목표	1. 앞구르기와 다리벌려 앞구르기의 정확한 자세와 원리를 설명할 수 있다. 2. 앞구르기와 다리벌려 앞구르기를 정확한 자세로 할 수 있다. 3. 안전에 유의하면서 즐겁고 자신 있게 수업에 임하며, 창의성을 발휘할 수 있다.					
학습자료	교사	매트 8장, 앞구르기 보조기구, 반주 테이프, 카세트 플레이어, 컴퓨터, 거울, TV 모니터, 캠코더, 괘도	학생	체육복, 운동화(무용 슈즈)		

학습단계	수업의 흐름	시간	수업 활동: 교사	수업 활동: 학생	학습형태	학습자료	도달점 및 유의 사항
준비	시작, 인사	8분	▶8열 종대로 정렬시킨다. (시작, 인사)	▶신속하게 정렬한다. (시작, 인사 - 안녕하십니까?)	일제학습	반주 테이프,	수업에 임하는 태도, 예의바른 행동 지도
	출석점검 및 학생실태 파악		▶출석점검, 복장상태와 환자를 파악하여 지도한다. (체육복, 장신구 부착 확인)	▶복장위반자는 주의를 받고 견학자는 지시를 받아 지정장소에서 견학을 한다.		카세트 플레이어	
	전시학습 확인		▶앞구르기의 연습 유무를 확인한다.	▶연습유무를 확인 받는다.			간략한 설명
	본시과제 제시		▶이번 시간에는 앞구르기를 완전히 숙달할 수 있도록 하고, 한 단계 높은 수준인 다리벌려 앞구르기로 연결해 보겠습니다.	▶본시 과제가 앞구르기와 다리벌려 앞구르기임을 알고 수업에 임하는 마음의 준비를 한다.			본시과제 파악, 학습 동기 유발
	준비운동		▶체조대형으로 헤쳐서 본시 과제에 필요한 준비운동 실시 ○ 무릎 운동 ○ 허리 운동 ○ 어깨 운동 ○ 목 운동 ○ 손목·발목 운동	▶빠른 동작으로 헤쳐서 준비운동을 실시한다. ○ 무릎 돌리기 ○ 허리 돌리기 ○ 어깨 돌리기 ○ 목 돌리기 ○ 손목·발목 돌리기			심신의 이완 및 운동상해 방지
			▶경쾌한 음악에 맞춰 에어로빅 체조로 몸 풀기와 준비체조를 한다.	▶크고, 정확한 동작으로 최선을 다해서 표현한다(2명이 앞에서 시범을 보인다).			정확한 동작의 시범과 지도

학습 단계	수업의 흐름	시간	수업 활동: 교사	수업 활동: 학생	학습 형태	학습 자료	도달점 및 유의 사항
준	준비운동 및 보조운동		▶스트레칭 체조 실시 두 손을 마주 잡은 상태에서 머리 위로 끝까지 펴서 올렸다 좌·우로 내린다.  	▶선생님의 구령에 맞추어 스트레칭 체조를 실시한다.	일제 학습	반주 테이프 카세트 플레이어	크고, 정확한 동작 유지
			두 손을 마주 잡은 상태에서 바닥으로 최대한 내린다. 				
			두 발바닥을 붙이고 가슴을 앞으로 숙인다. 	10초간 실시			
비			다리를 최대한 넓혀서 가슴을 앞으로 숙인다. 	10초간 실시			
			뒤로 누워 다리를 모아 위로 들어준다. 	10초간 실시			

학습단계	수업의 흐름	시간	수업 활동: 교사	수업 활동: 학생	학습형태	학습자료	도달점 및 유의 사항
탐색	보조운동 및 전시학습 확인		▶오뚜기 자세로 흔들어 일어서기 자세에 대한 설명  <오뚜기 자세로 흔들어 일어서기>			컴퓨터 TV 모니터 매트 8장	바른 자세의 설명에 주의해서 관찰.
	정렬 분시과제 설명	10분	▶8열 종대 좁은 간격으로 모이게 한 후 편하게 앉힌다.	▶신속하게 좁은 간격으로 모여 편히 앉는다.			학습 대형 유지
			▶이번 시간에는 예고한 대로 앞구르기와 다리벌려 앞구르기에 대해 배워 완전하게 숙달할 수 있도록 하겠습니다(요령 설명).	▶질서정연하게 앉아 주의와 집중을 해서 정확한 자세의 설명을 듣고 실습할 수 있는 능력을 기른다.			주위 집중
			◈ 앞구르기 ◈ ① 발에서 50~60cm 정도에 두 손을 짚고, 그 사이로 머리를 숙여 넣는다. ③ 무릎을 굽혀 가슴에 닿도록 하여 몸을 공처럼 둥글게 한다. ③ 회전을 할 때는 두 손으로 무릎 아랫부분을 잡고 뒷머리, 목, 어깨, 등 엉덩이 순서로 부드럽게 굴러 일어선다.	◈ 다리벌려 앞구르기 ◈ ① 앞구르기와 동일한 요령 ③ 무릎을 펴 최대한 벌려 펴고, 회전을 하여 일어선다. 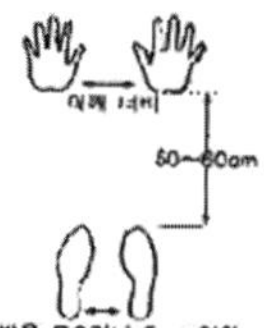 <손과 발의 위치>			손을 올바른 위치에 짚고 머리를 정면으로 숙이고 턱을 당겨 몸이 둥글게 되도록 회전한다.
			 <앞구르기 연속 동작>  <다리벌려 앞구르기 연속 동작>				원심력 이용 정확한 자세를 이해 구분동작 시 실습 요령을 이해

학습 단계	수업의 흐름	시간	수업 활동: 교사	수업 활동: 학생	학습 형태	학습 자료	도달점 및 유의 사항
탐 색 발 전	교사 시범		▶앞구르기와 다리벌려 앞구르기 동작을 교사가 시범 보이고, 지난 시간 우수 학생의 시범을 동영상으로 본다.	▶시범 동작을 보고 실습 시 정확한 동작으로 할 수 있도록 한다.	일제 학습	컴퓨터 TV 모니터 매트 8장	학습 방법 이해 및 숙지
	학습대형 소개		▶학습 대형에 대해 설명한다(지난 시간에 학습 성취 정도에 따라 3개의 분단 편성)	▶학습 대형에 대해 이해하고 실습할 수 있도록 한다.		괘도 캠코더	연습 조와 각 조의 위치 이해 학습 방법 이해
	본시과제 연습	12분	▶본시 과제 연습 "연습 대형으로 헤쳐"	▶반 구호와 함께 헤쳐서 최선을 다해서 실습한다.	분단 학습 · 개별 학습	반주 테이프 카세트 플레이어	신속하게 실습 대형으로 이동 질서 유지 각 조별로 분단학습, 개별 학습 실시
			A 조 : 기초 연습 단계 (경사이용 앞구르기) 	▸ 경사진 매트에서 손과 발의 위치에 맞게 두 손과 발을 놓고, 앞구르기를 연습한다(원심력을 이용하여 일어서는 연습)			
			B 조 : 숙달 단계 (앞구르기 + 앞구르기) 	▸ 연속으로 놓여진 두 장의 매트에서 앞구르기를 연속 2회 실시한다(앞구르기를 완전히 숙달할 수 있는 연습)			
			C 조 : 숙련 단계 앞구르기 + 다리벌려 앞구르기(보조) 	▸ 연속 두 장의 매트에서 앞구르기와 다리벌려 앞구르기를 연속해서 실시한다(앞구르기 보조기구 이용, 한 단계 높은 수준의 앞구르기 - 거울을 통해 동작 수정)			
			◆ 매 연습 시 수업 과제 수행 전 올바른 동작에 대한 안내를 이해 후 그 안내에 따라 과제를 수행합니다. 과제 수행 후에는 안내에 따라 스스로 자기 평가를 실시하고, 친구들과 함께 자신의 동작을 교정 해 봅니다.				

학습 단계	수업의 흐름	시간	수업 활동 교사	수업 활동 학생	학습 형태	학습 자료	도달점 및 유의 사항
발전	본시과제 실습		**연습대형** 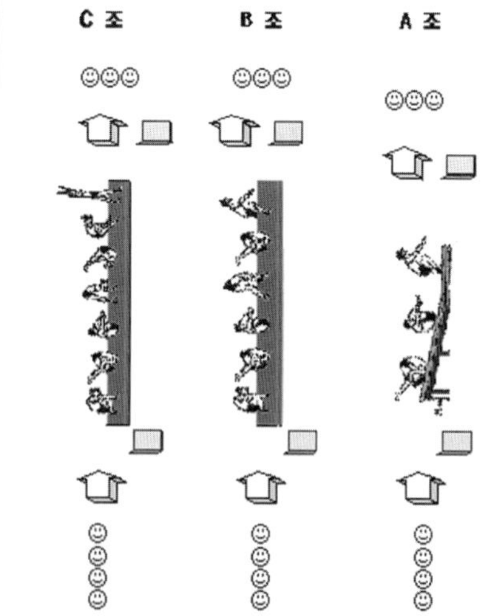		분단 학습 · 개별 학습	컴퓨터 TV 모니터 괘도 매트 8장 캠코더 반주 테이프 카세트 플레이어	연습 대형 유지 자신감을 가지고 실습 연습 대형과 학습 분위기 유지
	캠코더 촬영		▶캠코더로 학생들의 연습 장면을 촬영한다.	▶최선을 다해 좋은 자세를 유지하려고 노력한다.			학습 분위기 유지
	정렬 학생시범		▶정렬, 캠코더를 보면서 학생들의 자세를 수정해 준다.	▶빠르게 정렬하고 편히 앉아 자신의 동작을 보고 잘못된 부분을 인식한다.	일제 학습		학습 대형 유지
	우수학생 시범		▶우수학생 시범(박수)	▶자신의 동작과 비교하여 스스로 수정할 수 있다.			적절한 보상
	본시과제 심화학습	8분	▶본시과제 심화 실습 (목표 성취가 이루어진 학생은 높은 단계의 조로 이동 - 캠코더로 우수학생 촬영)	▶조금 더 높은 수준의 과제에 최선을 다해 실습한다(TV 모니터와 동영상 개별적 이용 가능).	분단 학습 · 개별 학습		자신감 고취 성공경험과 성취감 획득
			A 조 : 앞구르기 **B 조 : 앞구르기 + 다리벌려 앞구르기(보조)** **C 조 : 앞구르기 + 다리벌려 앞구르기**				

학습단계	수업의 흐름	시간	수업 활동		학습형태	학습자료	도달점 및 유의 사항
			교 사	학 생			
정착	정렬	7분	▶본 대형으로 모이게 하여 편히 앉게 한다.	▶신속한 동작으로 모여 대형을 유지하여 앉는다.	일제학습	컴퓨터 TV 모니터	학습대형 유지
	학습과제 자기평가		▶본시학습과제에 대해 질문과 답변을 해 전체 학생들의 성취도를 평가한다(형성평가). ① 앞구르기의 요령 중 다음의 각 단계에서 주의해야 할 사항을 말하시오. ② 앞구르기를 할 때 신체의 각 부위가 매트에 닿는 순서대로 말하시오. ▸ 학습목표에 도달한 학생들은 칭찬하고, 도달하지 못한 학생들은 다음 시간에는 꼭 할 수 있도록 격려해 준다.	▶앞구르기와 다리벌려 앞구르기의 정확한 자세를 말한다. 자신의 동작과 비교해서 본시 수업에 대한 성취 정도를 스스로 파악한다(모두 함께 크게 대답). ▸ 잘 한 학생은 더욱 더 잘 하려고 노력하고, 잘 못하는 학생들은 다음시간에는 더 잘 하려는 마음을 갖는다.			성취도 확인 자신감, 겸손함, 할 수 있다는 용기와 신념을 교육 격려와 용기, 자신감 고취
	정리운동		▶정리운동을 실시하여 운동 후유증을 방지한다. o 허리 운동 o 어깨 운동 o 목 운동	▶교사의 지도에 따라 정리운동을 실시한다. o 허리 운동 o 어깨 운동 o 목 운동			정리운동의 필요성 인식 부상 방지
	정렬 차시예고		▶신속하게 정렬시킨다. "다음시간에는 앞구르기에 이어 뒤구르기를 공부하고 연습할 것입니다."	▶신속한 동작으로 모여 차시과제를 확인한다.			차시과제 인지 흥미 유발
	용구정리 및 위생지도		▶용구를 정리하고, 깨끗이 씻은 후 교실로 들어갑니다.	▶용구정리와 위생관념을 가진다.			교구 사랑 위생관 확립
	인사, 끝		▶마치는 인사	▶인사 및 해산 ▸ "차렷, 경례" "감사합니다" ▸ 세면을 하고 교실로 들어간다.			예절교육

성명여자중학교

평가기준 및 예상되는 발전

평가기준	1. 앞구르기와 다리벌려 앞구르기는 원심력을 이용해서 뒷머리, 목, 어깨, 등, 엉덩이 순서로 구르기를 하여 부드럽게 일어서야 하는 원리와 정확한 자세를 설명할 수 있다. 2. 앞구르기와 다리벌려 앞구르기를 뒷머리, 목, 어깨, 등, 엉덩이 순서로 구르기를 하여 원심력을 이용해 부드럽게 일어설 수 있다. 3. 즐거운 마음으로 학습에 참가하며, 앞구르기와 다리벌려 앞구르기 후 창의적인 동작으로 자신 있게 마무리를 할 수 있다.
예상되는 발전	1. 도약력, 조정력, 교치성, 유연성 근력 신체의 지배능력 등 신체적성의 향상을 기대한다. 2. 자신감, 극기심, 판단력 등 정신적인 면의 강화를 기대한다. 3. 안전에 대한 대처 능력이 키워질 것이다. 4. 아름다운 동작의 표현을 통해 신체를 통한 미적 감각을 기를 수 있을 것이다. 5. 조별 활동을 통해서 협동심과 이해심 등을 배양하고 나아가서는 더불어 살아가는 사회를 경험하는 등 민주시민의 자질함양을 기대한다. 6. 체조에 대한 올바른 이해와 운동의 특성을 알 수 있을 것이다.

단 원 의 형 성 평 가

1. 앞구르기의 요령 중 다음 각 단계에서 주의해야 할 사항을 말하시오.

① 손을 짚을 때는?

☞ 발 위치에서 50 - 60cm의 거리에 어깨 너비로 짚는다.

② 머리가 매트에 닿는 위치는?

☞ 손을 짚은 위치보다 안쪽에 닿는다.

③ 회전 시 허리의 모양은?

☞ 공처럼 둥글게 해서 몸이 펴지지 않도록 한다.

④ 일어설 때 손의 위치와 몸의 자세는?

☞ 두 손은 무릎 아랫부분을 잡고, 몸을 앞으로 기울여 원심력을 얻어야 한다.

2. 앞구르기를 할 때 신체의 각 부위가 매트에 닿는 순서대로 말하시오.

① 뒷머리

② 목

③ 어깨

④ 등

⑤ 엉덩이

개인목표 도달 점검 및 자기 평가

( )학년 ( )반 ( )번 이름 ( )

1. 개인 목표도달 점검 내용에 대하여 설명하세요.

1) 체조 운동의 특징과 종목에 대해 설명할 수 있는가?

2) 기계체조 운동의 종목에 대해 설명할 수 있는가?

3) 매트 위에서 앞구르기를 할 수 있는가?

4) 다리와 무릎을 붙이고 원심력을 이용해서 부드럽게 일어설 수 있는가?

5) 앞구르기를 하고 독창적인 동작으로 마무리를 할 수 있는가?

6) 다리벌려 앞구르기를 할 수 있는가?

2. 앞구르기에 대한 자신의 학습활동을 스스로 평가 해 봅시다.

개인목표 도달 점검 및 자기 평가

( ) 학년 ( ) 반 ( ) 번 이 름 ( )

1. 개인 목표도달 점검 내용에 대하여 설명하세요.

1) 체조 운동의 특징과 종목에 대해 설명할 수 있는가?

2) 기계체조 운동의 종목에 대해 설명할 수 있는가?

3) 매트 위에서 앞구르기를 할 수 있는가?

4) 다리와 무릎을 붙이고 원심력을 이용해서 부드럽게 일어설 수 있는가?

5) 앞구르기를 하고 독창적인 동작으로 마무리를 할 수 있는가?

6) 다리벌려 앞구르기를 할 수 있는가?

2. 앞구르기에 대한 자신의 학습활동을 스스로 평가 해 봅시다.

2000년 열린 교육 시범교과 수업공개 및
학교 공동체 장학의 날
앞구르기
다리벌려 앞구르기
성 명 여 자 중 학 교

성명TV

성명TV

마 루 운 동
1. 앞구르기
2. 뒤구르기
3. 손짚고 옆돌기
성명TV

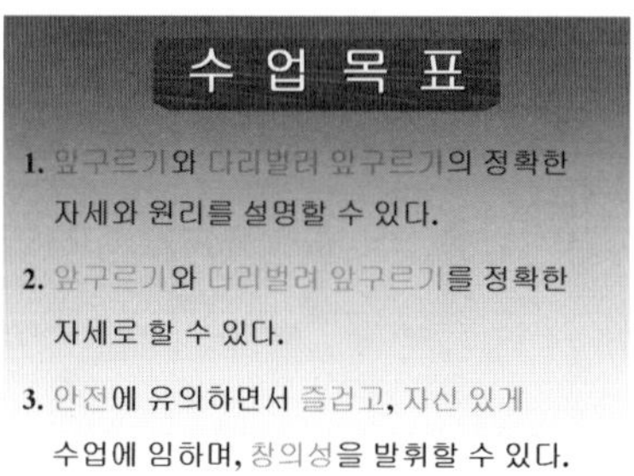
수 업 목 표
1. 앞구르기와 다리벌려 앞구르기의 정확한 자세와 원리를 설명할 수 있다.
2. 앞구르기와 다리벌려 앞구르기를 정확한 자세로 할 수 있다.
3. 안전에 유의하면서 즐겁고, 자신 있게 수업에 임하며, 창의성을 발휘할 수 있다.

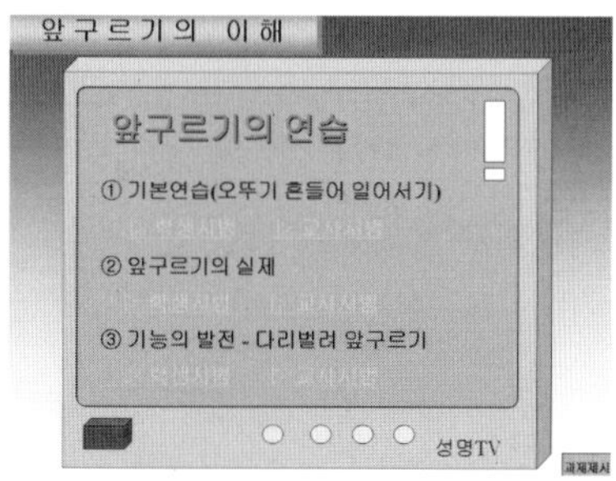
앞구르기의 이해
앞구르기의 연습
① 기본연습(오뚜기 흔들어 일어서기)
학생시범 교사시범
② 앞구르기의 실제
학생시범 교사시범
③ 기능의 발전 - 다리벌려 앞구르기
학생시범 교사시범
성명TV
과제제시

오뚜기흔들어 일어서기 - 학생시범
성명TV

오뚜기흔들어 일어서기 - 교사시범
성명TV

앞구르기 - 학생시범
손을 바른 위치에 짚고, 머리를 정면으로 숙여 몸이 펴지지 않도록 한다.
① 두 손 사이로 머리를 숙여 넣는다.
② 무릎을 가슴에 닿도록 하고 몸을 공처럼 둥글게 한다.
③ 회전을 하고 부드럽게 일어선다.
회전 시 두 손으로 무릎 아랫부분을 잡고, 뒷머리, 목, 어깨, 등, 엉덩이의 순서로 부드럽게 일어선다.
발 위치에서 50 - 60cm 정도의 거리에 두 손을 어깨 너비로 짚는다.
성명TV

앞구르기 - 교사시범
성명TV

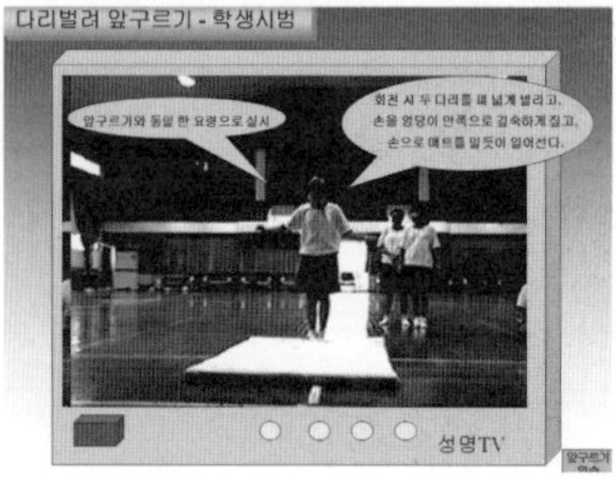
다리벌려 앞구르기 - 학생시범
앞구르기와 동일 한 요령으로 실시
회전 시 두 다리를 펴 넓게 벌리고, 손을 엉덩이 안쪽으로 깊숙하게 짚고, 손으로 매트를 밀듯이 일어선다.
성명TV

다리벌려 앞구르기 - 교사시범
성명TV

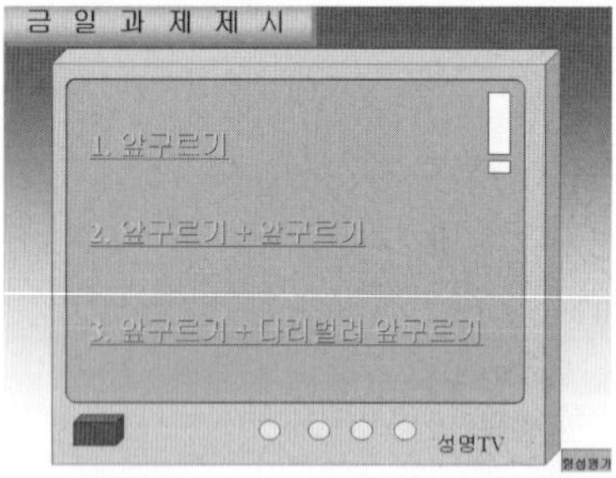
금 일 과 제 제 시
1. 앞구르기
2. 앞구르기 + 앞구르기
3. 앞구르기 + 다리벌려 앞구르기
성명TV

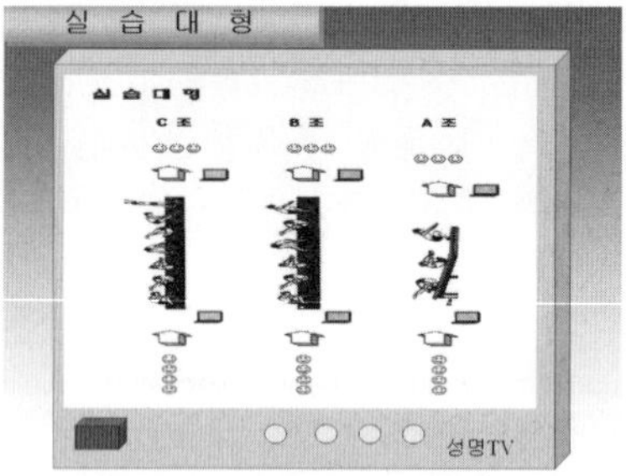
실 습 대 형
C 조
B 조
A 조
성명TV

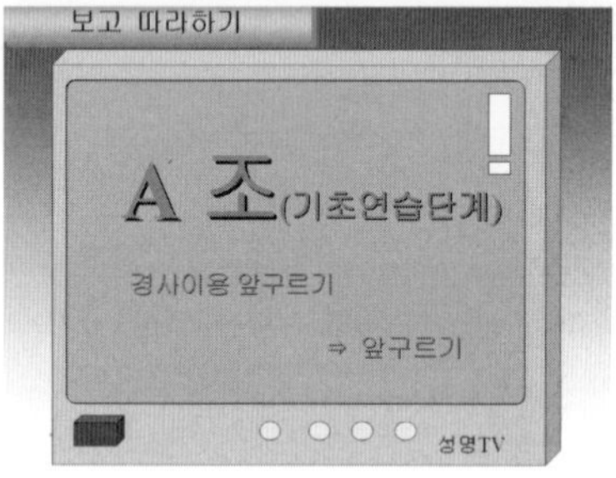
보고 따라하기
A 조(기초연습단계)
경사이용 앞구르기
⇒ 앞구르기
성명TV

A조(기초연습단계) : 앞구르기 - 학생시범
성명TV

A조(기초연습단계) : 앞구르기 - 교사시범
성명TV
실습과제

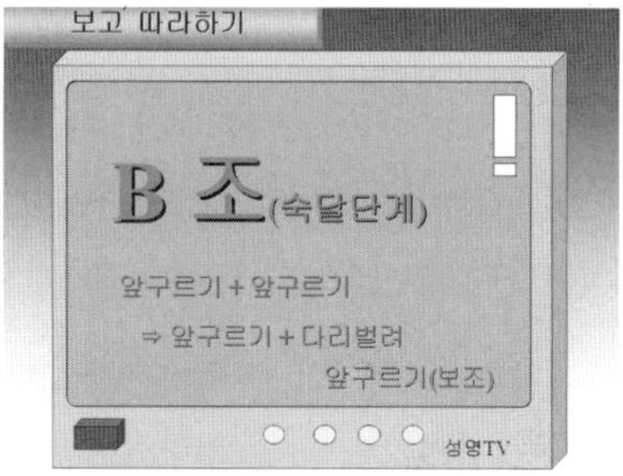
보고 따라하기
B 조(숙달단계)
앞구르기 + 앞구르기
⇒ 앞구르기 + 다리벌려
앞구르기(보조)
성명TV

B조(숙달단계) : 앞구르기 + 앞구르기 - 학생시범
성명TV

B조(숙달단계) : 앞구르기 + 앞구르기 - 교사시범
성명TV
실습과제

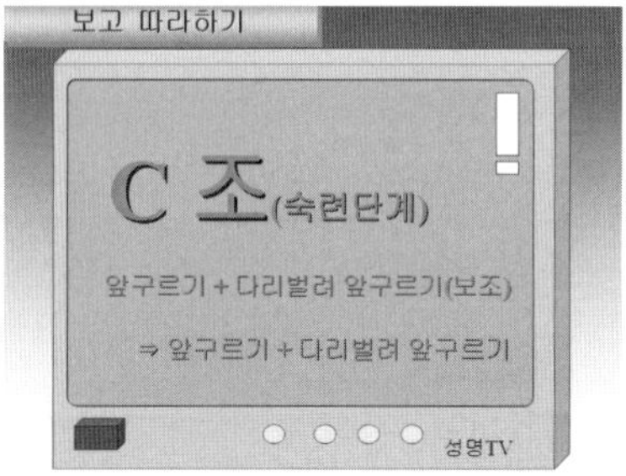
보고 따라하기
C 조(숙련단계)
앞구르기 + 다리벌려 앞구르기(보조)
⇒ 앞구르기 + 다리벌려 앞구르기
성명TV

C조(숙련단계) : 앞구르기 + 다리벌려 앞구르기 - 학생시범
성명TV

C조(숙련단계) : 앞구르기 + 다리벌려 앞구르기 - 교사시범
성명TV
실습과제

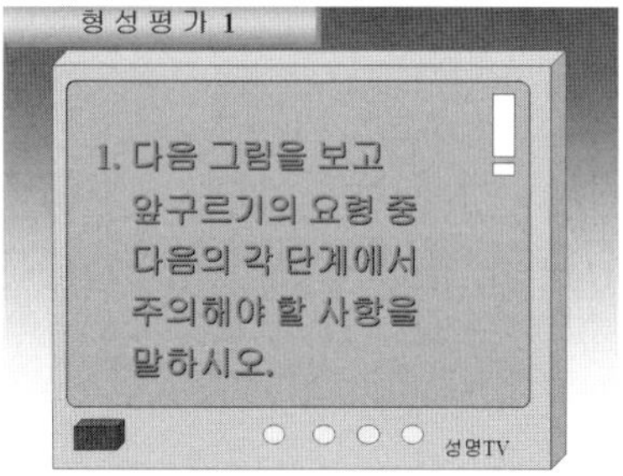
형 성 평 가 1
1. 다음 그림을 보고
앞구르기의 요령 중
다음의 각 단계에서
주의해야 할 사항을
말하시오.
성명TV

형성평가 1
성명TV
정 답

앞구르기 - 학생시범
손을 바른 위치에 짚고, 머리를 정면으로 숙여 몸이 펴지지 않도록 한다.
① 두 손 사이로 머리를 숙여 넣는다.
② 무릎을 가슴에 닿도록 하고 몸을 공처럼 둥글게 한다.
③ 회전을 하고 부드럽게 일어선다.
회전 시 두 손으로 무릎 아랫부분을 잡고, 뒷머리, 목, 어깨, 등, 엉덩이의 순서로 부드럽게 일어선다.
발 위치에서 50 - 60cm 정도의 거리에 두 손을 어깨 너비로 짚는다.
성명TV
앞구르기 연습
형성평가2

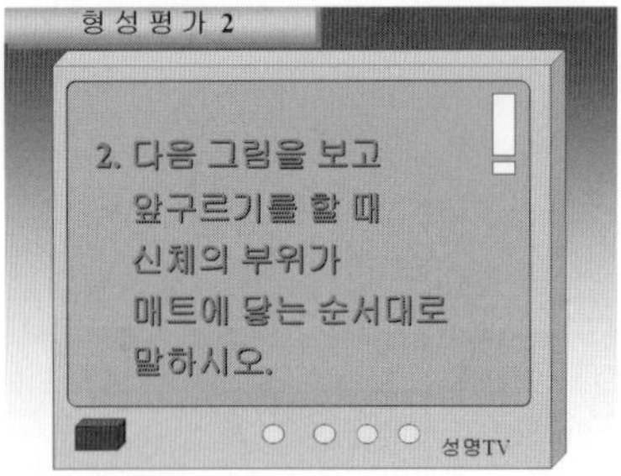
형성평가 2
2. 다음 그림을 보고 앞구르기를 할 때 신체의 부위가 매트에 닿는 순서대로 말하시오.
성명TV

형성평가 2
성명TV
정 답

앞구르기 - 학생시범
손을 바른 위치에 짚고, 머리를 정면으로 숙여 몸이 펴지지 않도록 한다.
① 두 손 사이로 머리를 숙여 넣는다.
② 무릎을 가슴에 닿도록 하고 몸을 공처럼 둥글게 한다.
③ 회전을 하고 부드럽게 일어선다.
회전 시 두 손으로 무릎 아랫부분을 잡고, 뒷머리, 목, 어깨, 등, 엉덩이의 순서로 부드럽게 일어선다.
발 위치에서 50 - 60cm 정도의 거리에 두 손을 어깨 너비로 짚는다.
성명TV
앞구르기 연습
형성평가2

【부록 II】

아래의 자료들은 주 저자 김상헌이 실존주의 체육사상에 근거해 학교에서 학생들을 대상으로 수업을 실시하여 1년이 경과 후 개방형 질문지에 대한 학생들의 응답 중 일부를 발췌한 것이다. 학생들이 스스로 수업에 참가해 보다 적극적으로 학교생활을 영위할 수 있는 분위기를 조성해 학교 체육수업을 통하여 인간교육, 도덕교육, 기본교육을 시키고자 노력하였다. 그리고 이러한 과정을 통해 최종적으로 체육수업을 통해 얻고자 한 것인 '잃어버린 나'를 찾고자 한 것이다. 그것은 인간본연의 자세를 찾고자 하는 노력이고, 학생들의 정체성을 찾아주어 '자아인식을 통한 자아실현'을 이루고자 한 노력이다. 그리고 이는 바로 실존주의적 체육을 이루고자 한 것이라고 보아도 될 것이다. 아래는 위와 같은 목적으로 1년간 수업을 같이한 3학년 학생들이 수업 후 교사의 질문지에 대한 답변을 한 것이다.

◆ 본인은 올 한해 수업을 통해 학생들의 체력적인 향상도 중요하지만 학생들이 스스로 체육수업에 참가해 적극적인 학교생활을 할 수 있는 분위기 조성과 체육수업을 통한 인간교육, 도덕교육, 기본교육에 더 치중했습니다. 그리고 그러한 수업을 통해 학교와 학원, 공부라는 거대한 조직 속에 갇혀 '잃어버렸던 나'를 찾을 수 있는 기회가 되기를 원했습니다. 너무나 현실적이고, 계산적이며, 비합리적인 인간에서 벗어나 인간 본연의 자세를 되찾아 주려는 노력, 주체성을 찾아주어 '자아의 인식을 통한 자아실현'을 강조했었습니다. 그게 본인의 교육관이었고, 그게 교육자의 바른 길이라고 생각했습니다. 그래서 때로는 강하게 혼내기도 했고, 때로는 그냥 모른척 지나치기도 하면서 여러분과 함께 호흡하고, 가까이 다가가려고 노력했습니다. 이러한 수업에 대해 학생들 스스로 평가를 해 보세요.

줄넘기를 못했었는데 2단줄넘기 할때 선생님께서
가르쳐주셔서 성공을 했습니다. 그래서 기분이
너무 좋았습니다. 체육시간은 자신감을 가져주는
수업인것 같아요. 그리고 스트레스를 풀수 있는
즐거운 수업인것 같아요

체육수업만이 아니라 살아가는데 필요한 모든 교육들을 배울수 있어 좋았고
다른 시간에는 배울수 없었던 교육이라던가 필요한 능력을 키울수
있게되어 정말 좋은 체육시간이었다.

선생님께서 말씀도잘해주시고 설명도잘해주시고 도움도많이주시고 그랬는데
제가귀찮고해서 연습도잘안하고 놀았는데 너무죄송합니다.
지금처럼만 저희들의 체육선생님이 되어주세요

선생님과 더 친숙하고 친밀하게 할 수 있었던 수업에 너무 좋았고, 또 다양한 수행평가게 효율적이고 무조건 좋았다. ~~[illegible]~~ 하지만 조금 더 내가 열심히 연습해서 더 좋은 점수를 받았더라면 더 좋았을 것 같다. 지금처럼만 체육수업을 유지해간다면 정말 좋은 체육수업이 계속 유지 될 것 같다.

수업시간에 선생님의 인성교육을 받아서 가끔은 학교에 대한 자부심, 우리지역에 대한 자부심 우리나라에 대한 긍정적인 생각…에 대해서 변화가 있었습니다.

선생님의 수업의도에 맞게 하지못한것 같아서 죄송한 마음뿐입니다 무조건 선생님의 지도에 따라 하는 것보다는 자율적으로, 친구들과 함께 할 수있어서 좋았던 것 같습니다. 다른 학교에 다니는 아이들은 그저 선생님에게만 의지한채로 거둔것 없는 체육수업을 하는 것 같아요. 다시 돌아갈 수 있다면 더 열심히 할수 있었을텐데 아쉬워요

농구 자유투 시험 칠 때 방법 가르쳐 주시면서 격려해 주시는 모습이 좋았습니다.
수업 분위기도 좋고 선생님도 수업 열심히 해주셔서 감사했습니다.

선생님 아주 좋은분 같은데, 배구부 선생님이랑만 친해지는 기회가 많아서 아쉬워요.

앞으로 건강하시고 학생들 많이 사랑해주십시오.

강압적인 수업보다는 조금 자유로운 수업이 수업 능률면이나 여러면에서 좋은것 같다.
연습량과 수행평가 점수는 비례하는것 같다.
중에선 체육시간을 거의 대부분 연습에 매진해서 줄넘기나 농구 공 넣기등을 잘할수있게 되었고 스스로 연습하여 좋은 결과를 낼수있어서 자신이 뿌듯하고 체육수업 자체가 보람 있었다.

선생님께서 가까이 다가오려는 느낌(:)을 친근한 분위기로 좀더 편안 체육선생님을 느끼게 된것같고..
그런데 수업시간에 말잘안듣고 떠들고 논거.. 막 양심에 찔린다는..
가끔은 무섭고 가끔은 유머있고 편안한 체육선생님.. 잊지못할것이다..

너무 딱딱한 체육수업이 아닌 모두가 참여하여 적극적으로 운동할수있는 기회를 만들어주셔서 좋았습니다.

단순히 성적을 받기 위한 것이아니라 재미를 시험해보고 가질 수 있었다는 점이 좋았어요!! 2단 줄넘기는 진짜 열심히 연습했는데도 성공하지 못한것이 좀 걸리긴 하지만요.. ㅠ.ㅜ ㄷㄷ.

1년동안 감사했습니다 ^^ ㅋㅋ

추신; 싸이 꾸미세요~ ㅋㅋㅋ

- 지원드림 -

체육수업이 자유롭고 편해서 좋았지만, 너무 자유로워서 산만했던 아이들이 많았던것 같아요.
그래도 1년동안 좋았어요!

강압적으로 하는 체육수업보다는 우리가 선생님이 좋아서, 수업이 좋아서 우리 스스로 참여하는 수업이 너무 좋았다.

Ps. 남현샘♡

이때까지 정말로 재미있는수업이였구요...
마지막 3학년 좋은선생님과 마지막까지 할수있어서 기뻤습니다..

앞으로도 좋은수업·즐거운수업 해주세요...
건강하세요선생님...

부영여고 !!! 였습니다+_+

음... 대체로 모든 체육 수업이 재미있었던것 같다... 음 오래 달리기만 빼면...
김상헌선생님 수업이 가장재미있고, 운동종목을 쉽게 잘 할 수있었던것 같다.

체육수업 좋아요 ^o^ 저 체육은 잘 못하지만 그래도 체육시간이 싫었던 적은 없었던 것 같습니다~.

체육 수업은 다른 수업에 비해 편하고 재미있는 수업이었고, 우리가 생각했던 체육 수업과 다른 느낌이어서 좋았다.

체육선생님께서 여러가지 인생이야기들을 이야기해주셔서 나의 인생에 대해 좀 더 생각 할 수있었던 기회가 되어서 좋았다

체육시간에 놀수있으며, 하루종일 공부만 하다가 자유로운시간을 가질수 있어서 너무 좋았습니다. 하지만!!!... 다리찢기 10초안에 못찢으면 때리고, 제기차기 못해서 때리는것은 너무 심해요.. 아픈단말이에요!! 뭐 그래도 열심히 해서 실력은 늘었으니.. ^^* 수업시간이 좋았어요..

1·2학년때 보다 3학년 지금이 훨씬 좋은 것같다. 한번은 이선생님 또 다른 선생님 이것도 좋은것같다. 김상현선생님이 사회에 대한 이야기를 많이 해주셔서 다시금 나를 돌아보게 하는 그런 수업이 참 좋았다. 이런이야기를 더 많이 자주 했으면 좋겠다.
다른 선생님들 보다 더 가깝고 편안한 수업이어서 듣고 싶고 오던 잠이 달아나는 그런 수업이 참 좋았다.

체육이라 해서 단순히 몸으로 하는 운동 뿐만 아니라 여러 인생에 도움되는 말과 이야기들도 해주셔서 좋았다. 정말 학생들의 몸과 마음(정신) 모두 건강하게 만들어 주시려는 선생님들의 모습이 보였다. 그 어떤 수업보다 편하고 친근했던 체육수업. 잊지 못할 것이다

줄넘기를 열심히 해보았지만,,, 잘 안되었는데,,, 노력한걸로만 으로도 만족 합니다

뚱뚱해서 체육 수행평가 점수를 받는데 부담스러웠지만 비교적 쉬운 수업으로 인해 점수를 잘받을수 있어서 좋았고 더 점수를 잘받기위해 연습을 많이하게 되어 좋았다

선생님께서 연습하는 것 보면서 잘 했을 때나 하지 못했던 것을 성공했을 때 칭찬을 해주시는 거 보면서 기분이 너무 좋았어요. 그래서 더 열심히 하려고 했던 것 같고.. 실패하거나 잘 하지 못할 때는 격려해주시고, 도움을 많이 주셔서 그것으로 힘을 얻고 더 열심히 했던 거 같아요. 그래서 체육수업이 더 즐거웠어요 (1년동안 감사했어요~).

처음엔 단지 수행평가 점수를 받기 위한 연습이었는데, 연습 하다보니 내가 할 수 없었던 것도 하게 되는 성취감을 느낄 수 있었습니다. 재미있고 기다려지고 뿌듯한 수업이었습니다. 감사합니다. 그리고 싸가지 없는 애들은 때려주세요

좋았습니다. 그리고.. 앞으로도 후배들에게 꼭 수업해주세요!

· 맨처음에 했을때에는 그냥 운으로 몇번되구 그래서 그 즐거움에 열심히 하였는데, 계속하다보니 이상하게 잘되지 않아 슬펐지만 그래두 최선을 다했습니다. 그러다보니 결과에는 좋은 결과가 나와서 정말 즐거웠구요. 앞으로두 많은 학생들 열심히 가르쳐 주세요

1년동안 수고많으셨어요 선생님~

~~1년동안~~ 움직이기 귀찮고, 협동심이 없는 저에게 줄넘기 10개 이상 하게 해주셔서 감사(?)하고... 이어달리기에서 협동심을 길러주셔서 감사합니다.

원래 운동자체를 못 했기 때문에 운동을 하는 것 보다 구경하면서 보는 것을 좋아했는데 3학년 들어와서도 그닥 잘하는 성적은 아니었지만 재미있게 수업을 참여할 수 있어서 좋았어요.

연습한 만큼 나오지 않아서 아쉬웠는 점이 조매 있었지만,
나도 할수있다고 느낄수 있었다

선생님이 하시는 수업방법이 너무 좋아요~ㅋ
고등학교 올라가서도 선생님과 비슷한 선생님을 만났으면 좋겠어요 T^T..
내가 잘하지못하는 종목도 선생님의 말씀을 듣고 용기를 내서
하니 잘 할수있었던것 같아요 ^^*
3년동안 정말 감사했습니다 T^T
체육시간은 항상 좋았어요 ^o^* ♥

(전 너무 열심히 했어요)ㅎㅎ
내가 체육종목은 모두 다 잘 못하는 줄만 알았는데,
어떤 수행평가는 잘 치고, 또 연습해서 못하던걸 좀 하게
되었을때 자신감도 차고, 뿌듯했다.

일주일중 유일하게 야외하는 수업이 체육뿐이라서 되도록이면 수업에는
적극적으로 참여했습니다. 나름대로 즐거운 분위기에서 수업한 점이
좋았던것 같습니다. 그냥 항상 즐거운 분위기가 가장 좋았었습니다.

체육수업이 편안해서 너무 좋았어요.

배윤홍, 선생님과 김상현 선생님이 수업을 재미 있게 해주셔서 좋았어요. 체육시간에 놀면서도 선생님과 이야기도 많이 나눠서 좋았어요. 고등학교에서도 성명 선생님 같은 분이 가르쳐주셨으면 좋겠어요. 떠들어서 죄송했어요. 감사합니다.

제 입장에서는 그런 수업이 상당히 좋았습니다. 원래 체육수업을 그다지 좋아하지 않아서 조금은 귀찮아 했는데 거기에서 강압적으로 나오면 더 짜증날 수 있었는데 체육수업은 비교적 자율적으로 하게 되어서 더 좋았습니다.

수업이 편하고 즐거워서 좋았다. 이렇게 풀어주어도 되나? 라는 생각이 들때도 있었지만 즐거웠었다

선생님이 이야기해주는 이야기 듣는 것도 즐거웠었고, 체육복 갈아입는게 귀찮았지만, 별로 체육 안 좋아하는데 중학교때 체육시간은 즐거운 시간이였던 것 같다

선생님이 억지로 하라고 시키는 것보다 자신이 스스로 참여해서 할 수 있도록 수업을 해 줘서 좋았어요.

아래의 내용들은 동일한 목적으로 1년간 수업한 1학년 학생들이 수업 후 교사의 질문지에 대한 답변을 한 것이다.

◆ 본인은 올 한해 수업을 통해 학생들의 체력적인 향상도 중요하지만 학생들이 스스로 체육수업에 참가해 적극적인 학교생활을 할 수 있는 분위기 조성과 체육수업을 통한 인간교육, 도덕교육, 기본교육에 더 치중했습니다. 그리고 그러한 수업을 통해 학교와 학원, 공부라는 거대한 조직 속에 갇혀 '잃어버렸던 나'를 찾을 수 있는 기회가 되기를 원했습니다. 잘 안되던 다리벌려앞구르기를 성공시키면서 너무나 쉽게 포기하고, 실망하며, 자신감을 잃어버리며, '나'의 존재 자체를 하찮게 여기는 것에서 벗어나 주체성을 찾아주어 '자아의 인식을 통한 자아실현'을 통해 인간 본연의 자세를 찾아가는 과정을 강조했었습니다. 그게 본인의 교육관이었고, 그게 교육자의 바른 길이라고 생각했습니다. 그래서 때로는 강하게 혼내기도 했고, 때로는 그냥 모른척 지나치기도 하면서 여러분과 함께 호흡하고, 가까이 다가가려고 노력했습니다. 이러한 수업에 대해 학생들 스스로 평가를 해 보세요.

강압적으로 수업하지 않고 스스로 연습을 할수 있게 수업을 해주셨기 때문에 아주 도움이 많이된 체육수업이 될수 있었습니다.

처음에는 못 할줄 알았는데 성공을 해서
체육실기가 더 자신감이 생겼습니다.

그 때 결석해서 '다리벌려앞구르기'를 못했는데, 하루만에 열심히 해서 A를 받았다니! 뿌듯했다!!!! 그 때 선생님의 충고를 잊을수 없다.

앞구르기도 잘할줄 몰랐는데 연습을 하니 할수있게 되었다.
앞으로 못하는건 열심히 해야겠다.

초등학교때 체육을 정말 못해서 '체육'이라는 과목을 싫어했는데,
지금(중학교때) 체육에 적극적으로 참여해서 좋은 점수를 얻어서 '체육'이라는 과목을 좋아하게 되었다.
앞으로도 계속 재미있고 즐거운 체육시간이 되었으면 좋겠다.

체육 시간은 항상 기대가 된다. 체육 실기 수업이 힘들고 싫었는데
잘 안되던 것이 성공을 하면 기쁨이 참 좋았던 체육에 대해서
관심을 가지게 되었다

재밌었어요ㅋㅋㅋ 나 사실 체육도 못하고 했는데 재밌게 수업해주셔서 좋은 점수 받아서 T-T 아 감격ㅋㅋㅋ 그렇지만,,, ㅡㅡ 나한테 큰 기대는 걸지 마세요,,, T-T 나 못하는건 못하는거니깐~흑 (T-T)

의미가 깊었고, 이 수업에서 재미와 교훈도 잡는 것 같을 수 없었어요 ^^*
열심히 하려고 노력했는 것 같아요 ^^ ♡

저는 체육수업이 정말 싫었는데 왜냐하면 달리기도 맨날 꼴찌, 뜀틀도 못하고, 멀리뛰기도 못하고T. 그런데 체육시간에 쌤이 농담도 하고 하니까 재밌었어요 ^_^ 비록 여전히 지금도 다리벌려앞구르기는 안되지만ㅠ. 그래도 몇 cm라도 얻어설 수 있었는게 기분 좋았어요 고맙습니다.(-. -)(_. _)

체육을 잘못했는데 선생님이 계속적으로 시켜서 될때
정말 성취감을 얻어 용기를 얻었습니다.
그다음부턴 잘 하게되어 체육 점수 좀 많이 좋았습니다.
쌤~ 감사해여~!! ♡♡♡♡

우리들이 체육 수행평가를 할때 선생님이 될때까지. 계속 시켜주면서 나중에 성공을 하면 자신감도 생기고 점수가 늘어날 때마다 포기하는 것이 줄어 드는 것 같아서 좋았다. ^^ 또, 초등학교 때의 체육 선생님은 피구 하라고만 했는데 중학교 와서 많은 것을 배워서 좋다_!

나는 앞구르기도 못했는데 다리벌려 앞구르기는 나에게 정말 힘든 종목이었다. 그런데 계속 시켜서 친구와 끝날때까지 연습을 했다. 결국 B를 받게되었다 (C에서 B로 바뀌는데 2점 차이 밖에 나지 않았지만 너무 뿌듯했다

우리를 가르친 선생님이 우리의 '잃어버렸던 나'를 찾을 수 있게 해 주셨고, 학생들의 바른 길로 가게 가르쳐 주어서 감사했어요.
그냥 체육가르치기 보단 학생을 바로 가게 해 주어서 고마웠어요.

좋다.. 소심하고 꿍한 아이들이라도 자신감을 찾고 할수있다.

〈체육 수업 덕에 체력도 좋아졌고, 기분도 좋지만... 체육성적이 낮아서 싫어요 ㅠ〉

체육선생님. 다리벌려 앞구르기는 아무리해도 잘 안되더라구요. 발등만 찍히고. TT정말 아파요 MㅅM! 그래도 제가 축구는 다 A 받았는데 나도 체육에선 잘하는게 있구나 하는 생각도 들었구요
선생님힘내세요

운동하면서 (체육시간에) 운동에 관심을 가지게 되고 재미있었고 뿌듯했다. 내가 대견스럽다.

너무쉽게 포기하는 경향이 나에게는 있었지만. 이수업을 통해 할수있다는 것을알게되었다.

이때까지 해보지 못했던것을 할수있게 되어서 새롭고 재밌었다

끝까지 못해도 좀만 더 노력하면 좋은점수를 받을수있다던가
좋은말들로 모두를 격려해서 뿌듯했다.

체육을 통해서 자신없는 부분들을 더 할수 있어서 좋았다^^

수업이 좋았고 선생님의 의도가 뜻깊은것 같아 좋고
우리, 내가 할수있다는것을 깨달았다

자신감을 키워주며 용기를 키워주는 계기가 된 것 같습니다.

항상 무엇이든 B에 만족하다가 처음으로 노력하여서 A를 받으니까 너무 좋았고 매사에 최선을 다하면 A는 문제 없을 거라고 생각하게 되었습니다.

그 과정동안 열심히 해서, 좋은 성과를 얻었지만 너무 많은 과정이어서 좀 지루하고 귀찮았습니다

무엇이든 열심히 노력 하면 된다는 것을 알았습니다

너무 강압적이지 않고, 편안하게 수업으로서 재미도 있었고, 점점 실력이 향상된다는 것이 신이나고, 좋았었습니다. 또한 서로서로 좋다 활기차게 수업에 참여했던 것도 좋았습니다, 체육이 즐겁고, 싫었는 과목이 되었고, 앞으로도 편안한 수업을 하면 좋을 것 같습니다.

찾 아 보 기

ㅇ

ㅊ

ㅋ

실존주의와 함께 한

학교체육 제 모습 찾기

초판 발행 | 2008년 11월 15일
초판 2쇄 | 2009년 8월 25일

지 은 이 김상헌 · 김동규
펴 낸 이 이효수
펴 낸 곳 영남대학교출판부
디 자 인 GukjeAD

출판등록 1975년 9월 5일 경산 제16-1호
주 소 경북 경산시 대동 214-1
전 화 053-810-1801~3
F A X 053-810-4722
홈페이지 book.yu.ac.kr

ISBN 978-89-7581-357-3 93690

• 값은 표지 뒷면에 있습니다.
• 잘못 만들어진 책은 바꾸어 드립니다.